정신분석학 주요개념 II
- 임상적 현상 -

Burness E. Moore
& Bernard D. Fine Ed

한국심리치료연구소

PSYCHOANALYSIS
THE MAJOR CONCEPTS: CLINICAL PHENOMENA

Edited by Burness E Moore & Bernard D. Fine
Copyright ⓒ 1995 by Yale Yniversity
Translation copyright ⓒ 2006
by Korea Psychotherapy Institute

본 저작물의 한국어판 저작권은
Yale University Press와의 독점계약으로
한국심리치료연구소가 소유하고 있습니다.
저작권법에 의하여 보호를 받는 저작물이므로
무단전제와 무단복제를 금합니다.

정신분석학 주요개념 II
- 임상적 현상 -

발행일 • 2009년 11월 7일
편저 • 버네스 무어 & 버나드 파인
옮긴이 • 이재훈
펴낸이 • 이재훈
펴낸곳 • 한국심리치료연구소

등록 • 제 22-1005호(1996년 5월 13일)
주소 • 서울시 종로구 적선동 156 (쌍용플래티넘 918호)
Tel • 730-2537, 2538   Fax • 730-2539
www.pti21.com   E mail: pti21@pti21.com

값 20,000원

ISBN 978-89-87279-93-0 94180

ISBN 978-89-87279-92-3 94180(전xx권)

이 도서의 국립중앙도서관 출판시도서목록(cip)은 홈페이지
(http://www.nl.go.kr/cip.php)에서 이용하실 수 있습니다.
(제어번호: 2009003513)

정신분석학 주요개념 II
- 임상적 현상 -

Burness E Moore & Bernard D. Fine Ed.

목차

제1장 상징주의 ································ 13
제2장 무의식적 환상 ··························· 30
제3장 꿈과 꿈꾸기에 관한 프로이트의 이론 ······ 53
제4장 프로이트 이후의 꿈 ······················ 69
제5장 꿈해석 작업 ······························ 95
제6장 증후학 ··································· 116
제7장 성격 ····································· 144
제8장 사고(Thought) ··························· 184
제9장 신체화 ··································· 216
제10장 자기애 ·································· 240
제11장 가피학증 ································ 309

지은이들

Harold P. Blum, M.D.
뉴욕 정신분석 연구소 훈련 분석가 및 수퍼바이저
뉴욕 대학교 메디컬 센터의 임상교수

Harry Trosman, M.D.
시카고 정신분석 연구소 훈련 분석가 및 수퍼바이저
시카고 대학교 정신의학 교수

Alexander Grinstein, M.D.
미쉬간 정신분석 연구소 훈련 분석가 및 수퍼바이저
웨인 의과대학교 정신의학부 임상교수

Owen D. Renik, M.D.
샌프란시스코 정신분석 연구소 훈련 분석가 및 수퍼바이저
Psychoanalytic Quaterly 주 편집자
캘리포니아 대학교 정신의학부 임상교수

Lee Grossman, M.D.
샌프란시스코 정신분석 연구소 훈련 분석가 및 수퍼바이저
캘리포니아 대학교 정신의학부 임상교수
Journal of American Psychoanalysis 편집위원

Sydney E. Pulver, M.D.
필라델피아 정신분석 연구소 훈련 분석가 및 수퍼바이저
펜실베니아 대학교 의과대학 임상교수

Francis D. Baudry, M.D.
뉴욕 정신분석 연구소 훈련 분석가 및 수퍼바이저
알버트 아인쉬타인 의과대학 임상교수

Jean Schmek
뉴욕 대학교 심리학부 객원교수
정신분석 연구 및 훈련 인스티튜트의 훈련 분석가 및 수퍼바이저

Leo Goldberger
뉴욕 대학교 심리학부 교수
뉴욕 정신분석 연구소 훈련 분석가 및 수퍼바이저

Peter H. Knapp, M.D.
보스턴 의과대학교 정신의학부 교수 역임
보스턴 정신분석 연구소 훈련 분석가 및 수퍼바이저

Burness E. Moore, M.D.
에모리 대학교 정신분석 연구소 훈련 분석가 및 수퍼바이저
미국 정신분석 협회 회장 역임

Jules Glenn, M.D.
뉴욕 대학교 메디컬 센터 정신분석 연구소 훈련 분석가 및
 수퍼바이저
아동정신분석 협회 회장 역임

Isidor Bernstein, M.D.
뉴욕 정신분석 연구소 훈련 분석가 및 수퍼바이저
뉴욕 대학교 메디컬 센터 아동 및 청소년 정신분석 훈련
분석가 및 수퍼바이저
뉴욕 대학교 메디컬 센터 외래교수

편집인

Burness E. Moore, M.D. & Bernard D. Fine, M.D.

편집위원

Alvin, Frank, M.D.
Jules Glenn, M.D.
Leo Goldberger, Ph.D.
Eugene Halpert, M.D.
Otto F. Kernberg, M.D.
Selma Kramer, M.D.
Sydney E. Pulver, M.D.
Ralph E. Roughton, M.D.
Vann Spuriell, M.D.
Phyllis Tyson, M.D.
Edward M. Weinshell, M.D.
George H. Wiedeman, M.D

자문위원

Jacob A. Arlow, M.D.
Harold P. Blum, M.D.
Dale Boesky, M.D.
George H. Klumpner, M.D.

제 1 장

상징주의

해롤드 블럼(Harold P. Blum) M.D.

상징주의는 정신분석학이 생기기 전부터 이미 심리학, 언어학 그리고 다른 관련 분야들의 관심과 탐구의 주제가 되어왔다. 상징 과정은 인간의 발달에만 속한 것으로서, 이것은 다시금 표상적 사고와 언어와 문화 역량에 기여해왔다. 상징적 표현을 통한 표상화 능력은 인간의 진화에서 가장 중요한 발달적 성취로 간주된다. 이 능력의 발달은 다른 발달 영역들에서도 특별한 차이를 가져왔다. 그러므로 인간은 상징과정들을 발달시켜왔을 뿐만 아니라 그 과정들은 또한 인간의 심리적 및 문화적 발달의 형태를 결정해왔다고 말할 수 있다.

상징의 유형들

상징적 과정에는 여러 상이한 과정들이 존재하며, 그것들 각각은 그 나름의 표현 유형과 의사소통 유형을 갖고 있다. 분석 작업에서 만나는 상징—예를 들어, 민속, 신화, 문학, 해학 등은 물론 꿈, 환상, 연상, 증상들—은 다른 학문분야들에서 이 단어가 의미하는 것과는 여러 가지 점에서 다르다. 다른 분야들에서는 상징이 의식적인 의미를 갖거나 무엇보다도 추상적인 의미(예를 들면, 언어)를 갖는다. 다양한 형태의 상징과정들과 결과물들은 서로 공통점도 있지만, 차이점도 크기 때문에 이를 신중히 구분해야만 한다. 이러한 차이점에 대해서 논함에 있어서, 나는 간결성을 위해서, 정신분석에서 관찰되고 해석되는 상징주의가 고유한 특성을 갖는다는 사실과 정신분석은 다른 상징 과정에 관심을 갖고 있지 않다는 사실을 암시하는 일 없이, 첫 번째 유형의 상징을 "정신분석적 상징주의" 또는 단순히 "상징주의"라고 부를 것이다. 프로이트는 실어증에 대한 연구로부터 시작해서 모든 형태의 상징주의에 관심을 가졌고, 여기서 "정신분석적"이라고 지칭되는 특수한 형태의 상징주의 외에도 모든 형태의 상징주의에 관심을 가졌으며, 언어와 추상적 상징을 이해하는 데 기여했다. 하지만, 역설적이게도, 초기에 "무의식적인 정신 활동의 명백한 증거"(Donadeo, 1974, p. 77)로서 취급되던 상징은 "거의 직접적이고 체계적인 취급"을 받지 못했다.

모든 형태의 상징주의는 사고, 지각, 기억, 경험에 의존해 있으며 표상의 간접적인 수단을 구성한다. 어떤 상징적 표현들은 또한 보통의 언어 사용에서 말하는 상징들을 가리킨다. 예를 들어, 깃발은 국가를, 왕관은 왕의 권위를, 그리고 저울은 정의를 나타낼 수 있다. 십자가는 종교적 의미를 갖고 있는 또 하나의 추상적 상징이다. 문장(紋章)이나 기호는 또한 정신분석적이지 않은 의미에서의 "상징들"에 속한다. (모스 부호에 쓰이는 기호는 직접적으로 동등한 의미를 갖고 있지만, 하나의 상징은 하나의 의미를 직접적으로 제시하기보다 의미를 간접적으로 나타낸다.) 이 모든 경우에서, 겉으로 드러난 상징과 그것의 근저의 의미는 개인과 집단의 사회적인 의식에 달려있다. 기호와 상징의 많은 형태들은 또한 그림 은유(pictorial metaphor)로 서술될 수 있다. 지형학적 용어로 말하자면, 기표(signifier)와 그것의 지시 대상(referent) 또는 기의(signified) 사이의 관계는 즉시 의식적인 사고 속에서 그리고 사회적인 규약에 따라 이해된다. 그러므로 이 상징주의의 형태들이 갖는 하나의 중요한 기능은 의사소통이다.

정신분석적 상징주의의 특징

반면, 내가 "정신분석적 상징"이라고 불렀던 것이 일차적인 소통의 기능을 갖는가에 대해서도 생각해볼 수 있을 것이다. 이것은 너무도 위장되어 있기 때문에(본인과 타인 모두에 의해서) 어떤 의식적이거나 의도적인 내적 및 외적 의사소통에 사용될 수 없다. 다른 유형의 상징들과는 대조적으로, 정신분석적 상징들은 그것의 중요한 의미가 의식적인 인식 영역 바깥에 있고 사회, 문화, 역사의 맥락으로부터 비교적 독립되어 있다. 그러나 그것은 특징적인 상징체계와 전형적인 표현 양태를 지닌 보편적인 과정이다. 상징은 학습된 것이 아니라, 인간의 계통발생적이고 존재론적인 과정에서 자발적으로 나타나는 것이다. 이러한 상징 형태의 보편성 때문에, 그것은 처음에 유전적이거나 선천적인 도식에 기초해 있는 것으로 간주되었다. 이후 이 주제에 대한 정신분석적 이론이 발달하면서, 아동기 초기 동안에 기질과 경험이 한 데 섞이는 것과, 욕동과 방어와 자아 장치들이 아동의 발달적 경험과 상호작용하는 것에 초점이 맞춰지게 되었다. 그러므로 정신분석 작업에서 흔히 만나게 되는 상징들은 원초적 과정들에 대한 유아기 산물이다. 이것들은 발달의 후반기에 추가적 의미들을 갖게 되지만, 기본적으로 이 보편적인 상징들은 발달적 변형을 거치지 않는다. 그것들은 다른 추상적인 상징들(예를 들어, 언어)과는 다른 구조와 기능을 갖는다. 그럼에도 불구하고, 정신분석적 상징은 "신체 자아"와 대상관계(예를 들어, 페니스와 부모의 상징들)의 관련 속에서 생겨난다. 많은 단어들 또한, 언어에 대한 계통 발생적 기여의 가능성(Werner & Kaplan, 1963)과 함께, 신체 이미지에 바탕을 두고 있는데, 이는 상징 발달에 어느 정도 공통된 결정 요인들이 있을 수 있다는 사실을 가리킨다.

상징의 무의식적인 측면들이 우선 꿈과의 관련에서 정교화 되는 반면, 정신분석적 상징들은 백일몽, 신화, 전설을 비롯하여 모든 문화와 시대의 놀이와 예술 속에서 나타난다. 정신분석이 우리 문화에 끼친 영향으로 인해, 이제는 분석과 상관없는 일반인들도 기차는 남자의 성기를, 터널은 여자의 질을 표상한다는 것을 알고 있을 수 있다. 고양이를 의미하는 단어는 언어마다 다를 수 있겠지만, 동굴이나 고양이라는 단어는 여성의 질이라는 상징적인 의미를 가질 수 있다. 여기서 정신분석적인 것으로 지칭되는 상징의 무의식적 의미는 원초적인 일차과정 사고 기능이라고 서술될 수 있으며, 일차과정 사고에서 특징적인 응축과 전치라는 동일한 기제들의 작용에 따른 결과라고 진술될 수 있다. 응축과 전치는 그러한 상징 형성을 발생시키는 경향이 있다. 다른 한편, 일관성이 있고 합리적인 의사소통의 목적을 위하여 만들어지고 활용되는 상징적 표현은 이차 사고과정 조직 및 그것의 규제와 관련된다.

프로이트가 윤곽을 제시했듯이(1900), 정신분석적 맥락에서 상징은 항상 위장된 사고 및 그것과 관련된 정서를 간접적으로 나타낸다. 상징은 타협 형성의 범주에 속하며, 그 타협에서 금지된 표상들이 방어의 작용으로 인해 위장되는 동시에 "상징적" 표현을 허용 받는다. 상징주의가 일차 사고과정이라는 기제와 밀접하게 연결되어 있기 때문에 상징 형성은 퇴행이 발생하거나, 유아기의 갈등, 관심사 그리고 사고와 표현 양태가 재활성화 될 때 더 잘 이루어진다.

억압과의 관련성 속에 있는 상징적 표상

존스(1916)는 프로이트의 선구자적인 발견들을 더 발전시키는 과정에서, 정신분석적 상징이 무의식적인 본능적 갈등에서 파생된 것임을 강조했다. 그 결과, 상징은 특수한 형태의 본능 파생물이 되었다. 금지된 원망을 가지고 있는 욕동만이 억압되며, 억압되지 않은 것은 상징적으로 표현될 필요가 없다. 그러므로 정신분석적 상징은 억압과 관련되고, 여전히 위장된 형태에서 억압된 것의 회귀와 관련되어 있다. 이 상징들은 항상 유아기의 본능적 목표들과 대상들, 성감대와 그 기능 그리고 신체 자아에 대해 말한다. 상징은 신체나 일차 대상으로부터 더 중립적이고 정서적으로 덜 충전된 지각 대상에게로 전치됨으로써 만들어진다. 그러므로 정신분석적 상징의 가장 보편적인 내용물은 유아기의 본능적 갈등들과 연결된 신체 부분들과 그 기능들이다. 탄생, 죽음 그리고 거세에 대한 상징적 표상들이 신체 자아와 가족 구성원들의 일차적 대상 세계와의 관련성 속에서 덧씌워지고 발달한다.

기본적인 무의식적 관심사항은 무수히 다양한 상징들로 표현될 수 있다. 예를 들어, 페니스는 뱀, 막대기, 탑, 로켓트, 총, 칼 등으로 나타날 수 있고, 여성의 성기는 집, 상자, 터널, 꽃, 동굴 등으로 나타날 수 있다. 거미는 전오이디푸스기의 어머니를 상징할 수 있다. 비록 정신분석학적 상징주의가 주로 성적 욕동과 본능적인 만족 경험에 대한 기억과 연결된 것으로 간주되고 있지만, 공격적인 욕동 파생물에 대한 상징적 표현에도 관심을 가져야 한다. 상징의 무의식적인 성적 및 공격적인 의미는 억압되어 있고, 그것이 발달의 리비도 단계와 연결되어 있기 때문에, 그것의 의미를 개인에게 설명한다고 해도 그가 선뜻 수용할 수 있는 것이 아니다. 여성과 남성의 성기에 대한 상징들이 더 빈번하다는 사실은 아마도 인간의 성에 대한 철저한 억압을 말해주는 것일 것이다. 그러나 상징의 의미는 남근-리비도적 단계뿐만 아니라 구강기와 항문기를 포함하는 초기 발달의 모든 단계에서 유래하는 것일 수 있다. 입, 혀, 이 그리고 가슴(Almansi, 1960; Arlow, 1955)으로 나타나는 구강기 상징이 있고, 돈, 선물 또는 권력이 똥으로 표현되는 항문기 상징이 있으며, 양성을 나타내는 우편함과 같은 남근 표상이 있다. 그 우편함의 걸쇠는 남근 표상인 동시에 환상적인 여성의 페니스와 유아기 주물을 나타낸다. 존스의 초기 도식적 이론과는 반대로, 정신분석적 상징은 종종 동물 공포증의 양성적이고 양부모적인 상징주의에 의해 지나치게 복잡한 것이 되어버렸다. 그것은 심지어 그것이 부가적으로 개인적이거나 고유한 의미나 함축을 갖게 될 때조차도 그것의 보편적인 의미를 보유하는 경향이 있다.

정신분석적 상징주의와 언어에서의 지각적 뿌리

　정신분석적 상징주의는 정신 활동의 일차과정 양태보다는 다른 양태에서 사용되는 보다 자아-자율적인 형태의 상징주의와는 구별되는 지각적 및 감각적인 뿌리를 갖고 있다. 정신분석적 상징주의에서, 억압된 것들은 무의식적 사고와 정서 기질을 나타내는, 일반적이고 추상적인 것으로 상징화된다. 그러나 드러난 정신분석적 상징과 그것의 잠재적인 무의식적 의미 사이에는 지각적 유사성이 존재한다. 그래서 사실상 의식적인 기표와 그것이 무의식적으로 말하고자 하는 것 및 감추고자 하는 것 사이에는 지각적 관련성이 존재한다. 이 지각적 관련성은 페니스를 나타내는 막대기와 고환을 나타내는 돌, 그리고 여성의 성기를 나타내는 상자와 방 등의 예에서 쉽게 찾아볼 수 있다.
　일반적으로 정신분석적 상징의 사례에서 발견되는 지각적 연상은 일반적으로 언어라는 중요한 인간의 상징적 체계 안에서는 찾아볼 수 없다. 정신분석적 상징과는 달리, 언어는 관습과 합의에 의해 임의적으로 배당된 의미의 의사소통에 기초해 있다. 청각과 음성을 사용하는 언어의 경우, 일반적으로 언어학적 기표와 그것의 의미 사이에 지각적 유사성이 존재하지 않는다. 게다가 언어적 상징은 배우고 가르치면서 더욱 복잡해지고 단어가 풍부해지는 반면, 정신분석적 상징은 의미의 제한을 가지고 있을 뿐만 아니라 학습되거나 가르쳐지지 아니하며, 특정한 문화에 국한되지 않는다(Blum, 1978).
　의식적인 언어적 및 비언어적 의사소통 또한 무의식적인 상징적 의미를 지니고 있고, 따라서 여러 수준의 의미들이 유추될 수 있으며, 상징적 과정의 다른 유형들과 상징적 표현의 다양한 형태들이 함께 나타난다. 터널을 통과하는 기차, 항구로 항해하는 배, 구덩이와 시계 추 등은 각기 다른 의식적인 의미를 전달하는 이미지들이지만, 그것들 모두는 성교나 원색 장면이라는 같은 무의식적 의미를 지니고 있다. 상징적인 표현의 전반적인 본성은 또한 파생되는 갈등, 일차적인 리비도적/공격적 투자, 그리고 심지어는 유아기 때 경험했던 위험 상황의 분위기 등을 전달한다. 정신분석가에게 있어서, 배가 안전한 항구로 무사히 항해하는 것은 기차가 탈선하고 터널 안에서 트랙을 벗어나는 것과는 크게 다르다.

상징주의 형태들 사이의 상호관계

몇몇 분석가들(Kubie, 1953; Rycroft, 1956)은 상징 형성이 배타적으로 일차과정의 기능이 아니라―그리고 항상 무의식적인 것이 아니라―인간 심리의 일반적인 경향성이라고 제안했다. 그들은 상징을 표상의 간접적인 형태라고 보았다. 그러나 그들의 상징주의에 대한 전반적인 개념은 추상적 및 개념적인 상징, 은유적 및 우화적인 표현 그리고 정신분석적인 무의식적 상징주의를 모두 포함하고 있다. 일차과정과 이차과정은 의식적이고 무의식적인 정신 활동과 마찬가지로 연속성으로 이해될 수 있는 것이 사실이기는 하지만, 프로이트의 위대한 발견들 가운데 하나는 정신의 조직 및 기능과 관련해서 일차과정과 이차과정을 구별한 것이었다. 신체 이미지와 일차 대상과 연결되어 있고 무의식적인 본능적 갈등에서 파생된, 무의식적 상징주의는 다른 형태의 상징주의와, 그리고 다른 상징적 표상과 표현의 체계와 혼동되어서는 안 된다. 상징주의의 원시적이고 일차과정적 형태들이 후기의 보다 진전된 상징 과정의 전조인가, 또는 인간의 상징 능력이 서로 다른 발달노선에 따라 기본적으로 분화되지 않은 기능으로부터 진화된 것인가의 문제는 논쟁의 여지가 있는 질문이다. 예를 들어, 하나의 발달 노선은 정신분석적 상징주의가 되고 다른 하나는 수용적이고 표현적인 언어가 된다. 그런 다양한 상징적 과정들이 공통의 분화되지 않은 상징적 능력의 모체에서 유래한 것이고 구강기의 구강적인 허기-욕동 표현과 연관되어 있다는 증거에도 불구하고, 아마도 그것들이 서로 다른 진화적 및 발달적 노선을 따라 발달하는 동안 초기에 상호적으로 영향을 미쳤을 것이다(Blum, 1978).

정신 활동에서, 이러한 과정들은 함께 짜여 있으면서 결코 분리되지 않는다. 그러나 여기서는 언어와 대조되는 정신분석적 상징주의의 독특한 특징을 보여주기 위해 그것들의 차이점에 강조가 주어지고 있다. 미분화 단계에 상징의 공통 기원을 갖고 있다는 생각은 오늘날의 상징적 연결들이 아마도 언어학적 동일성에 의해 선사시대와 연결되어 있을 것이라는 프로이트의 가정과 관련되어 있다. 무의식적 상징주의와 언어의 차이점은 이차 사고 과정과 구별되는 일차 사고 과정에 있다는 주장에도 불구하고, 우리는 또한 퇴행과 진전 사이의 변동과, 정신 활동의 일차 사고 과정과 이차 사고 과정의 상호침투가 존재한다는 사실을 인정하지 않을 수 없다. 정신분석적 의미에서의 상징은 무의식적으로 형성되며, 계통발생적 및 개체발생적으로 발달의 가장 초기 단계에 속하는 일차 사고 과정 양태를 사용한다. 방금 서술한 원시적이고 원초적인 상징 과정은 또한 정신분석적 상징주의, 그러한 상징들의 비교적 변하지 않는 범-문화적 및 역사적인 의미, 의미의 상대적인 제한, 그리고 후기 삶에서 개인이 겪는 경험과의 상대적인 독립성 등을 위한 진화적인 기초를 제공한다. 정신분석적 상징주의에 포함된 원시적이고 무의식적인 사고 과정은 또한 상징들이 구체적이고 감각 이미지를 사용하고 있으며, 유사성의 연상—상징과 상징되어지는 것 모두 안에 약간의 지각적 요소가 발견되는—을 보유하는 경향성을 갖는 이유를 설명해준다.

상징적 표현이 가능하려면, 유아는 유사성을 지각해야만 한다. 그 때 그것은 심리적인 연결로 인도할 수 있다. 그 유사성의 지각에 의해서 확립된 연결을 따라 전치가 발생하게 된다. 이것은 지각과 기억의 초보적인 연결이 존재한다는 것을 말해준다. 상징 형성의 뿌리는 발달 초기에 있으며, 응축과 전치라는 일차 사고 과정 기제, 욕동 방출의 지체와 우회에 따른 초기 발달, 그리고 억압의 효과와 관련되어 있다. 또 다른 이론가들은 상징적 과정을 "나"와 "나 아닌 것," 내부 세계 및 외부 세계 안에서 상실한 자기애적 및 부분 대상들을 신체 이미지 및 신체 자아와 연결시켜주는 연결고리로 본다. 이런 이론들은 정신분석적 상징주의의 형성을 설명하는 데 타당성을 인정받지 못했다. 그것들은 본능적 갈등과의 관련에서 그러한 상징주의의 발달에 적용할 수 있거나, 또는 부재한 대상이 사고 안에서 표상되고 조작될 수 있는 다른 상징적 과정들의 발달과 더 밀접하게 연결될 수 있을 것이다.

의미 기능을 형성하는 발달적 연쇄에 대해 연구한 피아제(1951)와 다른 학자들은 인지 과정의 성숙이 추상적 상징주의를 활용하는 추상적 사고 역량으로 인도한다고 가정했다.

상징적 의미의 복잡성

실버러(Silberer, 1914)가 서술한 소위 추상적, 신비적, 또는 기능적 상징주의는 반복해서 정신분석적 상징주의와 같은 것으로 가정되었는데, 그 결과, 무의식적 상징주의가 다른 형태의 간접적인 표상, 특히 은유와 혼동되는 현상이 발생했다. 실버러의 '신비적' 상징주의는 상징적인 목표나 이상에 도달하기 위한 과정 중에 있지만, 아직은 진정한 상징적 표현에 도달한 것은 아니다. 그래서 요정 이야기나 꿈속에서 사다리를 오르는 것은 반드시 성적 흥분의 고조를 위장하고 있는 것이 아니며, 일차적으로 야망을 나타내거나 높은 열망이나 이상을 성취하고자 노력하는 것을 나타낸다. 사다리를 오르거나 산을 오르는 것의 은유적 및 의식적인 의미는 상징적인 무의식적 의미와 공존할 수 있으며, 양자의 의미는 배타적이거나 가장 중요한 하나의 은유적 의미에만 집중하기보다는 모두 중요한 것으로 취급되어야 한다. 많은 특유한 은유들은 하나의 정신분석적 상징주의의 핵을 가지고 있다. 예를 들어, "큰 물보라를 일으키는 것"은 일반적으로 관심을 끌려는 과시적인 자랑이나 허영에 대한 의식적 및 전의식적인 의미를 전달하지만, 그것은 또한 상징적으로는 무의식적인 소변기 과시주의를 표현한다. 은유는 전의식적인 의사소통과 무의식적인 의사소통 모두를 나타낸다(Moore, 1976). 따라서 은유의 형태와 내용은 무의식적 갈등과 그것의 상징적 표현에 접근하기 위해 분석될 수 있다(Arlow, 1976). 이것은 발달과 함께 의미가 증가하고 상징의 표현이 더 복잡한 형태로 정교화 되는 것의 예가 될 수 있을 것이다. 상징은 유아기 때 무의식 안에서 최초로 형성된다고 해도, 의식적 의미와 의도를 획득할 수 있다(Donadeo, 1974).

프로이트(1900, p. 402)는 물에 관한 꿈이 탄생을 나타낼 뿐만 아니라 상징적으로 요도와 성애적 자극 모두를 표현하는 것이라고 하면서, "이러한 꿈들이 갖고 있는 의미의 층들이 유아기 이후로 상징의 의미가 변해온 과정과 일치한다는 것"을 관찰했다. 정신분석은 환자의 연상 가운데서 출현하는 다양한 상징적 및 은유적인 의미를 진지하게 취급하고, 심지어 상징주의로 가는 길목에 있는 것까지도 주목한다. 실버러가 말한 "기능적 상징주의"의 또 다른 형태인 "상징주의 문턱"(threshold symbolism)은 의식 상태의 변화를 나타낸다. 환자는 자유 연상을 하는 동안 더 깨어 있거나 더 잠들 수도 있을 것이고, 깊은 곳에서 표면으로 올라오는 꿈은 해석의 수준, 의식에의 접근 가능성, 깊은 수면으로부터 깨어남 등 다양한 것을 의미할 수 있을 것이다.

정신분석적 상징의 다중적인 의미의 층들은 또한 다양한 발달 단계에서 유래한 것일 수 있다. "구덩이와 추"는 남근기 단계 갈등에서 질과 페니스를 나타낼 수 있지만 그것들은 또한 구강기 단계 갈등에서 입과 혀를 나타낼 수도 있다(Schmiedeberg, 1948). 이처럼 상징이 여러 의미를 갖는 것은 또한 덜 본능적인 요소들이 진화됨에 따라 상징이 사회적 및 문화적 의미를 획득할 수 있게 한다. 본래의 본능적인 사고 및 그것과 관련된 정서는 비본능적 요소에게로 전치되는데, 그것은 의식적인 개인적 및 문화적인 관심을 획득한다.

다중적이고 강력한 은유적인 투자가 이루어진 추상적인 상징으로 진화한 정신분석적 상징의 예는 힌두종교에서 린감으로서의 시바 신에게 예배하는 모습에서 찾아볼 수 있다. 린감은 발기한 남근의 상징이며, 그것은 무의식적인 남근 숭배를 암시한다. 동시에 린감으로서의 시바의 현시는 우주의 기둥, 눈부신 광선, 생명의 창조자와 유지자, 파괴와 재생의 기둥 등을 의미한다. 린감이 지니고 있는 고도로 복잡하고 다원적인 문화적 및 종교적 의미는 점점 더 무의식적인 남근적 갈등으로부터 멀어지게 되었다. 종교적인 의미는 아마도 금지된 본능적 충동에 대한 방어로서 부분적으로 진화한 것이겠지만, 자아와 초자아의 적응적 측면에 대한 고려 또한 덧붙여진 것으로 보인다.

증상이 지닌 상징주의

일반적인 어법에서, 스와스티커 같은 기호가 상징과 혼동되듯이 심리적 증상도 상징과 혼동된다. 많은 증상들은 흔히 상징적인 의미를 지니고 있다. 따라서 식욕 장애나 구토는 임신 환상이나 가상 임신을 나타내는 것일 수 있다. 손가락의 히스테리적 마비는 발기불능과 발기 둘 다를 상징할 수 있다. 프로이트의 쥐인간(1909)의 사례에서, 쥐라는 단어는 실제로 상징적 표현의 한 형태이다. 쥐는 페니스, 똥, 돈, 아기 그리고 탐욕 등의 다중 의미를 지닌 상징이다. 상징과 증상은 일반적으로 특정 타협점을 공통된 특징으로 갖고 있지만, 동시에 그것들은 광범위하게 다른 심리적인 산물이다. 게다가 상징은 정상적이고, 일반적으로 적응적인 현상으로 간주된다. 전치와 상징화는 직접적인 욕동을 방출하는 대신 대체 활동으로 가는 또는 궁극적으로는 승화로 가는 경로들 중의 하나일 수 있다. 그러므로 정신분석적 상징주의는 예술, 문학, 놀이에서 나타나는 무의식적 상징주의와 일치한다. 무의식적 상징주의는 퇴행한 상태에서 더 잘 나타나는 것으로 보이지만, 또한 자아가 갈등을 적응적이고 진보적으로 해결하는 데도 사용된다. 비록 정신분석적인 무의식적 상징주의가 일차 사고 과정과의 밀접한 관계 안에서 형성되기 때문에 의사소통 기능을 갖고 있지는 않지만, 무의식적 및 전의식적인 의사소통을 위해 사용될 수는 있다. 이것은 예술과 기지(wit)의 특성이고, 그러한 상징적인 의사소통은 분석 과정에서도 관찰될 수 있다. 기능의 명백한 변화를 가져오기 위해, 자아는 무의식적 상징주의를 자아 자체의 목적을 위해 적응시키고, 그렇게 함으로써 상징적 의미는 심리내적 과정, 대상관계, 승화에 중요해진다. 정신분석적 상징주의는 기지와 농담, 독창적이고 상상적인 표현을 나타내는 원초적 언어와 느슨하게 비교된다. 그러한 상징들은 진정한 언어의 특성은 갖지 않은 채 언어의 변화무쌍한 특성 안으로 함입된다.

상징의 해석

무의식적 상징주의의 범위와 중요성에 대한 보다 완전한 인식은 점차적으로 그리고 상징에 대한 정신분석적 해석과의 관련에서 발달하였다. 상징은 때때로 상징적인 의미에 덧붙여서 또는 그 대신에 명백히 의식적인 의미의 측면에서 해석될 필요가 있을 수 있다. 개인적인 경험과 선호는 전형적으로 사용이 가능한 상징들 가운데 특정한 상징을 선택하게 하는 요인일 수 있으며, 전형적인 상징은 또한 보편적인 의미뿐만 아니라 고유한 의미를 가질 수 있다. 고대에는 상징에 임의적인 의미가 배당되었고 암호를 해독하는 프로그램은 꿈 해석에 그대로 적용되었다. 그들은 꿈 해석을 상징 해석과 동등한 것으로 간주했기 때문이다. 이것은 몇몇 꿈들이나 꿈 요소들에 적용될 수도 있다. 특히 꿈 상징에 대한 직접적인 연상이 없을 경우에 그럴 수 있다. 상징의 무의식적인 의미에 대한 정신분석적 지식은 꿈꾼 사람의 참여 없이도 그리고 그 사람의 연상에 대해 모르는 상태에서도 그의 꿈에 대한 해석을 가능케 한다. 그러나 꿈과 연상에 대한 순수한 상징적 해석은 단순하고 환원적이 될 수 있으므로, 정신분석 과정에서 이런 해석은 조심스럽게 이루어져야 하며, 가능한 한 환자의 연상의 전체 범위에 참여한 상태에서 사용되어야 한다 (Freud, 1917). 상징이 나타내는 것은 분석 과정에서, 즉 분석적 탐색 및 해석의 전체 영역과 수준이라는 맥락에서 가장 잘 이해될 수 있다.

상징 해석에 대한 일방적인 강조로 인해 정신분석의 일반적인 기법이 간과되어서는 안 된다. 무의식적 상징주의에 대한 정신분석적 이해는 상징적 과정과 산물, 발달 및 인격 장애 안에서 발견되는 상징체계의 상이한 유형들의 역할 등에 대한 이해를 포함하는 더 큰 이해의 일부이다. 심한 퇴행 상태에 관해서는 여전히 더 많은 연구를 필요로 한다. 그 이유는 그런 상태에서 언어에 의해 수행되는 추상적인 상징주의는 일차과정의 활동에 굴복할 수 있기 때문이다. 일차과정은 단어가 나타내는 것을 응축하거나 전치시키기도 하고, 또는 사물이 상징되는 것에 대한 기표로서 사용될 수 있는 것처럼, 단어들을 구체적인 무의식적 의미로 만들어버릴 수 있다.

상징적 과정과 체계의 장애는 기괴한 상징적 산물과 다양한 상징적 형태들의 빗나간 사용으로 이끌 수 있다. 꿈과 증상에서처럼, 퇴행은 상징적 표현의 출현을 부추기며, 그 결과 그것의 무의식적 의미는 정신분석에 의해 발견되거나 설명될 수 있다. 무의식적 상징주의의 기원, 그것이 비방어적이고 발달적이며 적응적인 경향들을 갖는 현상 등을 밝히기 위해서는 더 많은 연구가 필요하다. 상징은 비교적 자율적인 자아 활동과 함께 사용되어질 때 기능상의 변화를 겪는다.

참고문헌

Almansi, R. (1960). The face-breast equation. J. Amer. Psychoanal. Assn., 8:43-70.

Arlow, J. A. (1955). Notes on oral symbolism. Psychoanal. Q., 24:63-74.

_____ (1979). Metaphor and the psychoanalytic situation. Psychoanal. Q., 48:363-385.   Blum, H. P. (1978). Symbolic proceses and symbol formation. Int. J. Psychoanal, 59:455-471.

Donadeo, J., (1974). Symbolism. In Trauma and Symbolism. Kris Study Group. Monograph Series. New York: Int. Univ. Press.

Freud, S. (1900). The Interpretation of Dreams. SE. 4 & 5.

_____ (1909). Notes upon a case of obsessional neurosis. SE. 10:153-320.

_____ (1917). Introductory Lectures on Psychoanalysis. SE. 15 & 16.

Jones, E. (1916). The theory of symbolism. In Papers on Psychoanalysis. Boston: Beacon Press, 1961.

Kubie, L. S. (1953). The distortion of the symbolic process in neurosis and psychosis. J. Amer. Psychoanal. Assn., 1:59-86.

Moore, B. E. (1976). The problem of definition in psychoanalysis. Paper read at the Institute for Psychoanalysis, Chicago, 31 Mar. 1976; Long Island Psychoanalytic Society, 28 Feb. 1977.

Piaget. J. (1951). Play, Dreams, and Imitation in Childhood. New York: Norton.

Rycroft, E. (1956). Symbolism and its relation to the primary and secondary process. Int. J. Psychoanal., 37:137-146.

Schmiedeberg, M. (1948). A note on claustrophobia. Psychoanal. Rev., 35:309-311.

Silberer, H. (1914). Probleme der Mystik und ihrer Symbolik. Vienna: Heller.

Werner, H., & Kaplan, B. (1963). Symbol Formation. New York: Wiley.

제 2 장

무의식적 환상

제이콥 알로우(Jacob A. Arlow), M.D.

　무의식적 환상은 정신분석의 주된 개념적 도구이다. 이것은 특정하고 구체적인 방식으로 개인의 삶을 형성하는 역동적인 무의식적 갈등의 형태와 본질을 명확히 보여준다. 이것은 백일몽의 다양한 기능적 변이들을 나타내는 정신 과정이다. 백일몽에 대해서, 프로이트(1911)는 "현실 원리의 도입과 함께 사고활동(thought-activity)의 한 종류가 떨어져 나갔다. 이것은 현실검증에서 벗어나 오로지 쾌락 원리만을 따르는 상태에 머무르게 되었다. 환상(phantasying)으로 불리는 이런 활동은 이미 아동들의 놀이에서 시작되고, 후에 백일몽으로 지속되는데, 현실 대상들에 대한 의존을 포기하는 특성을 갖는다"(p. 222)고 말했다. 그는 후에 이러한 백일몽의 세계를 국립 자연공원이나 원시 형태로 보존된 태초의 자연상태에 비유했다. 백일몽은 보편적인 활동이며, 환상은 본능적인 욕동들의 자기표현 수단이다.

　연구 초반부터, 프로이트는 증상들(Breuer & Freud, 1893-95), 꿈들(Freud, 1900), 정동들(1908b), 성격 특성들(1919)이 무의식적 환상에서 파생되어 나온 표현들임을 인식했다. 프로이트는 초기 저작들에서 무의식적 환상이 무엇보다, U커브 이론에서 말하는 무의식 체계 안에 충전된 본능적 리비도의 방출 수단으로서 사용된다는 점을 강조했다. 이것은 처음에 무의식적 환상이 전달하는 본능적 소망들의 본질로부터 명백하게 드러나는 것처럼 보였다. 의식적인 백일몽에서 전형적인 소망의 형태들과는 대조적으로, 무의식적 환상과 관련된 소망들은 좀 더 원시적이고 기괴하며 도덕이나 현실과는 근본적으로 대립되는 경향이 있다.

후속 연구는 이것이 모든 무의식적 환상들에 적용되는 것이 아님을 보여주었다. 임상에서 마주치는 무의식적 환상들은 처벌에 대한 두려움은 물론 방어, 적응, 도덕적 고려 등의 요소들을 담고 있다. 이러한 관찰들부터 프로이트는 다음과 같은 결론에 도달했다.

"무의식의 파생물 중에서, 본능적 충동들 … 거기에는 자체 안에 반대되는 특성들을 통합하는 일부 요소들이 존재한다. 한편으로, 이것들은 고도로 조직화되어 있고 자기모순이 없으며, 의식 체계에서 획득한 모든 것들을 사용하고 있기 때문에 우리는 그것을 그 체계의 형성과 구별하기가 어렵다. 하지만 다른 한편으로, 이것들은 무의식적이며 의식화될 수 없다. 따라서 그것들은 질적으로는 전의식 체계에 속하지만, 사실적으로는 무의식 체계에 속한다. … 신경증 환자들과 정상인들 모두가 가지고 있는 환상들은 바로 이러한 특성을 갖고 있다. 우리는 이러한 환상들이 꿈과 증상이 형성되는 예비적 단계임을 알고 있다. 이러한 환상들은 고도로 조직화되어 있지만, 억압되어 있기 때문에 의식화되지 못한다. [1915, pp. 190-191]

이러한 관찰은, 자기를 향한 공격 현상들 및 무의식적인 반-본능적 세력이 존재한다는 사실과 함께, 프로이트(1923)로 하여금 심리내적 갈등에 개입된 세력의 본질을 소위 "구조 이론"(Arlow, 1956)이라는 관점에서 재개념화하도록 이끌었다. 이 새로운 이론적 틀에서는 무의식적 환상의 개념이 병인론 뿐만 아니라 기법적인 측면에서도 훨씬 더 중요한 역할을 하게 된다. 예를 들어, 안나 프로이트(1936)는 공격자와의 동일시에서 나타나는 방어기제와 환상 속의 부인을 설명하는 데, 무의식적 환상의 개념을 사용했다. 그녀는 또한 어떻게 억압된 자위 환상이 특정한 자아 기능들의 작용을 방해하고 개인의 대상관계를 왜곡하는지를 보여주었다(1949).

환상의 삶은 개인에 따라 특이하다. 이러한 특이성은 어린 시절의 경험에서 온 갈등들—즉, 대상관계의 성질에서 비롯된 것, 외상적 사건들, 충족되지 않은 욕망 등—에 반응하면서 형성된 특정한 타협을 나타낸다. 개인의 삶에서 결정적인 역할을 하는 이러한 세력들은 여러 개의 무의식적 환상들로 조직되어 평생 동안 삶을 주도한다. 이것들은 마음에 끊임없이 내적 자극을 주는 원천으로서 작용하면서, 조직화된 정신적 표상들과 소망들의 강물을 형성한다. 더욱이 그것들은 감각을 지각하고 해석하고 반응하는 정신적 장치를 만들어낸다. 이것들이 정신에 미치는 영향은 지금 논의될 몇 가지 요소들에 달려있다(Arlow, 1969b).

개인의 환상 생활은 위계적인 방식으로 조직화되어 있다. 즉, 환상들은 어떤 기본적이고 본능적인 욕동의 욕구들을 중심으로 무리를 형성하고 있는데, 각각의 무리는 서로 다른 버전의 환상들로 이루어져 있다. 각각의 버전은 개인 발달사에서 각기 다른 "정신적 순간"에 상응한다. 무의식적 환상의 형태는 시간 속에서 발달하고 성장하는 것으로서, 그 개인의 삶의 특정한 순간에 작동하고 있는 힘들을 나타낼 뿐만 아니라, 각 단계마다 커져가는 자아의 적응적 및 방어적 책임에 맞추어 소망의 요구들을 통합하는 자아의 기능 수준 및 성숙도를 나타낸다.

이러한 환상들의 조직은 삶의 초기에, 아마도 오이디푸스 콤플렉스의 해소와 함께, 형성된다. 이것은 어떤 형태로든 생애 내내 지속된다. 문학에서 유비를 빌려온다면, 환상의 줄거리는, 설령 등장인물이나 상황이 변한다 하더라도, 늘 동일하게 유지된다. 한 사람의 삶의 이야기에 응집력을 주고, 따라서 정신분석 작업이 이루어지는 동안에 이해될 수 있는 그의 정체성이 가능한 것은 바로 이처럼 일관되게 유지되는 무의식적 환상 때문이다. 프로이트는 개인의 삶에서 특정한 주제가 반복적으로 재연되는 것에 대해 서술했는데, 이것 때문에 그는 초기의 비판자들에게서 그의 사례 이야기들이 과학적인 보고라기보다는 소설에 가깝다는 말을 듣게 되었다.[1] 자아가 갈등 속에 있는 여러 요소들을 어떻게 통합하느냐에 따라 타협되는 환상의 버전도 달라진다. 어떤 것들은 본능적인 욕동이 보다 원시적으로 표현되어 병적인 갈등을 만들어내기도 하고, 또 어떤 것들은 갈등이 좀 덜하며 보다 적응적이고 승화되어 있다(Hartmann, 1939). (무의식적이고, 근친상간적이고, 부친살해적인 환상들이 승화적으로 변형되어 치유 전문직을 선택하게 되는 현상에 대해서는 Arlow et al., 1972를 보라.)

무의식적 환상이 정신적 삶에서 지속적인 특징을 이룬다는 것은 명백한 사실이다. 이것은 우리가 깨어 있는 시간 내내 그리고 잠들어 있는 시간의 일부 동안에 작용한다. 실언, 환각, 오인, 신경증적 증상, 기시증(Arlow, 1959), 탈인격화(Arlow, 1966b)와 같은 변화된 자아 상태 등은 외부의 사건들과 무의식적 환상들 간의

---

1. 프로이트는 이에 동의했다. 하지만 위대한 소설가들은 그가 애써서 포착한 것들을 직감적으로 간파했다고 반박했다.

상호작용을 빠르고 쉽게 입증할 수 있는 예들이다. 프로이트 (1900)는 꿈이 만들어지는 것도 이와 마찬가지라고 말했다. 경험되어진 외부의 자극에 대한 반응으로서, 잠을 자는 동안에 꿈이 빠르게 조직되는 것에 대해 말하면서, 프로이트는 꿈의 구조로 즉각 엮여질 수 있는, 실행되고 미리 준비된 무의식적 환상들이 분명히 존재한다고 말했다. 게다가 의식적인 사고 안에서 출현할 수 있는 침입적인 환상들이 존재한다. 이것은 개인의 평상시 생각이나 소망과 대조된다고 느껴지는 것, 또는 예기치 않게 스쳐 지나가는, 불쾌한 생각들이나 이미지들과 같은 것들이다.

무의식적 환상과 증상의 형성

무의식적 환상의 파생물을 불러일으키는 본능적 소망의 능력은 다함께 작용하는 여러 요인들에 따라 그 강도가 다양하다. 이것들 중에서 가장 중요한 것은 본능적 욕동에 대한 갈등의 강도이다. 가장 극단적인 하나의 예는 정신증에 인접한 심각한 강박 충동에서 볼 수 있는데, 이러한 사례들에서는 환자가 방귀나 똥으로 죽이고자 하는 자신의 욕구에 압도된 나머지 주위에 있는 모든 것을 해로운 독으로 밖에는 인식할 수가 없다. 보다 단순하면서도 명확한 예는 자신의 고용주에게 불같은 분노를 느낀 한 남자의 경험에서 찾아볼 수 있다. 자신의 고용주와의 최근의 언쟁에 대해 생각하면서, 환자는 분석가를 만나러 올 때마다 보았던 간판 앞을 지나가게 되었다. 그는 그 간판에 익숙해 있었고, "Maeder"라는 그 간판이 가게 주인의 이름을 딴 것이라는 것도 알고 있었다. 그런데 이번에는 그가 그 간판을 "살인(Murder)"으로 잘못 본 것이다.

　무의식적 환상에서 파생된 것들을 불러오는 요소들의 두 번째 집합은 현재 경험의 성질, 특히 지각의 자료들과 관련되어 있다. 개인의 지속적인 무의식적 환상의 내용과 조화를 이루거나 일치하는 현재의 경험과 지각의 자료는 무의식적 환상의 파생물이 출현하도록 자극한다. 이것이 정신적인 삶의 영속적인 모습으로서, 이는 병리와 정상 상태 모두에서 발견된다. 청소년기 이후에 시작되는 신경증은 종종 잔존하는 무의식적 환상과 관련이 있거나 그것을 불러일으키는 어떤 사건이나 일련의 상황들(또는 그 외상과 관련된 환상들)에 의해 촉발된다. 이러한 상황들은 질병을 촉진하는 데 있어서, 밤에 꿈을 가져오는 낮 동안의 잔재와 비슷한 역할을 한다. 나는 이전의 논문(Arlow)에서, "낮 동안의 경험의 잔재들이 꿈으로 선택되는 것은, 그것들이 중립적이고 두드러지지 않은 성질을 가져서가 아니라, 그것들이 어떤 중요한 환상들이나 기억의 도식들과 일치하거나 그것들을 상기시키기 때문"(p. 41)이라고 지적했다.

　하지만 무의식적 환상의 영향력은 한 방향으로만 작용하지 않는다. 지속적인 무의식적 환상들에 의해 생겨난 정신적 상황은 개인으로 하여금 무의식적 자극들을 선택적으로 지각하고, 비슷한 방식으로 그것에 반응하도록 이끈다. 따라서 한편에는 환상과 현실 사이의 영향력의 상호작용, 즉 선택적 지각이 있고, 다른 한편에는 리비도 집중의 강화가 있다. 정신분석 상황은 이러한 역동적 상호작용을 보다 극적인 것으로 만든다. 환자가 전이 안에서 하는 행동은 그가 무의식적으로 준비해놓은 시나리오 안에서 분석가에게 어떤 역할을 떠맡기려는 시도를 나타낸다. 다른 한편, 분석에서 일어나는 사건과 분석가의 해석은 무의식적 환상 활동의 파생물들을 보다 명료하게 환기시키는 기능을 한다.

마지막으로, 자아의 기능 상태에 대해 언급할 필요가 있다. 왜냐하면, 그것은 갈등을 야기하는 심리내적 세력들을 중재하고, 그것들을 적응적인 방식으로 통합하고자 시도하기 때문이다. 페니켈(1950)은 자아의 적응적 통합을 방해하는 요소로서, 피로, 의식 상태의 변동, 약물복용, 질병 등과 같은 요인들을 꼽았다. 불리한 여건에서는, 기능의 퇴행적 변화의 성향이 출현하는데, 이것이 무의식적 환상의 위계 안에서 보다 원시적이며, 따라서 더 갈등적인 파생물의 출현으로 이끈다(Arlow & Brenner, 1964).

전술한 내용에서 분명히 해야 할 점은, 무의식적 환상의 성질과 힘이 지각의 과정에 영향을 미치며, 따라서 현실검증 능력의 영역에서도 일정한 역할을 한다는 것이다. 무의식적 환상이 지닌 욕망충족의 측면은, 프로이트(1911)가 지각의 정체성을 추구하는 경향이 있다고 말한 그러한 종류의 만족을 추구한다. 환상의 파생물은 지각의 원 자료들을 "중립적으로" 등록하고 통각하고 검토하는 과정을 방해함으로써 자아 기능에 영향을 미칠 수 있다(Hartmann, 1950). 따라서 자아는 지각의 자료들을 살피고 잠재되어 있는 기존의 환상들과 일치하는 것으로 드러나는 요소들을 차별적으로 선택한다(Linn, 1954). 적절한 조건 하에서, 이것은 환각이나 오인 지각 또는 실언을 가져올 수 있다.[2] 무의식적 환상 파생물의 침범에 따른 특정한 조건 하에서는 환각이나 몽롱한 상태 또는 일시적 착란의 삽화들이 발생할 수 있다(Arlow, 1969b). 마지막으로, 애매한 지각의 상황은 무의식적 환상의 요소들이 지각의 자료에 영향을 미치도록 촉진시킨다. 이것은 로샤 테스트와 잠재의식적 감각 자극 등과 같은 실험적 상황에서 중

---

2. 프로이트(1901)는 이러한 관계를 조금 다른 시각(일상생활의 정신병리학 참고)에서 서술했다.

요한 역할을 한다(Fisher, 1954). 크리스와 카플란(1952)은 미적 표현에 내포된 모호성이 광범위한 범위의 무의식적 환상 활동을 자극하며 이것이 예술 작품의 호소력을 확장시킨다는 사실을 강조했다.

정신 활동에 대한 무의식적 환상의 효과는 본능적인 욕동의 충족에 한정되지 않는다. 위에서 말했듯이, 우리가 추론하는 무의식적 환상의 형태는 이드와 자아와 초자아의 기여 부분들을 반영하는 요소들로 구성되어 있다. 이것들 중에서 자아의 방어 기능은 환상을 조직하는 데 지배적인 역할을 할 수 있다. 주물 성애(fetishism)가 바로 여기에 해당된다. 주물 성애는 환상 속에서의 부인이라고 볼 수 있다(A. Freud, 1936). 이것은 무의식적인 환상 속에서 일어나는 특별한 형태의 부인이다. 남근을 가진 여성에 대한 무의식적 관념화는 불안을 몰아내는 자아 기능의 한 예이다. 주물 성애자에게는 이러한 환상이 성적 만족을 위한 필수적인 조건이다. 왜냐하면 그것은 거세 공포와 연관된 불안을 물리쳐주기 때문이다. 이러한 방어적 조작이 성공하는 정도는 환자마다 다르다. 주물 성애자가 아닌 어떤 사람들에게는 남근을 가진 여성에 대한 무의식적 환상이 거세 불안을 막아주는 것처럼 보인다. 하지만 주물 성애자들에게는 주물이 이러한 무의식적 환상의 파생물을 현실화하는 데 필수적이다. 그런 사람들은 자신의 무의식적 환상이 만들어낸 여성이 지닌 남근의 표상들을 생각하고, 보고, 냄새 맡고, 손에 지니고 있어야만 한다. 초자아로부터 오는 비난과 불안을 물리치기 위해서 뿐만 아니라, 불안을 몰아내기 위해서 부인이라는 무의식적 환상을 사용하는 것은 일반적으로 알려진 것보다 훨씬 더 광범위하게 퍼져있는 것으로 보인다.

여기에는 특정한 무의식적 환상의 실연을 나타내는 또 다른 방어들이 있다. 한 예로, 공격자와의 동일시(Aichhorn, 1925; A.

Freud, 1936)를 들 수 있다. 이 경우, 개인은 자신이 피해자가 아니라 공격자라는 환상을 통해 자신의 공포를 극복한다. 이러한 일련의 조건들은 남을 괴롭히는 성격 특징으로 굳어질 수 있는데, 이는 최초의 공격자와 동일시하는 무의식적 환상이 지속되고 있음을 나타낸다. 약간 다르기는 하지만, 이것과 관련된 것이 있는데, 그것은 몇몇 탈인격화 사례들에서 발생할 수 있는 정체성의 분열이다. 내가 서술했던(Arlow, 1966b) 환자는 자신의 굴욕감을 극복하기 위한 특징적인 방식으로 환상 속에서 자신을 괴롭히는 사람과 동일시했다. 그녀는 어렸을 때 굴욕감을 느낄 때마다 자신을 비웃는 집단의 일원이 되어 있는 것을 상상하곤 했다. 그녀의 성인 신경증(증상들 중의 하나는 탈인격화였다)에서, 그녀는 무의식적으로 이 기제에 의지하곤 했다. 그리하여 일반적으로 불안이나 굴욕감이 자극되는 상황에서 그녀는 탈인격화를 경험하곤 했다. 이러한 공격들에 대한 분석은 무의식적 환상의 영향력을 보여준다. 그 환상 속에서 그녀는 다시 한 번 자신의 자기 표상을 두 부분으로 분열시킨다. 하나의 자기 표상은 관찰자로서 자기됨(selfness)의 자질을 유지한다. 다른 하나는 관찰의 대상으로서 고통스러운 상황에 빠져있는 것으로 보인다. 환자는 이 두 번째 자기 표상으로부터 떨어져 있고 소외되어 있다는 느낌을 갖는다. 이와 관련해서, 제이콥슨(1959)은 자기감의 특정한 동요의 기초를 형성하는, 자아 안에서의 정체성의 갈등에 대해 논했다. 다른 정체성들 사이의 갈등은 개인의 삶의 특수한 경험으로부터 파생된 무의식적 환상들을 통해서 매개되는데, 그 환상들은 동시에 또는 교대로 의식적 경험에 영향을 미치는 경향이 있다.

본질적으로, 치료에서 분석가가 하는 일은 환자의 자유연상으로부터 무의식적 환상의 성질을 추론해내고, 이러한 파생물들이 어떻게 환자의 생각과 행동에 영향을 끼치는지를 보여주는 것이다. 이 점에서, 전이의 분석은 특히 도움이 된다. 이것은 피분석자로 하여금 어떻게 자신이 그가 만들어낸 무의식적 시나리오(어린 시절의 갈등에서 유래한) 안에 분석가를 등장시켰는지를 볼 수 있게 한다. 전이는 이 시나리오를 실현하고자 하는 시도를 나타낸다. 이러한 무의식적 환상의 영향력을 해석함으로써 분석가는 환자가 전이와 현실, 과거와 현재 그리고 사실과 환상을 구분하도록 돕는다. 이것은 증상의 분석에도 그대로 적용된다. 공포증이 분석될 때, 환자는 자신의 무의식적 환상 내용에 적합한 방식으로 특정 자극이나 상황에 반응해왔음을 이해하게 된다. 예를 들어, 터널 공포증과 발기불능의 문제를 가진 한 남자 환자는 터널이 마치 위험한 적이 자신을 파괴하려고 잠복해 있는 여성의 질이라도 되는 것처럼 반응하고 있다는 것을 발견했다.

무의식적 환상과 성격 특성

동일한 내용이 특정한 성격 특성의 분석에도 적용될 수 있다. 프로이트(1919)는 피학증적 성격은 비교적 고정된 정신 내용(예를 들어, 매 맞는 환상)으로 끈질기게 남아 있는 무의식적 환상이 반복적으로 행동으로 옮겨지는 것을 나타낸다고 보았다. 그는 다음과 같이 말했다: "이러한 종류의 환상(phantasies)을 가진 사람들은 아버지뻘 되는 사람들에 대해 특별한 민감성과 과민반응을 발달시킨다. 그들은 이런 부류의 사람들에 의해 쉽게 기분이 상하고, 그렇게 해서(기분 상하고 손해를 보면서) 아버지에게 매를 맞는 상상 속의 상황을 실현한다"(p. 195).

앞에서 보여주었듯이, 증상들과 성격 특성들은 무의식적 환상이라는 공통의 모체로부터 발달해 나온다. 따라서 무의식적 환상은 증상 신경증과 성격 신경증을 연결시켜주는 고리이다. 어떤 사람들에게는, 무의식적 환상에 의해 자극된 갈등들이 증상이나 (그리고) 성격 특성으로 귀결된다. 신경증적 성격 특성은 기존의 증상을 대체할 수도 있고, 또는 이 둘(증상과 성격 특성)이 나란히 존재할 수도 있다.

이것은 밀실공포증 유형의 성격 신경증으로 고통 받는 한 환자의 경험에서 찾아볼 수 있다. 그녀가 치료 상황에 일정을 맞출 수 있는가와 관련된 문제가 곧장 제기되었다. 그녀는 근무 시간을 유연하게 조절할 수 있는 방식으로 살아왔다. 그녀는 사무실이나 집에서 자유롭게 일하기를 좋아했다. 그녀는 어떤 한 장소나 아파트에 묶이는 것을 피했다. 그녀는 여러 번이나 짐을 싸서 다른 나라로 쉽게 이주하기도 했다. 자유롭게 직장과 집과 나라를 옮길 수 없다는 생각은 그녀에게 속박 당한다는 느낌을 주었다. 약간만 이런 생각이 들어도 그녀는 숨이 막히기 시작했다. 헌신하지 못하는 그녀의 무능력은 그녀의 인간관계를 특징지었고, 특히 남자들과의 관계를 특징지었다. 예를 들어, 남성이 청혼을 하면, 그녀는 마찬가지로 구속감을 느꼈고, 결국 청혼을 거절하곤 했다.

이러한 성격 특성을 이해하기 위한 단서는 아이들에 대한 그녀의 태도에서도 드러났다. 즉, 그녀는 아이와 임신에 대해 두려움을 가지고 있음이 밝혀졌다. 이러한 자료에 대한 분석은 이제 그녀의 아동기 신경증으로 인도했는데, 그것의 주된 증상은 밀실공포증이었다. 닫힌 방에 있을 때 그녀는 질식되는 느낌이 들곤 했다. 그것은 그녀가 목욕할 때 머리를 물속에 넣었을 때 느꼈던 것과 같은 느낌이었다. 아동기 신경증은 그녀가 외딸이라는 사실과 관련된 갈등들이 주축을 이루고 있었다. 아이였을 때, 그녀는 자신이 어떤 경쟁자도 갖지 않기 위해서, 어머니 뱃속에 있는 아이들을 죽였다고 상상했다. 문자적으로든 비유적인 의미로든, 밀폐된 곳에 있으면, 그녀는 자신이 담장 속에 있고, 거기서 자신이 죽였다고 상상한 아이들로부터 보복을 당할 것이라는 환상을 가졌다. 따라서 그녀에게는 삶의 모든 면에서, 하나의 탈출구를 열어놓는 것이 필수적이었다(Arlow, 1966a). 이 환자의 경우, 아동기 밀실공포증이 성인기에 증상 신경증을 불러오는 대신, 밀실공포증적 성격 신경증이라는 특별한 형태의 성격을 불러왔다.

*이전의 성도착적 습관들이나 환상들을 대체한 성격 특성들을 보여주는 환자들에게서도 이와 비슷한 요소들이 작용한다. 내가 "성격 변태"라고 불렀던 특성들을 보여주는 사람들 중에는 비현실적 성격들, 사소한 거짓말쟁이들, 협잡꾼들, 사기꾼들이 있다(Arlow, 1972). 이러한 남자 환자들이 가지고 있는 공통점은 심각한 거세공포를 막기 위한 목적으로 성도착적 성질을 지닌 특정한 무의식적 환상들을 사용한다는 것이다. 협잡꾼의 경우, 그는 다른 사람들에게 불안을 일으켜 놓고 그들을 무섭게 만든 이 상황은 실제가 아니기 때문에 처음부터 불안하지 말았어야 했음을 보여주는 것에서 즐거움을 맛본다. 이들은 어렸을 때 어머니의 스키복과 스키 장화 또는 화장품과 속눈썹 그리개 등을 사용하여 어머니의 역할을 연기하곤 했던 사람들이다. 스키복과 부츠와 관련해서 그들은 "이것들은 남자 것과 여자 것이 거의 똑 같네"라고 말하곤 했다. 청소년기 초반에는 허벅지 사이에 자신의 페니스를 감추고는 여자의 성기인 것처럼 보이게 하고는 그 다음에 다리를 벌려 페니스가 튀어나오는 것을 보고 안심하는 놀이를 하곤 했다. 그에게 있어서, 이러한 형태의 놀이는 거세의 위험에 대해 안심시켜주는 의미를 갖는 것이었다. 실로, 그는 스스로

에게(그리고 미래의 관찰자에게) 이렇게 말하고 있었다. "마치 페니스가 잘려나가고 없는 것 같아. 하지만 두려워할 것은 없어. 허벅지만 벌리면 페니스가 거기 있다는 것을 알 수 있거든." 이처럼 그는 여성의 거세된 상태에 대한 부인을 행동화하려는 욕구의 측면에서, 이성복장을 입고자 하는 성도착자들과 공통점을 갖고 있다. 성도착적 정신병리에서 나온 특별한 파생물은, 환상의 페니스를 여성에게 부여함으로써 거세 불안을 없애는 무의식적 환상을 행동화하고 싶은 충동이다. 성격 변태의 경우 행동화되어 나오는 것은 탈성화되어 나타난 무의식적 환상의 파생물이다.

무의식적 환상과 기법

무의식적 환상은 언어에 영향을 미치는 것을 통해서 치료 과정에서 중요한 역할을 한다. 샤르페(Sharpe 1935, 1940)는 다음과 같이 말한다.

> 잊어버린 과거에 대한 역동적 사고와 정서적 경험들이 전의식에서 적절한 언어적 이미지를 발견할 때, 언어는 실언이나 부지불식간의 행동처럼 미리 결정되게 된다. 그때, 은유는, 비록 사용된 단어와 문장이 말하는 사람이 만들어낸 것은 아니지만, 사적이고 개인적인 것이다. 억압된 사고와 정서(때로 이것들은 단 하나의 단어 속에서 발견되기도 함)에 상응하는 언어적 이미지들은 조사하는 사람에게 풍부한 지식을 가져다줄 것이다. [1940, p. 159]

이전 논문(Arlow, 1979b)에서 나는 은유가 무의식적 환상의 구체적인 표상으로 드러난다는 것을 보여주었다. 많은 경우, 은유를 문자 그대로 다루면서 환자의 연상들을 이끌어내는 것이 기법적으로 유리하다. 예를 들어, 여성에게 성적으로 다가가는 것에 대한 두려움에 직면하려고 노력하는 한 청년의 경우, 특정한 은유에 대한 분석이 그가 가진 불안의 근원을 밝혀주었다. 한 젊은 여성이 그에게 분명한 관심을 보이면서 그를 몇 번 집으로 초대해서 저녁식사를 함께 했다. 하지만 매번 그는 그녀와 단둘이만 있는 상황을 교묘하게 피했다. 환자에게 이러한 행동 패턴을 상기시켰을 때, 그는 "그럼 당신은 내가 사자굴 속으로 들어갈 거라고 생각하세요?"라고 말했다. 그는 이러한 자신의 묘사에 대해 스스로 놀라워했다. 왜냐하면 문제의 그 여인은 결코 무섭거나 윽박지르는 사람이 아니었기 때문이다. 은유를 분석한 결과 그는 이빨달린 질에 대한 무의식적 환상을 가지고 있음이 드러났다.

은유적인 표현들은 무의식적 환상의 구문론(syntax)으로서 서로 연결되어 있다고 말할 수 있다. 따라서 분석의 많은 부분은 하나 또는 두 개의 은유를 이해하는 것에 초점을 두고 있다. 왜냐하면 기본 주제에 대한 다중적인 은유적 표현들은 갈등을 일으키는 무의식적 환상들의 일부를 보여주기 때문이다. 기본적 은유들에 대한 다른 변형들은 시간, 맥락, 연속성 안에서 환자가 만들어낸 산물들과 서로 연결됨으로써 특별하고 더욱 분명한 의미를 갖게 된다. 비슷한 맥락에서, 크리스(1956)는 통찰을 얻는 과정에서 피분석자가 갖는 태도에 무의식적인 환상이 영향을 끼치는 방식을 보여주었다. 예를 들어, 어떤 환자들은 자기 힘으로 자료를 분석하기 위해 몹시 애를 쓴다. 크리스에 따르면, 이것은 분석가에게 선물을 주고 싶은 무의식적 환상에서 비롯된 것이다. 하지만 한편으로 보면, 분석의 진전에 상당히 도움이 되는 이러한 태도는 분석가에 대한 무의식적 경쟁심을 나타내는 것일 수 있다.

여러 가지 면에서, 해석은 환자의 무의식적 환상을 은유적으로 파악한 것으로 간주될 수 있다. 때로 그것은 분석가의 마음속에서 시각적인 은유의 형태로 발생하기도 한다. 예를 들어, 한 남성 환자는 여성의 엉덩이를 때리는 환상 없이는 성교를 할 수가 없었다. 그의 아내와의 관계는 순탄치 못했다. 그들은 서로 자주 싸웠는데, 그는 그것을 일종의 권력투쟁으로 보았다. 시간이 지나면서 그는 자신이 아내를 두려워하고 있다는 것을 깨달았다. 왜냐하면 그는 여성의 성기를 두려워하고 있었기 때문이다. 그는 여성의 성기를 항상 불쾌하고 혐오스럽고 위험한 것으로 여겼다. 그는 여성의 성기에 대한 자신의 공포를 여성을 때리는 환상과 연관시켰다. 그는 "여자를 엎드리게 하면 성기를 보지 않아도 된다. 그리고 엉덩이를 때릴 때 나는 내가 주인이라는 느낌을 갖는다"고 말했다. 다음 회기에 환자는 자신의 부인과 매우 성공적이고 만족스러운 성교를 했다고 보고했다. 이러한 성공적인 경험 직전에 두 가지의 일이 있었다. 그의 아내가 그에게 매우 비싼 옷을 사도 좋은지를 물었는데, 그는 처음으로 아내의 청을 거절했다. 어느 날 저녁 그들이 잠자리에서 관계를 가지려고 하는데, 딸이 전화를 걸어왔다. 그는 전화를 받고 짧게 이야기한 다음 아내가 싫다고 손짓을 했음에도 불구하고 전화기를 건네주면서 딸이 제기하는 문제에 대한 해결책을 지시했다. 그는 마치 아내가 자신의 명령에 따라야 하는 것처럼 그녀를 다루고 있는 자신을 의식했다. 그런데 그가 성공적인 성교를 가질 수 있었던 것은 바로 이 두 가지 사건이 있은 뒤였다. 그의 이야기를 들으면서 나는 서커스 사육사가 우리 안에서 사자의 엉덩이를 때리면서 사자를 길들이는 장면이 마음속에 떠올랐다. 이 사건에 대한 해석은 분명한 것이었다. 주도권을 잡고 권위적이 됨으로써 그는 삼켜지는 공포를 극복하고 성공적으로 성교할 수 있었던 것이다.

유사하게, 무의식적 환상의 파생적 표현으로서의 동작에 의한 은유들도 있다. 분석 회기 중에는 동작에 의한 비언어적 소통이 언어적인 소통과 마찬가지로 무의식적 환상 활동을 반영한다. 특히 손짓들은 무의식적 환상 활동의 파생물일 수 있다는 생각을 갖고 관찰해야 한다. 손짓들 중에는, 안심하기 위해 넥타이나 코를 만지거나, 방어적으로 눈을 부비거나 가리는 것, 적대적이거나 경멸조로 손가락으로 가리키는 것 등이 포함되어 있다. 한 환자는 나에 대해 의식적으로 경탄하는 것을 통해서 나에 대한 적대적이고 경쟁적인 감정을 억압하고 감추었다. 한 회기에서 그는 나에 대한 경탄을 늘어놓았는데, 자신도 모르게 마치 목을 자르듯이 엄지손가락으로 자신의 목을 가로지르는 손짓을 했다. 현실에서는 나를 찬양하고 있었지만, 무의식에서는 나의 목을 자르고 있었던 것이다.

무의식적 환상과 공감

무의식적 환상은 공감에서 중요한 역할을 한다. 대부분 분석가가 환자를 이해하는 능력은 잠시 환자와 무의식적으로 동일시할 수 있는 능력에서 온다. 이런 식으로 분석가는 환자가 겪어온 것들을 대리적으로 경험한다. 구체적으로 그리고 더 중요하게는, 환자의 연상의 성질과 형태는 분석가 안에서 환자의 무의식적 환상과 일치하는 무의식적 환상의 파생물을 환기시킨다. 분석가의 정신 안에서 환기된 무의식적 환상의 파생물은 출현하는 해석에 대한 분석가의 내적 의사소통을 구성한다(Arlow, 1979a). 분석가는 내적 성찰을 통해 이러한 내적 소통을 인식하게 된다. 분석가가 환자와의 동일시에서 벗어나는 것은 바로 이 지점에서이다. 이제 분석가는 환자와 더불어 생각하는 것이 아니라 환자에 대해 생각하기 시작한다(Brierley, 1943). 이러한 파생물들을 인지적으로 단련하는 것은 적절한 해석으로 인도한다(Arlow 1979b). 빈번히, 분석을 진행하는 동안 분석가는 환자의 기억들, 문장들, 꿈들, 환상들이 언급되는 순간에, 또는 심지어 명료하게 언급되기도 전에 그러한 내용들이 자신의 마음속에 떠오르는 것을 관찰한다. 또 다른 경우에는, 분석가의 마음속에 환자의 것과 일치하거나 동일한 의미를 지닌 분석가 자신의 기억들과 꿈들과 환상들이 떠오르기도 한다. 이러한 순간에 환자와 분석가는 공통된 무의식적 환상을 갖는다(Beres & Arlow, 1974).

다른 사람과 공감하는 능력의 중요한 부분은 누군가와 무의식적 환상을 공유하는 능력에서 온다. 백일몽의 세계가 개별적이고 고유한 것은 사실이나 개인들의 환상적 삶의 요소들에는 어떤 공통성이 존재한다. 이것은 인간이면 누구나 강한 어른의 사랑과 보호에 의존하는 유아기를 경험한다는 사실에서 온다. 인간은 소중히 여김을 받고 이상화되고 특혜를 받기도 하지만, 때로는 작고 열등하고 쓸모없고 패배하고 실망하고 사랑받지 못한다는 느낌을 갖지 않고 성장하기란 불가능하다. 중요한 시기인 삶의 초기에는 발달이 어떤 평균적이고 예상가능한 선을 따라서 이루어진다. 그리고 이러한 발달은 무의식적 환상들이 발달해나올 수 있는 경험의 토대를 마련한다. 환상적 삶의 공통성은 같은 문화와 사회적 집단의 구성원들이나, 어린 시절의 경험이 유사하거나 전통을 공유하고 있는 집단의 구성원들에게서 두드러지게 나타난다. 물론 분석가의 공감능력에 영향을 미치는 또 다른 요소들이 있다. 하지만 분석가의 공감 능력 안에는 피분석자의 무의식적 환상과 유사한 환상이 분석가 안에 자극될 수 있을 정도로 공통된 요소가 남아 있다.

환자와 무의식적 환상을 공유하는 것은 공감의 첫 번째 단계일 뿐이다. 공감에는 중요하고 필수적인 두 번째 단계가 있다. 이 단계에서 분석가는 환자와의 동일시를 깨고 무의식적 환상의 파생물들이 환자의 인생에 영향을 끼쳐온 방식을 설명해준다. 바로 이 지점에서 역전이의 어려움들이 발생한다. 환자의 무의식적 환상의 성질이 분석가 안에 그가 분석을 통해 극복하지 못한 환상의 소망을 불러일으킨다면, 환자의 무의식적 환상과 동일시하려는 분석가의 노력은 방해받을 수 있다. 감독회기 동안에 자주 목격하듯이, 분석가의 개입이 무의식적으로 분석가와 환자 모두를 갈등적 환상을 처리하는 과제로부터 멀어지게 하는 경우는 드물지 않다. 사실상 분석가는 환자의 갈등들이 자신의 유사한 갈등들을 상기시키도록 허용하지 않고 있는 경우가 있다.

무의식적 환상과 예술

거의 모든 분석에서, 환자는 동화, 소설, 신화, 어린 시절의 놀이 등이 자신들에게 지속적인 영향을 미치고 있다는 것에 대해 말한다. 이런 것들에 비교되는 예술 작품을 감상한 최근의 경험 또한 그들에게 깊은 감동을 줄 수 있다. 두 경우 모두, 환자가 예술 작품을 자신이 그 의미를 직관해내는 무의식적 환상의 파생물로서 인식하게 되는 방식을 보여준다. 환자는 예술가의 작품을 자신의 억압된 환상적 소망들을 위한 매개물로 삼는다. 이러한 기제는 예술가가 담당하고 있는 중요한 사회적 기능들의 하나를 보여준다. 예술가는 공동체를 위한 몽상가이다. 그는 자신의 백일몽이나 갈등들을 사용하여 공동체 구성원들의 마음속에 무의식적 환상 활동을 불러일으킬 수 있는 작품을 창조한다(Freud, 1908a; Sachs, 1942).

무의식적 환상과 정치

공유된 무의식적 환상은 집단을 형성하는 데 있어서 중요하게 작용하는 요소이다. 신화는 집단 구성원들이 공유하고 있는 무의식적 환상을 반영한다. 집단 신화의 중심적인 인물과의 동일시를 통해, 개인은 그 인물이 표상하는 이상적 가치들을 배우게 되고, 그 결과 사회에 통합된다(Arlow, 1961). 이런 식으로 젊은 세대 구성원들의 성격 구조는 그 집단의 표준과 전통에 맞추어 형성된다. 예를 들어, 기독교의 중요한 신화들 중의 하나는 성령에 의한 마리아의 수태이다(Jones, 1914; Arlow, 1965). 성모의 이미지는 온유, 순결, 자기헌신 등과 같이 젊은 여성들이 배울 것으로(동일시를 통해) 권장되는 이상적인 덕목들의 표상이다. 이러한 동일시를 추진하는 역동적인 힘은 하나님-아버지라는 인물과의 근친상간적 관계라는 무의식적 환상과 연결된 만족감에서 나온다. 이와 마찬가지로, 예언자들이나 정치 지도자들은 직관적으로 대중의 잠재된 무의식적 환상에 영향을 미치는 것을 통해서 그들의 행동을 이끌어낸다. 공유된 무의식적 환상들의 역동적인 힘을 적절히 조절할 수 있다면, 신화창조는 역사의 변화를 위한 강력한 도구가 될 수 있다(Arlow, 1982).

무의식적 환상의 힘은 편재해있다. 개인적으로든 대중적으로든, 사람들에게 미치는 영향력을 통해서, 무의식적 환상은 영원히 존재하며, 이 힘이 개인의 운명은 물론 인류의 총체적 운명의 형태를 결정한다.

참고문헌

Aichhorn, A. (1925). Wayward Youth. New York: Viking.

Arlow, J. A. (1956). The Legacy of Sigmund Freud. New York: Int. Univ. Press.

_____ (1959). The structure of the d?j? vu experience. J. Amer. Psychoanal. Assn., 7:611-631.

_____ (1961). Ego psychology and the study of mythology. J. Amer. Psychoanal. Assn., 9:371-393.

_____ (1965). The Madonna's conception through the eyes. Psychoanal. Study Soc., 3:9-25.

_____ (1966a). Character and conflict. J. Hillside Hosp., 15:139-151.

_____ (1966b). Depersonalization and derealization. In Psychoanalysis—A General Psychology, ed. R. M. Loewenstein et al., pp. 456-478. New York: Int. Univ. Press.

_____ (1969a). Fantasy, memory and reality testing. Psychoanal. Q., 38:28-51.

_____ (1969b). Unconscious fantasy and disturbances of mental experience. Psychoanal. Q., 38:1-27.

_____ (1972). Character perversions. In Currents in Psychoanalysis, ed. I. M. Marcus, pp. 317-336. New York: Int. Univ. Press.

_____ (1979a). The genesis of interpretation. J. Amer. Psychoanal. Assn., 27(suppl.):193-206.

_____ (1979b). Metaphor and the psychoanalytic situation. Psychoanal. Q., 48:363-385.

_____ (1982). Unconscious fantasy and political movements. In Judaism and Psychoanalysis, ed. M. Ostow, pp. 267-282. New York: KTAV Publishing House.

Arlow, J. A., & Brenner, C. (1964). Psychoanalytic Concepts and the Structural Theory. New York: Int. Univ. Press.

Arlow, J. A. with M. Ostow, M. J. Blumenthal, & P. B. Neubauer. (1972). The Jewishness of Jewish young people. Amer, J. Psychiat., 29:553-561.

Beres, D., & Arlow, J. A. (1974). Fantasy and identification in empathy. Psychoanal. Q., 43:26-50.

Breuer, J., & Freud, S. (1893-95). Studies on Histeria. SE, 2.

Brierley, M. (1943). Theory, practice and public relations. Int. J. Psycho-anal., 24:119-125.

Fenichel, O. (1950). The Psychoanalytic Theory of Neurosis. New York: Norton.

Fisher, C. (1954). Dreams and perceptions. J. Amer. Psychoanal. Assn., 2:389-445.

Freud, A. (1936). The Ego and the Mechanisms of Defense. New York: Int. Univ. Press, 1966.

_____ (1949). Certain types and stages of social maladjustment. In Searchlights on Delinquency, ed. K. R. Eissler, pp. 205-215. New York: Int. Univ. Press.

Freud, S. (1900). The Interpretation of Dreams. SE, 4 & 5.

_____ (1901). The Psychopathology of Everyday Life. SE, 6.

_____ (1908a). Creative writers and day-dreaming. SE, 9:141-153.

_____ (1908b). Hysterical fantasies and their relation to bisexuality. SE, 9:155-166.

_____ (1911). Formulations on the two principles of mental functioning. SE, 12:213-226.

_____ (1915). The unconscious. SE, 14:166-215.

_____ (1919). "A child is being beaten." SE, 17:175-204.

_____ (1923). The Ego and the Id. SE, 19:3-66.

Hartmann, H. (1939). Ego Psychology and the Problem of Adaptation. New York: Int. Univ. Press, 1958.

_____ (1950). Comments on the psychoanalytic theory of the ego. Psychoanal. Study Child, 5:74-96.

Jacobson, E. (1959). Depersonalization. J. Amer. Psychoanal. Assn., 7:581-610.

Jones, E. (1914). The Madonna's conception through the ear. Rpt. in Essays on Applied Psycho-Analysis, vol. 2, pp. 266-357. London: Hogarth Press, 1951.

Kris, E. (1956). On some vicissitudes of insight in psychoanalysis. Int. J. Psychoanal., 37:445-455.

Kris, E., & Kaplan, A. (1952). Aesthetic ambiguity. In Psychoanalytic Explorations in Art, pp. 243-264. New York: Int. Univ. Press.

Linn, L. (1954). The discriminating function of the ego. Psychoanal. Q., 23:38-47.

Sachs, H. (1942). The community of daydreams. In The Creative Unconscious. Cambridge: Sci-Art Publishers.

Sharpe, E. F. (1935). Similar and divergent unconscious determinants underlying the sublimations of pure art and pure science. Int. J. Psychoanal., 16:186-202.

_____ (1940). Psychophysical problems revealed in language. Rpt. in Collected Papers on Psycho-Analysis, pp. 155-169. London: Hogarth Press, 1950.

제 3 장

꿈과 꿈꾸기에 관한 프로이트의 이론

해리 트로스만(Harry Trosman), M.D.

꿈 경험을 급진적으로 새로운 시각에서 바라봄으로써 프로이트가 꿈의 과학적인 이해에 기여했다는 사실은 잘 알려져 있지 않다. 19세기 동안, 꿈의 해석이 출간되기 전까지 학자들은 꿈을 수면 동안에 발생하는 정신활동의 결과라고 생각했다. 꿈 경험이 조직성과 의미가 결여된 것처럼 보이게 만드는 요소는 무엇보다도 수면 상태라고 보았다. 따라서 초기의 연구자들은 꿈의 본질을 비교적 비심리적인 상태인 수면 상태의 관점에서 바라보았다. 하지만 프로이트는 꿈이 비수면 상태의 심리와 연결되어 있다고 보았다. 이러한 관점의 변화는 꿈과 꿈꾸는 것에 대한 현대적인 관점의 핵심을 이루고 있다. 이제 꿈은 더 이상 엉터리 피아니스트가 아무렇게나 누른 의미 없는 건반소리로 치부되지 않는다. 비록 위장되고 은밀한 형태로 표현된다 하더라도, 이제 꿈들은 꿈꾸는 사람의 삶에 대한 심리적으로 중요하고 의미 있는 표현으로 인정되고 있다.

현대 꿈 연구

지난 25년 간 꿈꾸는 과정에 대한 학문적인 관심은 계속해서 증가했다(Fischer, 1965). 수면과 각성에 규칙적인 주기가 있다는 것이 밝혀졌고, 안구의 움직임이 빨라지는(REM 시기) 시기에 실험 대상자를 깨우면 흔히 꿈을 보고한다는 것이 밝혀졌다. 밤 시간에, 대개 렘수면 상태에서는 호흡과 심장박동의 증가, 페니스와 클리토리스의 발기 등과 같은 생리적 활성화 신호들과 함께 네 다섯 개의 꿈이 출현한다. 꿈은 대개 안구가 움직이는 동안 계속되는데―약 10에서 25분 정도―안구의 움직임은 꿈의 방향을 따라가는 경향이 있다. 실험적인 상황에서 자주 잠에서 깨는 바람에 꿈꿀 기회를 갖지 못하게 된 사람들은 불안, 짜증의 형태나 구강 움직임의 증가 등과 같은 심리적인 교란 상태를 보인다. 보통 렘수면과 꿈의 시기가 지나면, 더 깊은 수면으로 들어가는데, 이러한 상태에서는 잠을 깨우는 자극들에 덜 민감하게 반응한다. 꿈은 대개 이러한 주기에 출현하지만, 최면이나 비몽사몽과 같이 렘수면이 아닌 다른 상태에서도 출현할 수 있다.

위의 내용들은 꿈의 해석(1900)에 서술된 프로이트의 역사적인 연구들 이래 계속해서 발견되어온 결과들이다. 이것들은 인간의 정신-신체 문제와 관련해서 매우 흥미로운 것들이지만, 꿈 형성의 심리학, 꿈 내용의 의미, 정신장치를 더 깊이 이해하는 도구로서의 꿈, 정신분석 치료에서의 꿈의 사용 등과 같이 정신분석가의 주된 관심들에 비하면 주변적인 함의만을 가지고 있을 뿐이다.

이 장에서는 이러한 주제들에 대해서는 간략하게만 살펴보고 프로이트의 창조적인 사고들에 집중하기로 한다. 꿈은 정신분석 역사에서 계속해서 관심과 주목을 받아왔다. 나는 프로이트의 기본적인 관찰들과 이론들이 여러 저작과 논문들로 정리되어온 방식들에 대해 이야기하고자 한다.

꿈에 관한 초기 사실들

초창기 심리학 연구에서, 프로이트는 신경증에 대한 관심을 통해 꿈에 끌리게 되었다. 증상의 의미를 이해하기 위해서 그는 환자들에게 자유연상을 요청했는데, 그러자 환자들은 자신들의 꿈을 보고하기 시작했다. 그는 꿈들도 증상들처럼 서로 연결고리를 형성할 수 있고 해석이 가능하다는 것을 발견하고는, 꿈을 증상처럼 다루었다. 그는 꿈에 나타난 특정한 요소들과 관련해서 마음에 어떤 것들이 떠오르는지를 자유롭게 말하도록 환자에게 요청했다. 자유연상의 기법은 판단하고 평가하고 비판하는 경향으로 인해 자연스러운 연상의 흐름이 방해받는 일이 없기를 요구한다.

정신분석 치료에서 환자가 자신의 생각과 감정을 드러내게 하는 데 사용되기도 하는 이런 방법은 꿈의 의미를 명료화해준다. 보고된 꿈을 우리는 "현시몽"이라고 부르는데, 이것은 의식적으로 지각되어 기억에 남게 된 꿈이다. 하지만 프로이트는 현시몽 뒤에는 꿈 작업의 과정을 거쳐 현시몽으로 변형되는 수많은 잠재적 사고들이 존재한다는 것을 발견했다. 현시몽을 자유연상의 기법으로 분석했을 때, 꿈에서 나타난 것은 꿈꾸는 사람이 의식하지 못하는 소망 충족의 시도로 이해될 수 있었다.

겉으로 보기에, 이러한 주장은 의미 없고 혼란스러워 보이는 꿈을 심리적 삶의 이해될 수 있는 특징으로 보는 시각보다 더욱 급진적인 것으로 보였다. 하지만 이러한 주장을 뒷받침할 수 있는 증거가 있다. 소망충족의 이론을 지지하기 위해 우리는 대다수는 아니더라도 몇몇 꿈들은 현시몽에서조차 소망충족의 특징을 갖고 있다는 사실을 지적할 수 있다. 물과 음식이 떨어진 탐험가들은 음식이 가득한 식탁과 갈증을 풀어줄 맑고 상쾌한 계곡물을 꿈에서 본다. 아동들의 꿈의 일부도 명백히 소망충족적인 것이다. 회진을 위해 아침 일찍 병원에 출근해야 하는 한 의대생은 자기 자신이 벌써 병원에 와서 병상에 누워있다는 생각에 안심하고 계속해서 잠을 자는 꿈을 꾸었다. 이러한 꿈은 편의를 위한 꿈(dream of convenience)이라고 불린다. 이 꿈에서 충족된 소망은 계속해서 자고 싶은 보편적인 욕구였다.

하지만 이렇게 쉽게 해독될 수 있는 꿈들은 예외적인 것이다. 대부분의 꿈들은 드러나는 내용에서 곧바로 충족되는 방식으로 소망들을 제시하지 않는다. 대신, 현시몽은 위장과 왜곡 과정을 거친 최종 산물이다. 소망의 위장을 설명하는 데 있어서, 꿈꾸는 사람이 꿈의 근저에 놓인 소망을 알아차리기 어려운 이유는 그의 자아나 초자아가 그 소망을 수용하지 못하기 때문이라는 것을 이해할 필요가 있다. 그 소망이 거부되는 것은 도덕적인 이유 때문일 수도 있고, 그것이 자존감을 낮추고 불안, 죄책감, 수치심, 혐오, 당혹감 등을 가져오기 때문일 수도 있다. 따라서 이것들은 무의식 상태에 있게 되며, 이러한 소망과 관련된 사고나 감정들은 의식에 도달하지 못하도록 방해하는 검열의 통제 하에 놓이게 된다. 밤에 꾼 꿈들은 잠에서 깨어나면서 대개 잊혀지거나 희미해진다. 꿈에 대한 검열은 꿈의 내용이 기억에 남아있게 하는 데에도 영향을 미친다. 따라서 개인은 억압하는 세력 때문에 꿈을 기억하지 못할 수 있다. 그리고 이와 유사한 방어적 세력들은 소망충족에 대한 분명한 표현들을 왜곡시키기 위해서 다양한 심리적 기술들을 사용한다. 왜곡의 한 예로서, 전날 사랑하는 대상에게 품었던 적대적인 무의식적 소망은 꿈에서 위험스럽고 고통스러운 상황에 빠져 있는 그를 구하는 모습으로 제시될 수 있다.

 정신분석은 꿈을 형성하는 다양한 원천들에 관심을 갖는다. 단순히 현시몽만 살펴보더라도 그것이 많은 요소들로 이루어져 있음을 알 수 있다. 꿈의 이미지들은 전에 경험한 실제 사건들, 의식적인 사고들, 감정들, 그리고 생각들로 이루어져 있다. 현시몽에는 신체적 감각들, 전날의 기억들, 먼 과거의(심지어 유아기까지 거슬러 올라가는) 기억들이 포함될 수 있다. 전날에 해결되지 못한 심리적 잔여물들—그리움, 근심, 염려 등—은 꿈의 직접적인 원천이다.

 꿈의 해석에서, 프로이트는 낮 경험의 잔여물이 꿈 이미지로 나타나는 예들을 제시하였다. 프로이트는 자신이 쓴 식물에 대한 글에서 색깔이 있는 접시를 돌리는 꿈을 꾸었다고 보고 했다. 이 꿈은 그가 전날 진열대에서 식물에 관한 새로운 책을 보았던 일과 직접적으로 관련되어 있었다. 또한 그 꿈은 그가 전날 그 책에 대해 나누었던 대화에 의해 자극된 것이기도 했다. 두 번째 자극 요소였던 그 대화는 프로이트에게 그 책을 본 것보다 훨씬 더 큰 정서적 의미를 갖고 있었다. 심리내적 감정이나 갈등을 불러오는 상황들을 감추기 위해서 꿈들이 근래의 여러 가지 기억들을 사용하는 것은 흔히 있는 일이다. 현재 자신의 삶에 대한 생각들이 즉각적인 경험들과 공명하는 과거의 기억들을 불러오는 것 또한 흔히 있는 일이다.

꿈 작업

낮 경험의 잔여물에 의해 자극되는 잠재적 꿈 사고는 표현을 위한 어떤 형태를 찾는다. 이러한 표현의 수단, 즉 잠재적 꿈 사고를 현시몽으로 변형시키는 수단의 통로를 우리는 꿈 작업(dream work)이라고 부른다. 이것에 대해 서술하기에 앞서, 잠재적 꿈 사고들은 일단 해석을 통해 밝혀지면, 논리적인 일상 언어의 일반 법칙을 따른다는 것을 지적할 필요가 있다. 이러한 사고들은 기원(祈願) 어법의 한 형태로 이해될 수 있다. 예를 들어, "그것이 정말 사실이라면…" 또는 "이러 이러한 조건이라면, 난 ~할 텐데…" 와 같이 일반적인 욕망의 표현 방식들을 빌릴 수 있다.

꿈 작업은 꿈꾸는 사람에게 사고를 표현할 수 있는 통로와 언어이다. 이 언어는 지시대상과의 명백한 상징적 관계를 포함하고 있는 문자 언어보다는 수수께끼 그림이나 그림퍼즐과 더 비슷하다. 꿈 작업의 기제는 네 가지가 있는데, 응축, 전치, 유동적 표상(plastic representation), 이차 개작(초기에는 "이차적 정교화"라고 불렸던)이 그것이다. 처음 세 가지는 원초적이고 전논리적인 사고의 양태이다. 그리고 마지막 것은 합리적이고 논리적인 사고 요소이다.

응축은 잠재적 꿈 사고들을 좀 더 간결한 요소로 결합시키는 것을 말한다. 프로이트가 꿈의 해석 2장에서 자세히 논하고 있는 이르마(Irma)에 관한 꿈에서, 현시몽에 이르마로 나온 인물은 그녀까지 포함해서 적어도 일곱 명의 사람을 나타내고 있다. 여러 명의 여성들에 대한 잠재적 꿈 사고들이 하나의 드러나는 요소로 응축된 것이다. 전치는 꿈꾸는 사람이 정신적인 강도를 하나의 꿈 사고에서 다른 꿈 사고로 이동시키는 것을 말한다. 프로이트는 잠재적 꿈 사고의 심리적 가치에 대해서는 의심의 여지가 없다는 생각을 유지했다. 우리는 그것들의 가치를 우리의 직접적 판단이나 공유된 인간성, 공감, 내적 성찰 등에 기초해서 알 수 있다. 하지만 꿈이 형성되는 과정에서 강조점이 바뀐다. 심리적으로 중요한 것은 가볍게 다루어지고 현시몽에서 무해한 것으로 보이는 것이 정서적 강렬함을 나타낼 수 있다. 전치는 자아와 초자아에게서 갈등적 사고들을 숨겨야 할 필요뿐만 아니라 저항과 검열에 의해서도 촉진될 수 있다. 프로이트는 사형에 해당되는 죄를 지은 재단사가 살고 있는 한 동네에 대한 이야기로 꿈의 전치를 설명하곤 했다. 그 동네 사람들은 재단사가 한 명 밖에 없고 푸줏간 주인은 세 명이나 있었기 때문에 재단사 대신에 푸줏간 주인을 처형하기로 결정한다. 위에서 말한 프로이트의 꿈(식물에 관한 책)에서는 낮 동안의 잔재가 리비도가 더 강력하게 집중되어 있는 자극을 감추고 있었고, 전치시키고 있었다.

꿈을 구성하는 데 사용된 방법들은 또한 잠재몽의 사고들을 드러낸다. 일차과정의 기제들이 꿈 사고들 사이의 관계를 표현하는 데 적합하지 않기 때문에, 이러한 관계들은 꿈꾸는 사람이 사용할 수 있는 공식적인 수단을 통해서 표현될 수 있다. 두 개의 사건 또는 사람들 사이의 긴밀한 관계는 현시몽 안에서 시간적인 동시성이나 인물들의 병렬 배치로 표현될 수 있다. 잠재적 사고에서의 인과관계는 다른 꿈으로 안내하는 짧은 꿈에 의해서 표현될 수 있다. 모순은 반전으로 표현될 수 있다. 꿈꾸는 사람이 꿈에 대해 갖는 지각의 다양한 특질들은 잠재적 꿈 사고의 구성요소를 나타낸다. 꿈의 감각적인 성질은 잠재적 꿈 사고를 구성하고 있는 요소의 명료성과 모호성을 나타낸다. 따라서 피분석가는 "모호한" 꿈을 꿀 수 있는데, 이것은 전날 분석가가 한 모호한 해석에 대한 자신의 견해를 나타내는 것일 수 있다.

꿈 작업은 심리적으로 중요한 사람, 신체 부위, 또는 경험을 묘사하는 데 일반적인 상징들을 사용할 수도 있다. 즉, 아버지 인물이나 분석가는 왕이나 대통령으로 표현되고, 남자의 성기는 칼로, 여성의 질은 동굴로, 탄생은 물로 표현될 수 있다. 하지만 이러한 상징들은 경솔하게 해석될 수 있는 덫이기도 하다. 확실한 연상이 없을 경우, 분석가는 이러한 상징들에 대해 유창한 입담을 늘어놓기보다는 환자의 연상을 통해 꿈 요소들의 의미를 탐구하려고 노력해야 한다.

꿈 작업의 세 번째 기제는 꿈 사고의 유동적 표상들을 형성하는 능력이다. 꿈꾸는 사람은 사고들 사이의 공식적인 관계를 개념적인 용어로 표현하기보다는 시각적인 이미지로 표현하는 경향이 있다. 때로 이러한 이미지들은 시각적인 감각뿐만 아니라 다른 감각을 통해 표현되기도 한다. 즉, 청각, 운동감각, 후각의 방식들도 사용된다. 어떤 꿈들은 감각적인 성질이 전혀 없고 사고들, 고립된 생각들, 감정의 상태들, 고립된 단어들로만 이루어져 있다. 꿈을 구성하는 작업의 네 번째 요소는 이차 개작이다. 이 기제는 일관되고 인지가능한 일차과정의 사고 작용을 혼란스럽고 무질서한 것으로 보이게 만드는 데 사용된다. 어떤 꿈들은 조직적인 이야기와 같은 특질을 갖는데, 그것은 바로 이 기제 때문이다. 꿈꾸는 사람은 때로 꿈의 내용을 의식적인 삶에서 온 몽상에 끼워 맞추기도 한다. 이것은 마치 르네상스 화가들이 예수 탄생의 그림을 사용하여 어머니의 돌봄에 대한 자신의 유아적 소망을 표현하는 것과 같다.

불안 꿈

지금까지 나는 꿈의 기본적인 기제들에 대해 서술했다. 나는 이러한 접근의 근저에 있는 개념적 틀에 대해서 간단히 서술해 보겠다. 하지만 그러기 전에 나는 불안 꿈의 현상에 대해 논의하고자 한다. 만약 꿈들이 실제로 소망을 충족하기 위한 것이라면, 결코 유쾌하지 않은 꿈들은 어떻게 설명할 것인가? 사실, 어떤 꿈들은 악몽만큼이나 많은 불안을 동반하기도 한다. 비록 꿈이 소망충족을 목표로 한다고 해도, 항상 그 목표에 도달할 수 있는 것은 아니라는 것을 알아야 한다. 충족을 얻고자 하는 소망들은 압도적이거나 수용될 수 없는 것이거나 자아나 초자아가 혐오하는 것이어서, 자아에게 지나친 부담을 주거나 관리가 불가능한 갈등을 야기할 수 있다. 이렇게 되면 꿈꾸는 사람의 방어는 무너지고, 그 상태에서 벗어날 수 있는 유일한 수단은 잠에서 깨어나는 것이기 때문에 꿈은 중단된다. 꿈이 수면을 유지하는 관리인의 역할을 하는 한, 꿈은 중단되지 않는다.

우리는 또한 대안적인 가능성도 고려해야 한다. 즉, 정신적 불쾌, 고통, 불안의 현존이 오히려 꿈이 찾는 것일 수도 있다. 다른 말로 하면, 피학감이나 죄책감에 휩싸여 처벌을 원하는 사람은 불안을 경험함으로써 소망을 충족시킨다. 따라서 불안의 현존은 소망충족의 가정을 부인하기보다 오히려 그것의 중요성을 더욱 지지해주는 것으로 판명될 수 있다.

하지만 소망충족과는 상관이 없는 불안의 꿈들도 있다. 전투상황이나 자연재해처럼 스트레스가 극심한 외부상황에 노출되었던 사람들과 본능적인 요구에 압도되어 극심한 긴장을 느껴본 사람들은 방출의 형태로 불안 꿈을 꾼다. 이러한 사람들은 그 충격적인 사건을 반복할 필요가 있으며, 이러한 반복에서 유익을 얻을 수도 있다. 반복은 아마도 사건을 숙달하기 위한 시도일 것이다. 이러한 심리적 경험들과 애도 작업 사이에는, 외상을 해결하는데 일정한 시간이 필요하다는 점에서, 유사성이 있다. 외상을 숙달하려는 욕동은 통상적 의미의 심리적 소망과는 다르다. 왜냐하면 이것은 특정하지도 않고, 갈등을 포함하거나, 유쾌한 욕동의 만족을 수반하지 않기 때문이다.

단순히 정신 장치의 상태를 반영하는 꿈들도 있는데, 이러한 꿈은 특히 자기애적인 사람들이나 내적 정신과정에 몰두해 있는 사람들에게서 드러난다. 이렇게 꿈꾸는 사람의 상태가 드러나는 꿈들에서는 소망충족의 측면은 상대적으로 작을 수 있다. 꿈꾸는 사람은 단지 자신의 심리내적인 상태—수면과 각성의 다양한 수준들 또는 자기애적 취약성과 공허와 과대성에 대한 감각—를 재현할 뿐이다. 이와 관련된 개념은 꿈 화면 경험(Lewin, 1950)이다. 이것은 단순히 배경에 투사된 꿈에 대한 감각만으로 구성되어 있는데, 이것은 어린 시절 어머니 젖을 먹고 난 유아의 상태에 대한 상징적 표상일 수 있다. 이 화면은 꿈 이미지가 투사되는 배경이다. 이 배경 위에 시각화된 꿈 이미지가 영사된다. 꿈 화면으로서의 이러한 형식적인 틀은 잠재적 꿈 사고에 대한 추후 지시물이다.

꿈 과정에 대한 이론적 설명

꿈 과정에 대한 심리학은 처음에 정신장치에 대한 지형학적 모델을 따라 만들어졌다. 비록 구조적 개념들을 사용하여 우리의 이해를 증가시키는 것도 가능한 일이지만, 지형학적 모델은 계속해서, 특히 임상적인 관점에서 여전히 강력한 설명을 가지고 있다. 정신 장치는 하나의 반사적 호라고 볼 수 있다. 흥분은 방향을 가지고 있으며, 운동적인 방출을 위해 지각을 수용하는 말초신경으로부터 흘러나온다. 수면 상태에서는 상대적인 운동의 마비가 발생하기 때문에 자아의 자극 행동으로 인한 흥분의 방출은 발생할 수 없다. 운동으로 이끄는 수문이 닫혀있기 때문에, 흥분은 전진적이 아니라 퇴행적인 방식으로 움직인다. 꿈 경험의 고유성을 이해하는 데 필수적인 퇴행 개념에는 세 가지 종류가 있다. 첫 번째 퇴행에서, 흥분은 지각에서 출발하여 운동을 향해 가지 않고 지각 쪽으로 거꾸로 움직이도록 반사적 호 벡터가 역전된다. 이렇게 함으로써, 흥분들이 저장된 사고들과 감정들 그리고 특히 초기의 지각들에 대한 기억들을 활성화시킨다. 이렇게 뒤로 인도하는 길은 또한 어린 시절의 그리움과 기억의 흔적으로 남아있는 소망들을 활성화시킨다. 대개 깨어 있을 때 이러한 그리움이 의식되지 못하도록 막는 억압적이고 규제적인 통제는 수면 상태에서는 활동이 덜하다. 왜냐하면 활동 능력이 없기 때문에 방어 수준도 전반적으로 낮아지기 때문이다.

　두 번째 퇴행 또한 논리적 형태에서 비논리적 사고 형태로 흥분을 전개하는 이차과정에서 일차과정 쪽으로, 그리고 앞서 서술된 꿈 작업의 기제들을 사용하는 쪽으로 일어난다. 세 번째는 퇴행적인 움직임의 결과로, 그날의 잔재들에 의해 자극된 전의식적 생각들에 첨부됨으로써, 묻힌 무의식적 소망들이 수면 기간 동안 활성화되어 표현할 방법을 찾는 것이다. 사실 강한 에너지를 가진 욕동들에 의해 힘을 받은 무의식적 소망들이 꿈의 형태를 줄 수 있는 능력을 갖고 있고, 꿈에 현실 같고 단호한 성질을 부여한다고 말할 수 있다. 유아적 소망을 동반하는 흥분들이 꿈을 형성하는 중요한 자원을 제공할 수 있다 하더라도, 대개는 잠재적 꿈 사고로 옮겨가는 것은 원시적인 소망들의 파생물이다. 따라서 낮 동안의 전의식적인 잔재들과 무의식적인 유아적 소망들 사이에는 다양한 관계가 존재한다. 둘 사이에 유사성이 존재할 때, 때로는 최근의 경험들이 무의식적 소망을 자극하기도 한다. 또 어떤 때는 무의식적 소망이 그날의 사소한 잔여물에 들러붙어 만족을 찾는 억압된 소망들이 표현되게 해준다.

꿈 형성에 대한 초기 이론은 무의식적 소망들이 전의식에 부착됨으로써 출구를 찾는다는 견해를 강조했다. 이러한 시각은 아직도 임상적인 맥락에서 전이를 이해하는 데 기초가 되고 있다. 이후에 정신분석에서 다듬어진 이론들은 꿈을 무의식적 소망의 위장된 표현으로서 뿐만 아니라 타협 형성을 통한 갈등의 해결로도 볼 수 있게 해주었다. 결국은 자아와 초자아의 요소들도 꿈 형성에 일정한 역할을 하며, 소망을 숨기고 억누르기 위한 방어적 작용들 또한 꿈 표상에 영향을 미친다. 후자의 예는 꿈꾸는 사람이 자신이 꿈을 꾸고 있다는 것을 인식하는 경험에서 찾아볼 수 있다. 즉, 꿈속의 꿈이 그것이다. 여기서는 자아의 판단이 작용한다. 대개 꿈속에서 꿈을 꾸는 것은 현시몽의 내용이 꿈꾸는 사람이 깨어 있는 삶에서 맞닥뜨리는 현실 상황의 상태임을 알 수 있을 만큼 꿈 내용이 현실과 유사한 경우에 나타난다. 꿈꾸는 사람은 "이것은 꿈일 뿐이야"라고 주장함으로써 자신이 직면하고 싶지 않은 지식으로부터 자신을 분리시킨다. 임상적인 상황에서는, 표현을 찾고 있는 무의식적 소망들뿐만 아니라 자신의 방어와 적응 기제를 더 잘 이해하는 데 꿈을 사용할 수 있다.

마지막으로, 최근 꿈 연구에서 밝혀진 것들과 꿈의 해석이 출간된 이후로 임상에서 축적된 정신분석 활동을 감안해 볼 때, 소망충족 이론이 현재 차지하고 있는 위치는 어떤 것인가? 수면 동안 꿈의 주기가 있다는 사실의 확인이 꿈 해석에 대한 정신분석 이론을 변화시키지는 않는다. REM 수면과 수면 동안의 심리적 활성화에 대한 다른 징표들이 발견되었다 해도, 이것들은 단지 꿈의 드라마가 펼쳐지는 무대에 지나지 않는다. 꿈의 과정이 수면을 유지하는 기능을 한다고 본 프로이트의 초기 생각은 이제 부분적인 타당성밖에는 인정되지 않는다고 할 수 있다. 꿈은 꿈꾸는 사람이 수면의 여러 단계들 중 잠에서 쉽게 깨어날 수 있는 단계 동안에 발생한다. 이 단계 다음에는 더 깊은 수면상태가 뒤따른다. 꿈을 발생시키는 요소로서 무의식적 소망이 자치하는 중심적인 위치는 최근의 연구들에 의해서도 뒷받침되고 있다. REM 주기들은 그 자체가 활성화된 욕동 상태(남근이나 클리토리스의 발기에서 명백히 드러나는 본능이 고조된 시기들)와 관련이 있다. 따라서 꿈꾸는 것 자체는 잠을 자는 동안에 나타나는 활성화된 생물학적 리듬의 표현이라고 할 수 있다.

  정신분석가의 주된 관심은 꿈 내용의 의미인데, 임상 작업에서 꿈이 계속해서 차지하고 있는 특별한 위치는 꿈이 "무의식에 이르는 왕도"라는 친숙한 말을 보증해준다. 꿈은 이전의 만족들과 지각적으로 동일한 것을 나타내는 경험을 일시적으로 재확립할 수 있다는 점에서 고유하다. 꿈은 증상이나 무의식적인 실착행위에서처럼 사실은 타협의 형성이며, 따라서 소망과는 다른 감추어진 심리적 요소들을 드러낸다. 하지만 꿈 자체의 성질—욕동을 지각적 현실로 표상할 수 있는 능력을 욕동과 연결시키는—은 정신분석가에게 무의식적 과정을 더 직접적이고, 견고한 방어와 저항에 비교적 덜 숨겨진 상태로 볼 수 있는 드문 기회를 제공한다.

꿈 해석의 기술

정신분석가는 분석 중인 환자가 보고한 꿈을 이해하기 위해 다양한 방법들을 사용할 수 있다. 근본적으로 분석가는 현시몽과 잠재몽을 연결해주는 연상된 자료들에 관심을 갖는다. 회기 동안 꿈이 출현한 맥락은 꿈의 내용과 이전의 일들을 연결시켜주는데, 분석가는 그때 환자가 가졌던 생각들, 사고들, 감정들에 주목해야 한다. 분석가는 환자에게 먼저 꿈의 요소들을 시간 순서대로 연상하도록 요청할 수 있다. 그런 다음에 환자가 그 요소들이 지닌 감각적이고 정서적인 강도에 주목하도록 인도할 수 있다. 분석가는 꿈과 전날의 사건들을 연결시켜보도록 요청하거나, 환자 본인이 연상을 시작하도록 맡겨놓을 수 있다(Freud, 1923).

환자가 특정 꿈에 대한 해석에 저항을 보인다면, 이것은 방어이거나 잠재적 내용에 대한 불안에서 온 것일 수 있다. 이럴 때 분석가는 단순히 현시몽의 내용을 사용하여 환자의 사고 안에 있는 다른 연결점들을 자극하면서, 해석에 특별히 초점을 맞추지 않아도 된다. 분석 회기의 연상들 중에서 비교적 방어가 없다는 점에서 특별한 위치를 차지하는 꿈이라고 해도, 거기에는 여전히 해석에 대한 방해물들이 있을 수 있다. 위로부터 오는 꿈이라고 일컬어지는 어떤 꿈들은 대개 무의식적인 반추, 즉 전날의 생각이나 의도들이 다시 작동된 것이며, 연상을 통해서는 그것들이 무의식적인 소망들과 가진 연결성이 거의 드러나지 않는다.

분석을 시작하는 시점에 꾼 꿈들은 대개 분석이 진행됨에 따라서 나타나게 될 흐름을 보여준다는 점에서 특별한 가치를 갖고 있다. 그것들은 화면 기억들처럼 피분석자의 삶에서 중요한 심리 내적 갈등의 영역을 나타낼 수 있다. 분석이 진행됨에 따라,

분석가는 환자의 꿈들이 분석 자체와, 그리고 환자가 분석가와 맺고 있는 관계와 관련되어 있음을 발견하게 된다. 분석가는 또한 꿈들이 종종 이전의 분석 회기에서 온 자극들이 정교화되고 있음을 발견하게 된다. 따라서 꿈은 환자가 분석가의 개입에 어떻게 반응하고 있는지를 알려주는 단서가 된다. 분석가의 개입은 의도적인 해석일 수도 있고, 회기를 시작할 때 분석가가 환자에게 인사하는 방식에서 나타나는 변화와 같이 우발적인 것일 수도 있다.

명백한 불안 꿈이나 악몽은 꿈꾸는 사람이 지닌 갈등의 강도를 나타낸다. 그것은 꿈이 표상을 통해서 성취되기를 요구하는 용인할 수 없는 소망들이 강도를 더하고 있음을 나타내거나, 위장과 은폐를 위한 방어의 수단들이 부적절하다는 것을 나타낸다. 어떤 경우에든, 이러한 꿈들은 소망충족의 경향이 충족을 찾는 시도(때로 성공하지 못할 수 있는)로 옮겨가고 있는 것이라고 더 정확하게 진술될 수 있다는 사실을 강조한다. 꿈의 목적은 욕동과 관련된 소망이 아니라 징벌이나 고통스러운 경험을 나타내는 것일 수도 있다. 만약 후자의 경우라면, 꿈을 자극하는 요소는 원본능이 아니라 초자아로부터 오는 압력일 수 있다. 어쨌든, 꿈을 타협, 즉 심리내적인 구조에서 기원하는 움직임의 결과로 보는 시각은 분석가가 어느 특정 순간에 어떤 세력에 상대적인 비중을 둘 것인지에 대해 깨어 있어야 한다는 점을 상기시켜준다.

참고문헌

Fischer, C. (1965). Psychoanalytic implications of recent research on sleep and dreaming. J. Amer. Psychoanal. Assn., 13:197-303.

Freud, S. (1900). The Interpretation of Dream. SE, 4 & 5.

_____ (1901). On dreams. SE, 5:633-686.

_____ (1911). The handling of dream interpretation in psycho-analysis. SE, 12:91-96.

_____ (1917). A metapsychological supplement to the theory of dreams. SE, 14:219-235.

_____ (1920). Supplements to the theory of dreams. SE, 18:4-5.

_____ (1923). Remarks upon the theory and practice of dream-interpretation. SE, 19:109-121.

_____ (1925). Some additional notes on dream-interpretation as a whole. SE, 19:125-138.

Lewin, B. D. (1950). The Psychoanalysis of Elation. New York: Norton.

제 4 장

프로이트 이후의 꿈

알렉산더 그린스타인(Alexander Grinstein), M.D.

　어떤 발견의 위대성에 대한 증거는 그것의 영향력, 즉 그 발견이 이후의 진보를 시작하거나 그 진보에 영향을 미치는 정도이다. 과학의 역사는 이러한 위대한 발견들의 수많은 예들을 보여준다. 꿈의 의미와 꿈들이 어떻게 과학적으로 해석될 수 있는가에 대한 프로이트의 발견은 위대한 것이었다. 프로이트 자신도 이것을 알고 있었다. 그래서 그는 꿈의 해석 영어판 3편(1931년 3월 15일) 서문에서 "이러한 통찰은 평생에 단 한번만 오는 것이다"라고 말했다.
　프로이트의 발견은 마음에 대한 과학의 발달에 엄청난 추진력을 주었다. 이것은 임상 실제에서 환자에 대한 이해를 증가시켰고 역사, 인류학, 예술, 문학, 전기(傳記) 등의 분야로 정신분석의 적용범위를 넓혀주었다.
　프로이트의 초기 발견들 이후 꿈에 관한 구체적 연구들은 여러 방향으로 흘렀다. 대개는 임상과 관련된 연구들이 주축을 이루었고, 현시몽의 내용과 그것에 대한 연상들을 세밀히 조사하는 것에 관심을 가졌다. 많은 사례들이 프로이트의 주장들과 그것의 적용들을 지지하거나 정교화하는 형태를 취했다.

다른 연구들은 꿈의 특정한 내용이나 의미를 파고들기보다는 신경생리학적인 방향을 따라 연구를 진행했다. 이러한 연구 분야는 뇌파검사나 빠른 안구 운동의 기록 등을 이용한 수면 연구에서 수집한 자료들을 활용했다. 이러한 과학적인 관심의 발달에 더해, 프로이트의 이론을 바탕으로 마음에 관한 이론을 고안해보려는 시도로 꿈에 대한 다양한 연구들이 이루어졌다. 하지만 또 다른 꿈 연구들에서는 프로이트의 원리들이 전적으로 포기되었다.

임상 실제에서의 꿈

수년에 걸쳐 임상 실제에서의 꿈에 대한 문헌들이 축적되었다. 이런 연구들을 요약해준 훌륭한 저서들 중에는 내터슨(Natterson 1980)이 편집한 책이 있다. 이 책은 꿈에 대한 임상 이론을 논한 다음, 다양한 정신병리적 상태, 특별한 치료 상황, 그리고 다양한 치료양태라는 측면에서 꿈을 검토하고 있다. 나는 이 광범위한 문헌에서 임의로 몇 가지 측면만 골라보았다.

진단이나 예후적 지표로서의 꿈

프로이트는 드러난 꿈(기억된 꿈)을 그것의 다양한 요소들 이면에 있는 잠재적 꿈 사고와 구별했다. 그는 드러난 꿈의 다양한 요소들에 대한 연상들을 수집함으로써, 그 꿈이 어떤 소망을 성취하고자 하는지를 보여주는, 잠재적 꿈 사고들 속에 있는 공통된 실마리를 찾을 수 있었다. 프로이트는 드러난 꿈을 무시하지는 않았지만, 그의 주된 초점은 잠재적 꿈 사고들과 그 배후에 있는 무의식적 노력들이었다.

프로이트 이후 많은 연구자들은 드러난 꿈에서 어떤 의미를 끌어내는 데 관심을 집중시켜왔다. 그들은 특정한 유형의 꿈들에서 드러난 내용이 정신병리를 진단해주고 환자의 분석가능성이나 전반적 예후를 알려줄 수 있는지에 대한 답을 찾으려고 애썼다. 상당수 분석가들은 꿈 분석이 분석가능성이라는 일반적인 문제와 관련되어 있다고 믿고 있고, 꿈을 전혀 꾸지 않는 환자의 분석 가능성(Blum, 1976)은 의심스러우며, 꿈이 없다는 것은 "정신 장치가 제대로 작동하지 않는다는 것"을 가리키는 지표라고 생각한다(Sharpe, 1937, p. 197).

최초의 꿈들에서는 수많은 파편화, 색체와 혼돈의 생생함, 여러 가지 것들이 떨어지거나 부서지고, 태풍이 일거나 대화재 등의 재난이 일어나는데, 이것들은 피분석가의 자아가 불안정한 상태에 있고, 정신의 붕괴나 정신증을 일으키기 직전에 있음을 말해준다. 솔직히 치료 초기에 나타나는 살인 꿈들이나 식인 또는 구강 공격적인 꿈들은 환자가 분석이 불가능한 심각한 정신병리를 갖고 있음을 알려주는 것일 수 있다. 단지 꿈만 가지고서는 진단도 예후도 내릴 수 없고 또 그래서도 안 된다. 하지만 이러한 꿈들이 출현할 때, 치료자는 심각한 장애의 가능성을 면밀히 조사해야 한다(Noble, 1951; Richardson & Moore, 1963; Bonime & Bonime, 1980).

 길고 강렬하고 고통스러운 꿈들이 치료 회기의 대부분을 차지하는 바람에 치료자도 환자도 그것들에 대해서 별로 할 수 있는 것이 없다면, 이 또한 진단이나 예후적 의미를 가질 수 있다. 이러한 꿈들이 치료의 시작과 함께 나타나 오랜 기간 지속된다면, 그것들의 내용보다는 배후의 원인에 대해 탐구해야 한다. 여기에는 다음과 같은 다양한 가능성들이 알려져 있다: 치료에 대한 강한 저항, 위험한 전이의 출현, 수면을 계속하고 싶은 소망(Lewin, 1953), 소변보기, 대변의 축출, 또는 설사 등에 대한 언어적 표현. 그 외에도, 심각한 자아 장애의 가능성도 고려해야 한다.

 꿈을 진단이나 예후의 도구로서 사용하는 것과는 별도로, 다양한 연구자들은 꿈이 환자의 행동을 예측하는 데 쓰일 수 있는지를 알아보려고 했다. 전날 밤 꿈에서 환자는 분석 회기 안에서나 바깥에서 약속의 취소, 사고, 또는 행동화를 예견할 수도 있다 (Sterba, 1946). 문제는 개인의 꿈들에 대한 이해가 치료자로 하여금 얼마만큼 환자의 행동을 폭넓게 예견할 수 있게 해주느냐이다. 이러한 정보는 특히 환자가 뭔가 파괴적이거나 자기 파괴(예를 들어, 자살)적인 행동을 하기 직전이나 정신증적 붕괴가 임박한 순간들에 가치 있는 것일 수 있다.

 꿈의 예견적인 측면에 대한 관심은 프로이트(1917)의 말에서도 찾아볼 수 있다: "신체적 질병의 전조는 깨어 있을 때보다 꿈에서 더 일찍 그리고 더 분명하게 나타나는데, 이때 모든 신체감각들이 엄청난 역할을 담당한다"(p. 223). 이 말이 얼마만큼 타당성이 있는가는 특히 정신신체적 질병에 관심 있는 치료자들에게 중요한 관심사가 되고 있다. 많은 예들이 보여주듯이, 정신적인 것과 신체적인 것의 상호연관성의 문제는 아직도 해결되지 않았다.

최초의 꿈들

최근 몇 년간, 많은 책들이 분석의 시작 단계에서 나타나는 꿈들의 명시적 내용 속에 분석가가 위장되지 않은 형태로 등장하는 것이 분석가능성과 진단과 예후를 위해 갖는 의미를 탐구했다(Rapaport, 1959; Harris, 1962; Yazmajian, 1964; Rosenbaum, 1965; Savitt, 1969; Fleming, 1972; Bradlow & Coen, 1975). 이러한 유형의 꿈이 갖는 의미는 "분석가가 전이적 부모인물과 비슷할지도 모른다는 두려움으로 인한 분석가에 대한 강렬한 불신과 부분적으로 관련되어 있다." 그리고 그것은 분석가로부터 만족을 얻으려는 더 강한 소망을 충족시키기 위해 분석가에 대한 강렬한 두려움과 불신을 부인하려는 환자의 시도이다"(Bradlow & Coen, 1975, pp. 423,422). 어떤 저자들은 이러한 꿈을 보고하는 환자들은 분석가 편에서의 역전이에 반응하고 있는 것일 수도 있다고 제안한다. 이러한 유형의 꿈이 갖는 궁극적인 의미가 확정되지 않고 있는 현 시점에서, 치료자는 전이와 역전이의 상호작용의 변화에서 비롯되는 요소들에 주목해야 한다.

꿈속에 나오는 색채

사람들은 대개 자신의 꿈을 이야기할 때 그 꿈 전체 또는 일부의 색깔에 대해서는 구체적으로 말하지 않는다. 만약에 색깔이 있다면, 그 색깔은 현시몽의 다른 모든 요소들처럼 하나의 요소로서 탐구되어야 한다. 어떤 때는 특정한 색깔이 선택되기도 하는데, 그것은 여러 생각들이 그 색깔에 집중되어 있기 때문이거나 그 색깔 자체로서 어떤 의미를 갖기 때문이다.

지금까지 많은 논문들이 꿈속에 나타나는 색깔에 대해 다루었다. 어떤 연구자들은 꿈속에서 본 색깔과 로샤 카드에 대한 색깔 반응 사이에 평행관계가 있다고 간주했다. 칼레프(Calef 1954)는 특정한 색깔의 선택이 그날 경험한 것과 관계가 있을 수 있다는 것 외에도, 잠재적 내용은 "관음-노출증적 충동 및 원색장면 자료와 관련된 충동을 나타낼 수 있다"(p. 459)고 주장한다.

어떤 꿈에서는, 색깔이 하나 또는 몇 개의 개별적인 요소들에 한정되어 있지 않고 꿈 전체에 만연해 있다. 이러한 꿈은 소위 인공 색깔(technicolor) 꿈이라고 부른다. 예술가나 색채 사용이 능숙한 사람들에게서 꿈에 색깔이 등장하는 경우가 종종 있는가 하면, 어떤 사람들에게는 꿈에 계속해서 색채가 등장하는 것이 심각한 정신적 동요를 나타내는 것일 수도 있다.

코헛(1971)은 인공 색깔 꿈들은 "종종 현실적인 자아 안으로 들어와 수정되지 못한 자료들이 자아를 침투하거나 자아가 그런 자료를 완전히 통합해내지 못하고 있음을 나타낼 수 있으며, 그런 색깔은 자아가 과대성과 과시적 경향이 침입해 들어오는 것에 따른 불안한 조적 흥분을 승화적으로 처리하고 있는 것을 나타낼 수 있다"(p. 172)고 말했다. 코헛은 또한 "꿈이 색채를 입고 있다는 것(특히 부자연스러운 색채)은 꿈꾸는 사람의 자아가 새로운 경험들을 통합하지 못하고 있으며, 욕동의 강도와 내용을 흡수할 수 없다는 것을 보여준다"(p. 322)고 말했다.

전형적인 꿈들

「꿈의 해석」에서 프로이트는 전형적인 꿈들을 언급한다. 그는 단일한 의미를 갖는 꿈들과 다양한 의미를 갖는 꿈들을 구별한다. 프로이트의 다른 의견들과 마찬가지로, 많은 탐구자들이 그의 이러한 언급들을 확장시키고 정교화시켰다.

예를 들어, 치아 꿈들에 대한 종합적인 연구에서, 로랜드와 펠드만(Lorand and Feldman 1955)은 신화와 민담뿐만 아니라 임상 자료를 바탕으로 치아가 나오는 꿈들이 리비도 발달의 모든 단계들을 나타낼 수 있음을 보여주었다. 구강기 단계에 해당되는 치아 꿈들은 상실이나 분리 또는 박탈을 암시할 수 있다. "심한 구강적 퇴행은 어머니의 젖가슴을 물고 있는 상태로 되돌아가고 싶은 원시적 자기애의 소망을 충족시킨다"(p. 160). 그들이 수행한 관찰들과 연구결과는, 남성의 경우 치아의 자극과 관련된 꿈들은 "사춘기의 자위적 욕망들"(1900, p. 385)과 "그로 인한 처벌의 두려움"(1916-17, p. 190)을 나타내고, 똑 같은 꿈이 여성에게서 나타날 경우 그것은 "태몽"을 의미한다고 했던 프로이트의 교리적 진술을 넘어서고 있다. 프로이트는 다음과 같이 말한다: "해석과 관련해서 거세와 출산 사이의 공통적인 요소는 신체의 일부가 전체에서 떨어져나가는 것과 관련되어 있다"(1900, pp. 387-388). 로랜드와 펠드만(1955)은 치아가 제거되는 꿈이 흔히 젖을 주는 젖꼭지의 상실을 의미한다고 보았다. 치아 꿈들은 남근과 아기의 탄생을 의미할 수도 있지만, 그 외에도 이빨달린 여성의 질, 낙태, 사망, 정신증 등을 가리킬 수도 있다. 유아와 노인 모두에게 치아가 없는 상태는 중요한 문제이다. 게다가, 치아 꿈들은 직접적인 공격성이나 물고 깨무는 것을 가리킬 수도 있다. 이러한 지시물들은 구강 공격성이 심한 우울증 환자들에게 특별히 중요하다.

프로이트가 전형적인 꿈으로서 언급한 검사하는 꿈 (examination dream) 또한 많은 논의의 대상이 되어왔다. 이러한 꿈들에서 검사는 종종 신체적이거나 해부학적인 것으로 드러난다. 이런 경우, 개인은 어린 시절의 병원놀이나 건강검진 또는 신체검사에서처럼, 이러한 검사들에 적극적으로 참여했을 수도 있다. 임상 자료들은 종종 그 개인이 의사가 자신의 자위행위나 특정한 비밀을 발견하고 거세, 모욕, 거부, 유기 등으로 처벌을 할까봐 두려워한다는 것을 보여준다. 치료에서, 이런 꿈들은 종종 전이의 의미를 갖는다(Sterba, 1928; Arlow, 1951; Kavka, 1979; Renik, 1981; Grinstein, 1983).

처음에 프로이트는 "유쾌한 기분으로 하늘을 날거나 불안한 감정과 함께 추락하는" 꿈들을 항상 동일한 의미를 가진 전형적인 꿈들로 분류했다(1900, p. 271). 하지만 1907년에 그는 이러한 꿈들이 "경우에 따라—그 꿈에 담긴 일차적인 감각들의 원천은 항상 동일함에도 불구하고"—다른 의미를 가질 수 있다고 말했다(p. 393).

프로이트는 이러한 꿈들이 근본적으로 두 가지 요소를 가지고 있다고 보았다. 하나는 어린 시절 움직이는 놀이(그네나 시소를 타는 것과 같은)를 하는 동안이나 좋아하는 어른에 의해 공중으로 부양되었을 때 경험했던 감각들이 재생되는 것이다. 그는 또한 "이런 놀이들은 그것 자체로는 비성적인 것일지라도 성적인 느낌을 불러일으키기 쉽다"(1900, p. 393). 프로이트는 이러한 놀이들을 성적 감각과 연결시키면서, "하늘을 나는 꿈들이 대부분 발기와 관련되어 있다"고 말한 페던(Federn)과, 이러한 꿈들은 흔히 "발기나 사정과 관련되어 있다"(1900, p. 394)고 말한 무얼리

볼드(Mourly Vold)를 인용한다. 같은 맥락에서, 프로이트는 여성의 경우에 나는 꿈은 남자가 되고 싶은 의식적 혹은 무의식적 소망을 나타낸다고 말했다(1916-17, p. 155).

코헛(1971)은 "하늘을 나는 환상(또는 꿈)이나 꿈은 대개 수정되지 않은 유아기적 과대성에서 나오는 측면이며, 그것의 초기 단계들은 남녀에게 공통으로 나타나는데, 어린 시절 이상화된 전능한 자기 대상에 의해 여기저기로 옮겨 다닐 때 경험한 황홀한 감각들에 의해 강화된다"(p. 144)고 보았다. 그는 "수정되지 않은 과대 자기가 자아로 하여금 허공으로 뛰어올라 우주로 날아오르거나 우주를 항해하도록 만든다"(p. 145)고 말한다.

하늘을 나는 꿈들의 다른 결정요인들은 실제로 비행기를 타본 경험이다(Bond, 1952). 때로 이런 꿈들은 분리불안(누군가가 멀리 날아가 버릴 것 같은)에 대처하는 것이거나 자유와 지경을 더 넓히고자 하는 자아의 소망을 은유적으로 표현하는 것일 수도 있다. 야망, "높이 날기," 조적 또는 경조증적 흥분, 고양, 황홀경, "새처럼 날아오르기" 등은 모두 이런 유형의 꿈을 발생시키는 요인들일 수 있다.

현시몽의 내용 중에서, 프로이트 이래로 주목을 받아온 또 하나의 요소는 꿈꾸는 사람이 거울 속에서 자신을 보는 것이다(Myers, 1973; Shengold, 1974; Berman, 1985). 이런 꿈들은 분석이 자기 자신을 바라보는 하나의 방법이라는 것을 환자가 인식하고 있음을 가리킨다(Miller, 1948). 아이스니쯔(Eisnitz 1980)는 거울이 나오는 꿈은 "대개 환자가 삶에서 부딪치는 자기애적인 위기에 대한 반응으로서, 종종 분석 도중에 수용될 수 없는 소망(대개는 전이적 소망)의 출현에 의해 유발된다. 거의 모든 경우에, 거울을 보는 꿈으로 나타나는 자기 검열 활동은 초자아의 성질들과 밀접한 관련이 있다"(p. 378)고 말한다. 하지만 거울 꿈들은 다른 의미를 가질 수도 있다. 코헛(1971)은 다음과 같이 말한다: "분석 도중에 환자는 마치 거울을 통해서 보는 것과 같은 누군가(과대자기를 반영해주는 사람으로서의 분석가)와 맺고 있는 관계를 나타내는 꿈들을 꿀 수 있다." 이런 꿈들은 "과대자기의 본능적 투자가 주로 치료자와의 관계에서 활성화되는 과정에서"(p. 116) 나타난다.

다른 저자들은 이러한 꿈들에서 나타나는 거울은 어머니의 얼굴을 나타낼 수 있다고 말한다(Silver, 1985). 백미러 꿈은 항문애, 분석가, 과거를 돌이켜보기 등을 나타낼 수 있다(Berman, 1985).

프로이트는 전형적인 꿈들의 두 범주 안에 관찰하는 꿈들(observation dreams)을 포함시키지는 않았지만, 늑대 인간의 꿈에 대한 그의 세밀한 분석은 원색장면을 관찰하는 꿈의 존재를 분명하게 보여주고 있다(1918). 이런 꿈들은 보통 어떤 특정한 요소들을 담고 있다. 꿈꾸는 사람은 자신이 관찰 가능한 어떤 장소(예를 들어, 방청석)에 있음을 발견한다. 그는 어떤 활동을 보거나 듣고 있다. 자주 이런 꿈들에는 그런 활동이 방해받는 것을 가리키는 것들이 포함되어 있거나, 관찰한 것에 대한 꿈꾸는 사람의 반응을 가리키는 지시물들이 포함되어 있다. 또는 그런 지시물들이 꿈에 대한 연상에서 드러나기도 한다. 이것들은 불안, 분노, 좌절, 버려지거나 거부되거나 유기된 느낌, 성적 흥분이 범람하는 자아, 능동적이거나 수동적인 위치에서 섹스 파트너가 되고 있는 부모 중 한명과의 동일시, 기괴한 창자적이거나 생리적인 반응 등을 포함할 수 있다(Grinstein, 1983).

아이즈너(1959)는 종종 원색장면의 내용을 담고 있는 꿈들이 출현하는 것은 분석가가 휴가계획을 알려주는 것과 같은 분석가와 환자 사이에 분리가 예상될 때라고 말한다. 이러한 상황에 영향을 받은 꿈들은 분석 초기에도 나타날 수 있다. 분석적 작업이 상당히 이루어진 후에 나타나는 원색장면의 꿈과는 달리, 분석 초기에 나타나는 이런 꿈들은 분석 자료의 중심 주제와는 아무런 상관이 없는 것으로 보인다. 원색장면의 내용을 가진 꿈들은 종종 분석의 종결 단계에서 나타난다.

모든 관찰하는 꿈들이 전형적으로 원색장면과 관련된 것은 아니다. 이것은 어린 시절에 소꿉친구나 형제자매 또는 성인의 성기(이성의)를 관찰했던 경험을 나타내는 것일 수도 있다.

자기 상태와 명시적인 성도착 꿈들

꿈의 어떤 요소들은 구조적 갈등의 결과로서 이해될 수 있고, 따라서 "차츰 이전의 숨겨진 소망들과 충동들(Kohut, 1977, p. 111)로 인도하는 자유연상의 분석을 통해서 해결될 수 있는 것인 반면, 다른 요소들은 꿈의 전체적인 장면이나 분위기에서 드러나는 "원초적인 자기의 측면들"(ibid., pp. 110-111)이다. 코헛은 "언어화할 수 있는 꿈-이미지들로 언어화할 수 없는 외상적인 상태(지나치게 자극받은 상태나 자기의 붕괴에 대한 두려움에 압도된)를 묶어두려고 하는"(p. 109) 꿈의 유형에 대해 다음과 같이 말한다.

이러한 ... 유형의 꿈들은 어떤 제어할 수 없는 긴장의 증가나 자기의 붕괴에 대해 느끼는 두려움을 나타낸다. 꿈속에서 이러한 변천을 묘사하는 행위 자체는 이름 없는 공포스러운 과정을 이름을 붙일 수 있는 시각적인 이미지들로 덮음으로써 심리적 위험을 다루고자하는 시도이다 ... 이러한 유형의 꿈에서는 ... 자유연상이 정신의 무의식적인 심층으로 인도하지 못한다. 자유연상은 기껏해야 꿈의 명시적 내용과 동일한 수준에 머물러 있는 더 많은 이미지들을 제공할 수 있을 뿐이다. 꿈의 드러난 내용을 탐구하고 자유연상을 통해 그것을 정교화함으로써 우리는 환자의 정신의 건강한 부분들이 자기의 상태 안에서 발생하는 동요들—조적인 지나친 자극 또는 심한 우울증적인 자존감의 하락—이나 자기 붕괴의 위협에 대해 불안으로 반응하고 있음을 알게 된다. [p. 109]

소커리즈(Socarides 1980)는 "명백한 성도착적 꿈들은 코헛이 말하는 '자기상태' 꿈들과 유사하다고 본다. 그는 다음과 같이 말한다.

이러한 꿈들은 명시적 내용이 표상하고 있는 갈등을 해결하기 위해 시각적인 이미지로 욕동이나 소망들을 표현하지 않는다. 오히려 이러한 꿈들은 자기애적 인격들로 하여금 원시적인 적응 양태들(삶의 초기에 유용하고 필수적이었던)을 사용하여 자신을 재통합하도록 돕고자한다. 성화는 여기에서 중요한 역할을 한다. 자기애적 욕구를 성화하는 것은 자기애적 긴장의 방출을 촉진시킨다. 여기에는 페니스를 추구하는 것, 동성애에서 남성 파트너의 신체를 합입하는 것, 이성의 복장을 입는 것, 성적 파트너의 엉덩이를 때리는 행동으로 나타나는 공격성의 리비도화 등이 포함되는데, 이것들은 모두 내재화와 구조형성을 성취하고자 하는 시도이다. [p. 250]

반복되는 외상적인 꿈들

반복충동의 개념에 대한 자신의 이해를 바탕으로, 프로이트(1920)는 "외상 신경증에서 반복되는 꿈들은 환자를 그 외상 상황으로 데려가는 특성이 있는데, 이러한 상황에서 환자는 다시금 공포와 함께 잠에서 깨어난다"(p. 13)고 말한다. 그는 "이러한 꿈들은 당시에 생략되었던 불안을 발생시킴으로써 과거에 겪었던 자극들을 숙달하고자하는 노력으로써, 신경증을 야기한 것은 바로 그러한 불안의 생략이었다"(p. 32)고 말한다.

하지만 레비탄(Levitan 1980)이 지적하듯이, 외상적 사건에 대한 숙달은 꿈속에서의 반복을 통해 언제나 이루어질 수 있는 것은 아니다. "꿈속에서의 반복은 외상을 묶어놓는 역할은 하지만 반복된다는 점에서 그 자체가 외상이 될 수 있다"(p. 280).

반복적으로 나타나는 외상적인 꿈들의 다른 형태는 카디너(Kardiner 1932)와 레비탄(1967, 1976-77)이 소위 파국의 꿈들이라고 보고한 것들이다. 이러한 꿈들은 드물게 나타나며, 실제 삶에서의 외상(예를 들면, 만성 피부염의 발진이나 간질의 대발작)을 나타낸다. 환자는 이러한 상황을 "신체가 박살나는 것"으로 경험한다. 이러한 경험(예를 들면, 발작)에 대한 기억은 꿈의 명시적 내용으로 나타난다(Levitan, 1980, p. 274).

아동의 꿈

여러 해에 걸쳐서 안나 프로이트와 다른 연구자들의 작업과 함께 정신분석이 발달해오면서, 탄생으로부터 시작되는 개인의 심리적 발달에 대한 연구들이 활발히 이루어졌다. 임상적인 연구

외에도 다양한 형태의 직접 관찰들과 여러 가지 실험적 연구들이 수행되었다. 아동들의 꿈은 그들을 발달적 관점(분리, 개별화, 부모와의 관계)에서 이해하려는 시도에서 그리고 아동의 자기 개념의 발달을 평가하고자하는 시도에서 탐구되었다.

많은 관찰자들은 약간의 언어를 숙달한 2세 된 아동이 자신들의 꿈을 이야기하기 시작한다는 사실을 지적했다. 아동들이 발달하면서 겪는 스트레스가 그들의 꿈으로 엮여져 나온다는 것이다. 톰킨스(Tomkins 1962-63), 세록(Serog 1964), 이자드와 톰킨스(1966) 등은 아동들의 정서를 이해하기 위한 방법으로 그들의 얼굴표정을 연구했고, 그 결과들을 아동들의 꿈에 나타나는 정동과 연결시키려고 노력했다.

원래 프로이트는 아동의 꿈은 본질적으로 단순하고 명백한 소망충족을 나타낸다고 믿었다. 나중에 그는 아동이 성장하면서 그들의 꿈들이 복잡해지고 세련되어진다는 것을 깨닫고 자신의 견해를 수정했다. 안나 프로이트(1927)는 이것을 이렇게 표현했다.

꿈 해석에 있어서 … 우리는 어른의 꿈에 대한 분석방식과 동일한 방식으로 아동의 꿈을 분석할 수 있다. 분석 기간 동안, 아동도 성인과 마찬가지로 꿈을 꾼다. 꿈의 내용의 명확성과 모호성은 성인의 경우에서와 마찬가지로 저항의 강도에 따라 달라진다. 아동의 꿈은 꿈의 해석에 나와 있는 사례들처럼 항상 쉬운 것은 아니지만, 어른들의 꿈에 비해 확실히 해석하기가 더 쉽다. 우리는 아동의 꿈에서도 아동 환자의 복잡한 신경증적 구조에 따른 온갖 소망충족의 왜곡들이 나타난다는 것을 발견한다. [pp.18-19]

안나 프로이트는 아동의 꿈은 소망충족 외에도 방어기제의 목록을 보여준다고 강조한다(1936, 1965). 꿈은 아동의 분석과 정신분석적 심리치료에 유용하지만, 아동이 자신의 꿈에 대해 성인처럼 연상을 할 수 없기 때문에 놀이기법과 같은 것이 자유연상을 대신해서 사용될 수 있다고 보았다. 그녀는 다음과 같이 말한다.

> 장난감 놀이, 그림 그리기, 색칠하기, 환상들을 표현하는 게임, 전이의 행동화 등이 자유연상 대신에 사용되고 있다. 아동분석가들은 이러한 방법들이 자유연상을 대신하는 차선책으로 사용될 수 있다고 스스로 믿고 싶어 했다. 하지만 사실은 그렇지가 않다. 이러한 행동 양태들의 일부는 주로 상징적인 자료를 산출하기 때문에, 이런 시도는 상징적인 해석과 뗄 수 없이 연결되어 있는 의심, 불확실성, 자의성의 요소들을 아동 분석에 도입하게 되는 결함을 갖고 있다. [1965, pp. 29-30]

한편, 애블론과 맥(Ablon and Mack 1980)은 "해석의 잠재적 자의성은 이어지는 아동의 놀이와 언어적 반응에 의해 균형을 이룰 수 있다"고 보았다. 그것들은 분석이 지금 유익한 방식으로 진행되고 있는지를 확인해줄 수도 있고 그렇지 않을 수도 있다(p. 205)는 것이다.

심각한 장애를 입은 한 아동에 대한 분석에서, 퍼먼(Furman 1962)은 꿈들이 중요한 역할을 한다는 사실을 지적했다. 그녀는 "그의 자아가 현실에서 방어적인 목적으로 사용하던 병적 행동 패턴을 포기할 만큼 강해질 때, 근저의 갈등이 강렬한 꿈 활동으로 나타난다"고 강조했다. 그녀는 현실이 보다 덜 위협적이 될 때, 그리고 환자가 그러한 위협을 좀 더 잘 대처할 수 있는 입장에 있다고 느낄 때, "그의 자아는, 깨어있는 삶에서는 아직 차단되어 있는, 자아의 정상적인 기능들이 꿈에서 출현하도록 허용한 다"(p. 269)고 말했다.

예컨대, 할리(Harley 1962)와 같은 다른 분석가들은 꿈을 아동에게 해석해주건 안 하건 간에, 꿈은 아동의 심리 안에서 일어나고 있는 것을 이해하는 데 유용하다고 보고한다. 그롤닉(Grolnick 1978)은 꿈에 나타나는 아동의 상징들이 환상과 현실은 물론, 과거와 현재를 이어주는 다리 역할을 할 수 있다는 흥미로운 개념을 가정했다.

꿈의 신경생리학

프로이트의 「꿈의 해석」 이후에, 꿈 연구 분야에서 이루어진 가장 위대한 발전은 수면과 꿈에 대한 실험적 연구들에서 왔다. 뇌파와 렘 연구와 함께, 수면과 꿈의 다양한 유형의 발견은 꿈 탐구를 위한 새로운 전망을 열어주었다. 이것들은 (심리치료에서 필요한) 꿈의 내용에 대한 지식을 증가시켜준 것은 아니었지만, 그것들이 제공하는 통찰들은 앞으로 상당한 유익을 가져다줄 것임이 분명하다.

이러한 연구들의 많은 부분은 렘수면과 비렘수면의 비교 연구를 포함하고 있다. 이러한 발견들에 대한 요약에서, 애블론과 맥(1980)은 조숙한 유아들이 가장 많은 렘수면(전체 수면의 80%에 달하는)을 보인다고 지적했다. 이들의 렘수면은 "생후 6개월경에 전체 수면의 30%를 차지한다. 정상적인 청년들의 경우, 전체 수면의 20% 내지 25%가 렘수면이다"(p. 201). 이것은 가장 깊은 수면 단계인 동시에 렘수면 단계가 아닌 단계 4의 수면과는 다르다. 렘수면은 "1세에서 청년기까지는 총수면의 20~25%를 차지하고, 청년기에는 대략 10%가 되며, 65세가 넘으면 최소나 부재의 상태에 이르게 된다"(위의 책).

렘수면과 비렘수면은 실제로 서로 다른 유형의 수면이라는 생각이 널리 퍼져있다. 무척 흥미로운 것은 렘수면에 있을 때 자는 사람을 깨우면, 그가 꿈을 자세히 기억한다는 것이다. 한편 단계 4의 수면 상태에서 깨어나게 되면, 주체는 생생하고 단편적인 이미지들만 보고할 수 있다.

최근의 증거들에 따르면, 통상 악몽이라고 불리는 것과 나이트 테러(맥, 하트만, 피셔 등이 밤 공포증 pavor nocturnus이라고 부른)라고 불리는 것은 구별된다. 악몽들은 대개 밤의 후반이나 렘수면 또는 D수면(desynchronized or dreaming sleep: 렘수면과는 달리 다른 요소들과 연결되어 있지 않은 꿈을 꾸는 수면) 시기에 나타난다. 자는 사람을 깨우는 이러한 무서운 꿈들은 "생생하고 세밀하고 강렬한 꿈 경험으로"(Fisher et al., 1968, in Hartmann, 1984, p. 19) 기억된다. 한편, 밤 공포증이라고 불리는 나이트 테러는 꿈으로 경험되거나 기억되지 않는다. 하트만(1984)은 나이트 테러는 진정한 꿈이 아니며 수면 단계 3이나 4에서 갑자기 발생하는 것으로서, 이른 밤 또는 이른 수면 시기에 나타난다고 본다(p. 20). 이것들은 "두드러진 공포, 빈번한 비명, 자동 각성, 경험한 것에 대한 기억이 거의 없는 신체 움직임"(p. 12) 등을 특징적으로 나타낸다. 하트만은 "[자는 사람은] 아무 것도 기억할 수 없고, 다만 그것에 대해 들었기 때문에 그 에피소드를 인식할 수 있을 뿐이다. 또는 이들은 하나의 무서운 이미지만을 기억한다고 말한다. 즉, '뭔가가 내 위에 앉아 있다,' '나는 질식할 것 같다,' '뭔가가 내게 다가온다' (p. 18) 등만을 기억한다(Fisher et al., 1973, 1974; Broughton, 1968을 참조할 것).

집단에 대한 한 연구에서, 하트만(1984)은 나이트 테러를 경험한 사람들 중에는 정신병리나 예술적 성향이 없는 사람들이 포함되어 있는 반면, 악몽을 꾼 사람들은 "약간의 정신분열적 측면들이나 정신분열에 대한 취약성을 가지고 있다"고 보고했다. 이들은 또한 예술적 경향과 일종의 개방성과 민감성을 가지고 있었다(p. 23). (Fisher et. al., 1970; Gastaut & Broughton, 1964; Hartmann, 1967, 1984; Mack, 1970 또한 참조할 것).

꿈 이론의 발달

서두에서, 나는 어떤 발견이 갖는 중요성은 그것이 얼마만큼 이후의 발전을 촉발하고 그것에 영향을 끼치는가에 달려있다고 말했다. 꿈들에는 의미가 있고 이는 특정한 탐구 방법에 의해 이해될 수 있다는 프로이트의 통찰을 일단 획득하고 나면, 꿈은 중요한 과학적 탐구의 대상이 된다. 다른 분야들에서 이루어지는 진보들과 함께, 연구자들은 새로운 이론들을 상정함으로써 다른 분야의 발견들과 이미 꿈과 정신 작용에 대해 알려져 있는 것들을 통합하고자 시도했다.

수면장애와 악몽의 의미를 이해하려는 노력의 일환으로서, 하트만(1984, chap. 6)은 마음속에 "다양한 형태의 경계들"이 존재한다고 가정했다. 그는 꿈 사고의 몇몇 특징들을 수면동안의 뇌 작용이라는 측면에서 이해하려고 노력했다. 1973년에 그는 이렇게 말했다: "꿈꾸기에서 일차과정—원시적인 연결, 에너지의 대량 방출, 상반되는 것들이 동시에 발생하기—은 낮 경험의 앙금들이 크고 오래된 '원시적인' 통로나 뇌의 저장장치에 다시 연결되는, '재연결 과정'의 전형적인 특징으로 볼 수 있다." 생생한 꿈은 "꿈꾸는 의식이 알아볼 만큼 두드러지게 나타나는, 뇌의 통로들 사이를 연결하는 매듭점"(p. 133)을 나타낼 수 있다. 우리는 이러한 새로운 개념을 프로이트가 말했던 매듭점(nodal points(Breuer & Freud, 1893-95, pp. 289-290, 294-295; Freud, 1896, pp.198-199; 1905, p. 96)과 비교할 수 있다.

몇 년 전, 맥칼리와 홉슨(McCarley and Hobson 1975)은 신경생리학과 렘수면에 대한 새로운 발견들을 책으로 펴냈다. 그들은 이러한 발견들이 신경생물학에서 파생된 정신분석의 개념들(특히, 꿈 이론과 관련된 개념들)을 수정한다는 사실을 깨달았다. 이 문제에 대한 상세한 논의는 와서만(Wasserman 1984)의 논문에서 찾아볼 수 있다.

다른 연구자들(Ablon & Mack, 1980; Jessner et al., 1952; Levy, 1945)은 꿈의 적응적인 기능을, 즉 꿈꾼 당일의 외상적 자료들을 자아가 숙달하고 통합하는 기능을 탐구하려고 노력했다.

팔롬보(Palombo 1978)는 꿈에 대한 고전적인 정신분석적 견해를 좀 더 새로운 정보처리의 모델들과 결합하고자 시도했다. 그는 "'기억 주기'라고 불리는 무의식적이고 적응적인 자아의 기능이 갖는 자동적 기제"에 관해 서술했다. 그는 다음과 같이 말했다.

> 기억주기란 새로운 경험의 정보가 항구적인 기억구조 안에 적절하게 자리를 잡는 일련의 적응적인 과정이다. 기억주기 모델에 포함된 가장 놀라운 가정은, 이러한 연쇄과정의 가장 중요한 단계—새로운 경험의 표상들을 그것과 밀

접하게 관련된 과거의 경험 표상들과 연결하는—가 꿈을 꾸는 중에 발생한다는 것이다. [p. 13]

팔롬보는 한걸음 더 나아가 정신분석적 꿈 해석의 효과는 분석가의 해석활동과 기억 주기 안에서의 꿈의 적응적 기능이 서로 시너지 작용을 함으로써 발생한다고 말한다. 이것은 보통 의식에 접근할 수 없는 환자의 기억 구조 부위에서 오는 새로운 정보들을 제공함에 있어서 꿈이 수행하는 역할과는 다른 것인 동시에 상보적인 것이다(p. 14).

프랑스 정신분석학파의 리더인 자크 라캉은 무의식이 언어처럼 구조화되어 있다고 보았다(1978, p. 20). 그는 꿈에 대해서 다음과 같이 말했다: "중요한 것은 이러한 메시지를 감싸고 있는 조직이다"(p. 45). 그는 "아동의 꿈은 최초의 일차적인 무의식의 언어적 표현일 수 있다"고 제안했다(Ablon & Mack, p. 194).

클로드 레비스트로스와 쟝 피아제와 같은 다른 구조주의학자들도 이와 비슷한 흐름을 따라 꿈을 서술하고 이해하고자 했다. 언어학자들 또한 꿈의 이론적 이해에 기여했다.

요약하면, 임상 실제에서 꿈 해석의 기본적인 기법들은 프로이트에 의해 제안된 것과 본질적으로 동일한 것으로 남아있지만, 꿈을 이해하고 사용하는 것은 프로이트의 발견 이래 더욱 넓어지고 깊어졌다. 꿈에 관한 문헌들이 이것을 입증하고 있다. 가장 뚜렷한 변화가 있다면, 신경과학의 눈부신 발전에 힘입어 꿈을 신경생리학적인 현상으로서 탐구하게 된 것이다. 이러한 연구들이 인간의 정신작용에 대한 더 많은 이해(프로이트가 추구했던 목표이기도 함)를 가져다줌으로써 꿈의 의미에 대한 이해를 더욱 확장시키고 꿈을 사용하는 방식에 변화를 가져올지는 아직 두고 볼 일이다.

참고문헌

Ablon, S. L., & Mack, J. E. (1980). Children's dreams reconsidered. Psychoanal. Study Child, 35:179-217.

Arlow, J. A. (1951). A psychoanalytic study of a religious initiation rite. Psychoanal. Study Child, 6:353-374.

Berman, L. E. A. (1985). Rear view mirror dreams. psychoanal. Inq., 5:257-269.

Blum, H. P. (1976). The changing use of dreams in psychoanalytic practice. Int. J. psychoanal., 57:315-324

Bond, D. D. (1952). The Love and Fear of Flying. New York: Int. Univ. Press

Bonime, W.,& Bonime, F. (1980). The dream in the depressive personality. In Natterson, ed., 1980, pp.131-147.

Bradlow, P. A., & Coen, S. J. (1975). The analyst undisguised in the initial dream in psychoanalysis. Int. J. Psychoanal., 56:415-425.

Breuer, J., & Freud, S. (1893-95). Studies on Hysteria. SE, 2.

Broughton, R. (1968). Sleep disorders. Science,159:1070-1078.

Calef, V. (1954). Color in dreams, J. Amer. Psychoanal. Assn., 2:453-461.

Eisnitz, A. J. (1980). The organization of the selfrepresentation and its influence on pathology. psychoanal. Q., 49:361-392.

Fisher, C., Byrne, J. V., & Edwards, A. (1968). NREM and REM nightmares. psychophysiology, 5:221-222.

Fisher, C., Byrne, J .V., & Edwards, A., & Kahn, E.(1970). A psychophysiological study of nightmares. J. Amer. Psychoanal. Assn.,

17:747-782.

Fisher, C., Byrne, J. V., & Edwards, A. & Davis, D. M. (1973). A psychophysiological study of nightmares and night terrors: I. J. Nerv. Ment. Dis., 16:75-97.

Fisher, C., Byrne, J. V., & Edwards, A. & Davis, D. M. (1973)., & Fine, J. (1974). A psychophysiological study of nightmares and night terrors: III. J. Nerv. Ment. Dis., 15:174-189.

Fleming, J. (1972). Early object deprivation and transference phenomena. psychoanal. Q., 41:23-49.

Freud, A. (1927). The psycho-Analytical Treatment of Children. London: Imago Publishing Co.,1946.

_____ (1936). The Ego and the Mechanisms of Defence. New York: Int. Univ. Press, 1966.

_____ (1965). Normality and Pathology in Childhood. In Writings of Anna Freud, vol.6. New York: Int. Univ. Press.

Freud, S. (1896). The aetiology of hysteria. SE, 3:191-221.

_____ (1900). The Interpretation of Dreams. SE, 4 & 5.

_____ (1905). Fragment of and analysis of a case of hysteria. SE, 7:7-122.

_____ (1916-17). Introductory Lectures on Psycho-Analysis, Part II. SE, 15:83-239.

_____ (1917). A metapsychological supplement to the theory of dreams. SE, 14:222-235.

_____ (1918). From the history of an infantile neurosis. SE, 17:7-122.

_____ (1920). Beyond the Pleasure Principle. SE, 18:7-64.

Furman, E. (1962). Some features of the dream function of a

severely disturbed young child. J. Amer. Psychoanal. Assn.,10:258-270.

Gastaut, H,. & Broughton, R. (1964). A clinical and polygraphic study of episodic phenomena during sleep. Recent Advances in Biological Psychiatry, 7:197-221.

Grinstein, A. (1983). Freud's Rules of Dream Interpretation. New York: Int. Univ. Press.

Grolnick, A. (1978). Dreams and dreaming as transitional phenomena. In Between Reality and Fantasy, ed. S. A. Grolnick, I. Barkin, & W. Muensterberger, pp.213-231. New York: Aronson.

Harley, M. (1962). The role of the dream in the analysis of a latency child. J. Amer. Psychoanal. Assn.,10:271-288.

Harris, I. D. (1962). Typical anxiety dreams and object relations, Int. J. Psychoanal., 41:604-611.

Hartmann, E. (1967). The Biology of Dreaming. Springfield, Ⅲ.: Thomas.

_____ (1973). The Functions of Sleep. New Haven: Yale Univ. Press.

_____ (1984). The Nightmare. New York: Basic Books.

Izard, C. E., & Tomkins , S . S. (1966). Anxiety as a negative affect. In Anxiety and Behavior, ed. C. D. Spielberger, pp.81-125. New York & London: Academic Press.

Izner, S. (1959). On the appearance of primal scene content in dreams. J.A mer. Psychoanal. Assn., 7:317-328.

Jessner, L., Blom, G. E., & Waldfogel, S. (1952). Emotional implications of tonsillectomy and adenoidectomy on children. Psychoanal. Study Child, 7:126-169.

Kardiner, A. (1932). The bio-analysis of the epileptic reaction. Psychoanal. Q., 1:375-483.

Kavka, J. (1979). On examination dreams. Psychoanal.Q., 48:426-427.

Kohut, H. (1971). The Analysis of the Self. New York: Int. Univ. Press.

_____ (1977). The Restoration of the Self. New York: Int. Univ. Press.

Lacan, J. (1968). The Language of the Self. Baltimore: Johns Hopkins Univ. Press.

_____ (1978). The Four Fundamental Concepts of Psychoanalysis. New York: Norton.

Levitan, H. (1967). Depersonalization and the dream. Psychoanal. Q., 36:157-171.

_____ (1976-77). Observations on certain catastrophic dreams. Psychotherapy and psychosomatics, 27:1-7.

_____ (1980). The dream in traumatic states. In Natterson, ed., 1980, pp. 271-281.

Levy, D. (1945). Psychic trauma of operations in children. Amer. J. Dis. Child., 59:7-25.

Lewin, B. D. (1953). The forgetting of dreams. In Drives, Affects, Behavior, vol.1, ed. R. M. Loewenstein, pp. 191-202. New York: Int. Univ. Press.

Lorand, S., & Feldman, S. (1955). The symbolism of teeth in dreams. Int. J. Psychoanal., 36:145-161.

Mack, J. E. (1970). Nightmares and Human Conflict. Boston: Little, Brown.

McCarley, R., & Hobson, J. A. (1975). Neuronal excitability modulation over the sleep cycle. Science, 189:58.

Miller, M. L. (1948). Ego functioning in two types of dreams. Psychoanal. Q., 17:346-355.

Myers,W.A.(1973).Split self-representation and the primal scene. Psychoanal. Q., 42:525-538.

Natterson, J. M., ed. (1980). The Dream in Clinical Practice. New York: Aroson.

Noble, D. (1951). The study of dreams in schizophrenia and allied states. Amer. J. Psychiat.,107:612-616.

Palombo, S. R.(1978). Dreaming and Memory. New York: Basic Books.

Rapaprt, E. A. (1959). The first dream in an erotized transference. Int. J. Psychoanal., 40:240-245.

Renik, O. (1981). Typical examination dreams, "superego dreams," and traumatic dreams. Psychoanal. Q., 50:159-189.

Richardson, G. A., & Moore, R. A. (1963). On the manifest dream in schizophrenia. J. Amer. Psychoanal. Assn.,11:281-302.

Rosenbaum, M. (1965). Dreams in which the analyst appears undisguised. Int. J. Psychoanal., 46:429-437.

Savitt, R. A. (1969). Transference somatization and symbiotic need. J. Amer. Psychoanal. Assn., 17:1030-1054.

Serog. M. (1964). The dream, its phenomenology, its theory and its interpretation. In Problems of Sleep and Dreams in Children, ed. E. Harms, pp.47-59. New York: Macmilan.

Sharpe, E. F. (1937). Dream Analysis. 2d ed. London: Hogarth Press, 1949.

Shengold, L. (1974). The metaphor of the mirror. J. Amer. Psychoanal. Assn., 22:97-115.

Silver, D. (1985). Mirror in dreams. Psychoanal. Inq.,5:253-2566.

Socarides, C. W. (1980). Perverse symptoms and the manifest dream of perversion. In Natterson, ed., pp. 237-256.

Sterba, R. (1928). An examination dream. Int. J. Psychoanal., 9:353-354.

_____ (1946). Dreams and acting out. Psychoanal. Q., 15:175-179.

Tomkins, S. S. (1962-63). Affect, Imagery, Consciousness, 2 vols. New York: Springer.

Wasserman, M. D. (1984). Psychoanalytic dream theory and recent neurobiological findings about REM sleep. J. Amer. Psychoanal. Assn., 32:831-846.

Yazmajian, R. V. (1964). First dreams directly representing the analyst. Psychoanal. Q., 33:536-551.

제 5 장

꿈 해석 작업

오웬 레닉 & 리 그로스만
(Owen D. Renik, M.D. & Lee Grossman, M.D.)

　이 장에서는 임상적 정신분석에서 꿈이 어떤 역할을 하는지를 살펴볼 것이다. 분석가가 꿈을 가지고 작업하는 방식은 시간과 함께 많은 변화를 거쳤지만, 꿈에 대해 작업하는 것은 정신분석적 기법의 두드러진 특징이다. 에릭슨(Erikson 1954)은 철저한 꿈 분석의 기술과 의례는 이미 사라져 버리고 없다고 하면서 그런 현상을 개탄했다. 그는 꿈을 꾼 사람이 자신이 보고한 꿈의 명시적 내용이 지닌 각 요소에 대한 연상들을 공식적이고 체계적으로 연구함으로써 많은 것들을 배울 수 있다고 강조했다. 또한 그는 꿈의 선택된 측면들에 주목하는 것은 고도로 발전된 꿈 작업 기법이라고 주장했다. 분석가는 그러한 기법을 환자의 꿈들에 대한 조사를 수행하면서 차츰 배우게 된다.
　대부분의 현대 분석가들은 환자들이 보고하는 꿈의 모든 요소에 대한 풍부한 연상을 불러내는 것이 임상적으로 유용하다고 생각하지 않는다. 오늘날 꿈에 대한 접근방법은 분석에서 꿈이 출현한 맥락에 따라 달라진다. 해석할 자료를 분석가가 선택하는 것은 환자에 대한 축적된 지식과 현재의 치료 상태에 달려있다. 때에 따라 특정한 갈등이나 분석가와의 관계 또는 특정한 방어 전략이나 외적 및 내적 현실에 대한 태도 등에 강조점이 주어질 수 있다. 이것들은 모두 명시적 꿈의 내용이나 환자의 연상 또는 환자가 꿈이나 꿈꾸기에 접근하는 방식에서 드러날 수 있다. 아래에 제시되는 예들에서, 독자들은 꿈의 선택된 요소들에 주의를 기울이고 그것을 제시하는 방식이 환자의 정신생활의 이 모든 측면들에 관한 중요한 정보를 제공한다는 사실을 볼 수 있을 것이다.

최근에, 분석 도중에 보고된 꿈이 작업을 진전시키는 유일한 기회를 제공하는가에 대한 논쟁이 있었다. 일부 분석가들은 꿈에 특별한 것이 있는 게 아니며 많은 다른 정신의 산물들도 꿈과 똑같이 유용하다고 생각했다(Waldhorn, 1967 참고). 반대로, 꿈은 낮 동안에 접근할 수 없는 정신작용의 형태를 나타내기 때문에 임상 작업에서 특별한 위치를 차지한다고 주장하는 학자들도 있었다(Greenson, 1970 참고). 분명히 꿈과 꿈 분석에 대한 분석가의 견해는 분명히 그의 이론적 성향에 의해 결정된다. 일부 분석가들은 꿈을 다중적으로 결정된 정신 현상들과 다를 바가 없는 일종의 타협 형성으로 본다(Brenner, 1976). 그런가 하면 어떤 꿈들은 자기 상태에 대한 매우 독특하고 중요한 정보를 제공한다고 믿는 사람들도 있다(Slap & Trunnell, 1987).

우리는 꿈에서의 사고 과정이 깨어있을 때의 사고와 동일한 것이라고 본다. 하지만 수면 동안의 상황(특히, 감각자극이 제한되고 운동체계가 억제된)은 현실검증이 상대적으로 무시될 수 있게 허용하고, 언어적 잔여물의 사용이 감소된 시간 없는 내면

세계에 초점을 맞추도록 허용함으로써 사고과정의 결과에 영향을 미친다. 그 결과, 모든 정신작용의 근저에 있는 일차과정이 드러나게 된다. 깨어 있는 동안에도, 감각 정보의 투입을 제한하고 현실검증 작용을 의도적으로 정지시키며 운동 활동을 배제한다면(정신분석 상황에서 자유연상을 시도할 때처럼), 꿈과 같은 상태에 접근할 수 있다.

따라서 우리는 꿈을 질적으로 전혀 다른 분석을 위한 텍스트라기보다는 근본적으로 우리가 다루어야 할 것들이 응축된 것이라고 본다(Panel, 1984). 우리에게 중요한 것은 꿈이 분석을 위한 고유한 기회인가라는 질문이 아니라(왜냐하면 정신분석의 모든 요소들이 어느 정도는 다 고유하기 때문에) 어떻게 하면 꿈에 임상적으로 유용하게 접근하는가이다.

분석에서의 꿈의 사용과 관련된 현대의 논쟁들이 어떠하든, 그리고 현대의 시각이 프로이트가 「꿈의 해석」을 썼을 때 가졌던 시각과 얼마나 다르든 간에, 분석가들은 여전히 꿈이 "정신의 무의식적 활동을 알기 위한 왕도"(1900, p. 608)라는 가정의 근본적인 타당성에 동의하고 있다. 꿈은 꿈꾸는 사람이 깨어있을 때의 의식 바깥에서 무엇을 생각하는지를 알려준다. 꿈은 또한 꿈꾸는 사람이 깨어있는 상태에서 의식 바깥의 사고방식과 그것의 동기들을 탐구할 수 있게 해준다. 환자의 꿈은 환자에게 자신이 무엇을 생각하고 싶어 하지 않는지, 그리고 왜 그런지를 볼 수 있게 도울 수 있다.

의식으로부터 차단되는 것들은 감각적인 지각, 환자가 관찰했으나 그것이 지닌 정서적인 의미 때문에 생각을 피하고 싶은 것들일 수 있다. 예를 들어, 여성 환자들은 분석에서 넘치는 강이나 붉은 색, 주기적인 변화나 이와 비슷한 주제를 담은 꿈은 보고하면서, 자신이 생리 중이라는 언급은 거의 하지 않는다. 이 경우,

생리에 대한 언급을 회피하기 위해 사용되는 방어 전략은 의식적인 억제 또는 명백한 부인이다. 분석가는 암암리에 생리를 생각나게 하는 꿈의 이미지들에서 영감을 받아, 환자가 당혹스러운 감정으로 인해 신체적인 은밀한 문제에 대해 말하는 것을 꺼리고 있음을 알게 된다. 그리고 이러한 당혹감의 근저에는 다른 더 모호하고 위협적인 걱정거리들이 숨어 있을 수 있다.

부인이나 의식적인 억제가 의식에서 인식되지 않는 은밀한 신체적 사건과 연결된 정서의 방출을 막는 유일한 방법은 아니다. 꿈은 다양하고 미묘한 방어기제들을 드러내 보여준다는 점에서 매우 교육적일 수 있다. 생리주기와 관련된 또 하나의 예를 들어 보겠다. 어느 날 아침, 한 여성은 분석 회기에서 칼을 휘두르는 한 남자에게 쫓기는 꿈을 보고했다. 꿈에서 그녀는 결국 붙잡혀 복부에 칼을 맞았고 찔린 아픔을 느끼면서 잠에서 깨어났다. 그녀는 자신이 이런 꿈을 여러 번 꾸었지만 실제로 악한에게 잡힌 것은 이번이 처음이었다고 말했다. 그녀는 그토록 생생하게 아픔을 느낀 것이 놀라웠다.

그녀는 그 꿈이 물론 성교를 상징하는 것으로 볼 수 있다고 말을 이었다. 어쩌면 그것은 분석가 또는 자신의 아버지와 성교하고 싶은 욕망을 나타냈을지도 모른다. 그래서 어쨌다는 말인가? 그렇다. 그녀는 자신이 아버지를 유혹했을지도 모르는 것처럼, 정말로 시도한다면 분석가를 유혹할 수도 있을 거라고 가끔 생각하곤 했다. 하지만 이것은 현실과는 상관없는 이론과 환상에 불과한 것이라고 그녀는 확신했다. 그리고 그녀의 이러한 확신은 확고했다.

현실이라는 주제와 관련해서, 분석가는 그녀에게 잠에서 깨어날 때 느꼈던 실제 고통에 대해서 어떻게 생각하느냐고 물었다. 그 고통은 그녀가 위염에 걸린 것을 염려할 정도로 심했다. 그녀는 심지어 맹장염까지도 생각했지만 고통 부위가 맹장 쪽이 아니었다. 아무튼, 고통은 금방 사라졌다. 분석가는 그녀의 생리주기가 어떻게 되느냐고 물었다. 하지만 그녀는 그것은 생리통이 아니었다고 서둘러 대답했다. 그녀는 자신이 생리기간이 아니라고 했지만, 사실은 생리주기의 한 복판에 있었다. 분석가는 그녀에게 배란기에 신체적인 느낌을 가져본 적이 있느냐고 물었다. 그녀는 한 순간 멈칫하면서 매우 당혹스러워 했다. 물론 그렇다고 그녀는 말했다. 그녀는 생리주기로 인한 통증을 느낀 것이었고, 그녀는 그것에 대해 잘 알고 있었다. 그녀는 자신이 배란 중이라는 생각을 의식 바깥으로 밀어낸 것에 대해서 당혹감과 모욕감을 느꼈다.

여기서 사용된 방어적 활동은 의식적인 유보도 명백한 부인도 아닌 부정(disavowal)이었다. 배란과 관련된 통증은 그녀에게 너무나 크게 느껴졌기 때문에 그것을 부인하거나 보고하지 않을 수 없었다. 그녀는 그 고통을 의식적으로 인식하지 않을 수 없었지만, 그 고통을 단순히 꿈 환상의 일부로 보고 그것의 지각을 없애버리고자 시도했다. 그녀는 그 고통을 비현실적인 것으로 축소시켰고, 따라서 그녀는 고통의 진정한 의미를 짐작할 수 없었다.

꿈에 대한 분석 작업이 갖는 가치들 중의 하나는 밝혀진 내용이 꿈꾸는 사람의 깨어 있는 삶에 널리 적용된다는 것이며, 거기서 얻어진 통찰은 당면한 문제들 이상으로 확장된다는 것이다. 예를 들어, 위의 환자는 분석 작업을 계속하면서 자신이 여러 상황에서 부정의 기제를 사용한다는 것을 인식하게 되었다. 그녀는 분석가에게 성적인 매력을 느꼈고, 분석가도 자신에게 끌리고 있을지도 모른다고 생각했는데, 이 모든 것이 그녀를 심하게 동요시켰다. 하지만 그녀는 이러한 생각이 분석에서 나타나는 "전이"의 일부일 뿐이라고 스스로 다짐했다. 그녀는 생리통을 꿈의 이미지로 치부했던 것과 같은 방식으로 자신의 성적인 생각과 느낌을 비현실적인 환상으로 평가절하 했다. 꿈에서, 분석가에 대한 그녀의 성적인 흥미는 분석가의 아이를 갖고 싶다는 소망이 배란을 통해 성취되는 것을 통해서 특별히 흥분되고 불안을 불러일으키는 상태에 도달했다. 그래서 그녀는 잠을 자는 동안 그것에 대해 생각하면서도 동시에 그러한 자신의 소망을 부정해야만 했다.

여성의 생리주기와 관련된 사건들이 대단히 긴장된 방식으로 경험될 수 있고 갈등에 휘말릴 수 있다는 것은 놀랄 일이 아니다. 왜냐하면 그것들이 성교, 임신, 그리고 다른 심리적인 문제들과 명백하게 연결되어 있기 때문이다. 하지만 환자가 자신의 어려움을 사소한 것으로 간주하면서 의식하지 않으려고 애쓸 때가 있으며, 꿈의 분석에서 드러나는 이러한 사실은 정서적인 의미를 보여주는데, 그것에 대한 탐구는 매우 유용한 것으로 확인된다.

어느 한 남성이 수년 동안 심리적 원인으로 인한 빈뇨증과 사타구니 통증을 겪어왔다. 소년이었을 때, 그는 자신의 어머니가 열등감을 느끼지 않게 하려고 그녀가 자신의 남성성을 대리적으로 사용하는 경우를 제외하고는 자신의 남성성을 숨겨야만 했다. 그가 몽정을 하기 시작했을 때, 그는 자신의 성기를 꼬집는 것을 통해서 그것을 막을 수 있다는 것을 알았다. 그는 청소년기에 자위행위와 심하게 싸워야 했으며 나중에는 강박적 의례행동이 그것을 대체했다. 결국, 그는 성적 갈등과 정신신체증상으로 인해 치료를 받게 되었다. 그의 분석에서 다음의 사건이 일어났다.

환자가 살고 있는 도시에 몇 주 동안 억수 같은 비가 계속해서 쏟아졌다. 그 비는 교통사고를 불러오고, 옷을 젖게 하고, 여러 가지 불편한 일들을 야기했기 때문에 모든 사람들의 걱정거리가 되고 있었다. 하지만 환자는 비에 대해서 한 마디도 언급하지 않왔다. 비는 대부분 그의 의식 밖에 있었다. 하지만 그는 그것에 대한 꿈을 꾸었다. 그 꿈에서 그는 어머니와 누나와 함께 항상 비가 내리는 계곡에 살고 있었다. 그는 계곡을 둘러싸고 있는 언덕들 중의 하나를 올라가고 있었는데, 그때 거대한 파도가 멀리서 밀려오는 것을 보았다. 그는 어머니와 누나에게 경고하는 대신에 자신의 목숨을 위험에 노출시킨 채 단순히 그 언덕에 무사히 올라갔다. 그때 그는 양심의 가책을 느꼈다. 나중에 꿈에서 어머니와 누나는 파도에 대해 전혀 알지 못한 채 손상 입지 않은 모습으로 다시 나타났다.

　이 환자의 꿈에 대한 연상은 그가 마음속에서 성적인 기능과 배뇨의 기능을 혼동했음을 깨닫게 했다. 자위행위는 그의 성을 어머니의 통제 아래 복종시키는 것과 같았다. 왜냐하면 그는 변기 위에서만 자위를 했고 배설물이 변기의 물과 함께 쓸려나가야만 했기 때문이다. 이것은 자발성과 몽정 꿈에 따른 수동적인 즐거움을 포기하는 것을 의미했는데, 그는 그것을 좋은 것으로 기억하면서 갈망했다. 그 꿈은 그에게 신체에서 나오는 액체로 여성들을 압도하고자 하는 그의 억압된 충동들과 그러한 충동에 대한 갈등들, 그리고 그것들의 아동기 기원을 보여주는 것이었다. 깨어 있는 삶에서, 그는 배변훈련, 특히 방광을 통제하는 데서 얻은 교훈을 오르가즘에 적용했다. 언제나 올바른 곳에 그리고 제 때에 배설해야 하며 결코 침대를 더럽혀서는 안 된다고 믿었다.

　비와 소변 사이의 연상, 그리고 더 나아가 자위행위와 오르가즘 사이의 연상은 이 남자에게 너무 강렬한 것이었고, 불안을 일으키는 것이었기 때문에 그는 깨어 있는 동안에는 그것을 부인해야만 했다. 하지만 그것은 그가 잠을 자고 있는 동안에, 의식적인 인식 속으로 침투해 들어왔다. 이러한 지각에 의해 불러일으켜진 갈등들에 대한 탐구는 분석 작업의 중요한 부분이었고, 그것은 증상의 완화를 가져왔다. 꿈 분석은 특정 내용에 부착된 중요한 의미를 드러내 보여주었는데, 그 내용은 분석되지 않았더라면 심리적으로 사소하게 보일 수 있는 것이었다.

꿈 분석 작업은 꿈꾸는 사람이 현재의 지각들을 의식 바깥에 머무르게 하고 있는 방식을 보여준다. 따라서 꿈 분석은 꿈꾸는 사람이 위협적인 기억들을 다루는 방식을 보여준다. 프로이트(1914)는 사람들은 깨어있는 동안에는 기억하지 못하는 오래된 외상적 사건들을 꿈으로 꾼다고 말했다.

분석이 반복되는 꿈의 의미를 밝혀줄 때, 그것은 거의 항상 적어도 부분적으로는 과거의 외상적인 사건에 대한 기억을 나타내는 것으로 드러난다. 예를 들어, 환자가 폭풍이 몰아치는 바다를 보고 있는 꿈들을 자주 꾸었다고 하자. 그것은 그를 두렵게 했고, 파도를 바라보는 그를 이상하게도 슬프게 했다. 파도를 바라보면서 그는 자신이 격랑에 빠져드는 것 같았고 너무 가까이 가지 않도록 주의해야만 했다. 폭풍에 마음이 끌리는 동시에 거부감을 느끼는 이 환자의 반복되는 꿈은 분석 작업을 통해서 그가 두 살이었을 때 어머니가 사산을 했고 그로 인해 매우 우울했다는 것을 전해들은 일을 기억함으로써 비로소 그 의미를 알 수 있었다. 그 후에 환자는 반복되는 꿈의 원형이라고 할 수 있는 또 하나의 꿈을 꾸었는데, 이것은 환자의 외상적인 이야기의 의미를 분명하게 보여주었다.

이 새로운 꿈에서 그의 어머니는 비참하고 거부당한 얼굴을 한 채 쭈그려 앉아 있었다. 뭔가가 심하게 잘못되어 있었다. 피를 흘리고 있는 기다란 음순이 그녀의 다리 사이에 늘어져 있었다. 그는 어머니를 돕기 위해 가까이 가고 싶은 충동을 느꼈다. 하지만 동시에 그는 그녀를 만지는 것이 두려웠다.

그 꿈은 사산한 어머니의 우울증에 대한 그의 어린 시절 경험을 보여주는 것이었다. 다시 말해서 그것은 의식 바깥에 두기 위해 투쟁했던 끔찍한 감정들과 갈등들에 대한 기억이었다. 그가 아주 어렸을 때, 사산에 관한 환상들, 어머니의 생식기, 배변에 인한 신체 부산물의 상실 등은 모두 그의 마음속에서 혼동되고 압축되었던 것으로 보이며, 이것은 그의 어머니가 무언가 중요한 것을 상실함으로써 우울증을 앓고 있었다는 인상을 남겼다. 그리고 그러한 인상은 다시금 다음의 갈등을 낳았다: 그는 자신의 어머니가 다시 사랑스러운 사람이 될 수 있도록 그녀가 잃어버린 것을 대신하고 싶었지만, 그녀의 상실을 보상하기 위해 자신을 희생하는 것이 두려웠다. 그는 험한 바다와 폭풍의 눈 속으로 끌려들어가는 반복적인 꿈을 보고할 때도 이와 동일한 갈등을 표현했었다. 이 꿈들은 깨어 있는 동안에는 의식에서 배제된 외상적인 기억에 대한 변형이었다.

앞에서, 그것은 그저 꿈일 뿐이라고 말하면서 배란통을 부정했던 여성은 칼을 가진 남성에게 쫓기는 악몽을 자주 꾸었다. 이 악몽 또한 과거의 외상적 사건을 묘사하는 것으로 밝혀졌다. 그녀가 어렸을 때, 한 번은 아버지의 무릎에 앉았는데, 아버지의 성기가 발기한 것을 느꼈다. 이것은 그녀를 흥분시키기도 했지만 혼란스럽게 했다. 이후로도 그녀는 그 유쾌하면서도 혼란스러웠던 기억을 가끔씩 떠올렸다. 그녀는 이것을 반복되는 악몽의 형태로 계속해온 것이다. 임신을 하고 싶은 그녀의 소망과 관련된, 그리고 그녀 자신과 분석가가 서로 성적으로 끌릴 수 있다는 생각과 관련된 현 갈등의 분석은 그녀로 하여금 과거의 외상적 사건을 의식적으로 기억할 수 있게 해주었다. 꿈에서 칼을 들고 있던 그 위협적이고 자극적인 남근적 인물은 발기한 분석가에 대한 그녀의 환상과 발기한 아버지에 대한 기억을 가리키는 것이었다. 이 꿈에 대한 분석은 그녀가 아버지 전이를 다루는 데 도움을 주었을 뿐만 아니라 현재와 과거에 대한 그녀의 생각들을 더욱 자유로운 것으로 만들어주었다.

다음의 사례에서 볼 수 있듯이, 꿈들은 치료관계의 상태와 이에 관련된 전이 요소들의 지표가 된다는 점에서 매우 유용하다. 분석에서 한 청년은 여러 가지 이유로 분석가에 대한 애착의 감정에 지나치게 예민했다. 그것을 부인하는 최상의 방법은 분석적 관계를 전적으로 경쟁이나 투쟁으로 경험하는 것이었다. 분석가가 한 회기를 취소하면 환자도 곧바로 한 회기를 취소했다. 환자는 분석가가 주말을 즐긴다는 환상이 들 때마다—환자는 결코 말하지 않지만 분석가는 추론할 수 있는— 자신의 최근의 모험담들을 늘어놓음으로써 회기를 시작하곤 했다. 분석가가 치료적 관계에 대한 환자의 경쟁적인 시각이 방어적인 기능을 하고 있다고 주장할 때마다, 환자는 그것을 분석가의 낡은 이론일 뿐이라고 무시했고, 그것을 자신을 의존적이고 복종적인 전형적인 환자로 만들기 위한 세뇌 행동이라고 보았다.

분석가가 임박한 여름휴가 날짜를 알려주고 나서 오래지 않아 환자는 꿈을 꾸었는데, 그 꿈에서 그는 다시 대학으로 돌아가 강의실에서 한 학생 집단을 만나고 있었다. 때는 가을이었고, 교수는 이름이 적힌 목록을 큰 소리로 부르고 있었다. 호명된 학생들은 몇몇 필수 과목에서 "불완전" 학점을 받았기 때문에 다시 이 강좌에 등록할 수 없었다. 환자는 자신이 호명될 것임을 알고 있었다. 그는 막연한 불편감 이외에는 그 꿈에 대해서 더 이상 기억할 수 없었다.

확실히, 그 꿈은 다가올 휴가와, 그리고 가을에 다시 분석을 계속할 것인가의 문제와 관련이 있었다. 하지만 그는 분석가가 분석을 종결할 것인가에 대해서 걱정하지는 않았다. 사실, 그는 분석을 쉬고 싶어 했고 다음 달에 분석을 다시 시작하는 것에 대해서도 별 흥미가 없다는 점을 분명히 했다. 그는 자신의 불편한 감정에 대한 어떤 연상도 없었고, 이 꿈이 분석가와 그리고 그의 휴가와 관련이 있을 거라는 생각에도 회의적이었다. 그는 분석가가 그들이 다시 만나지 않게 되는 것에 대해 화가 나있을 거라고 예상했다.

하지만 환자는 임박한 휴가와 가을에 분석을 다시 시작할 것인지에 대해서 의식적으로 무관심하다고 주장할 수는 있었지만, 그 꿈이 자신의 꿈이라는 사실은 부인할 수 없었다. 그리고 분석가는 꿈을 통해서 환자가 현재 몰두하고 있는 것들의 근저에 있는 것을 볼 수 있도록 도울 수 있었다. 몇 가지 질문들은 그 꿈의 명시적 내용에 적합한 것처럼 보였다. 환자가 실제로 대학에서 등록을 거부당한 적이 있는가? 그 답은 아니다였다. 이전에도 "불완전" 학점을 받아본 적이 있는가? 그것도 아니었다. 하지만 그의 꿈은 가을에 다시 등록하는 문제가 그의 대학시절 동안의 관심사가 되었던 어떤 이유를 가리키고 있었다. 그가 그 이유를 생각해낼 수 있을까?

환자는 곧바로 대답했다. 학교 신문을 만드는 일에 충분한 시간을 쏟기 위해, 그와 그의 친구들은 일반 학기 동안에는 수업을 줄이고 부족한 수업을 여름학기에 보충했다. 여름이 왔을 때, 그와 그의 친구들 몇 명은 놀고 싶은 유혹이 너무 컸기 때문에 "불완전" 학점을 받았고, 그 결과 다음 해에 학교를 다닐 수가 없었다. 환자 자신은 충분히 자기 통제를 했음에도 불구하고 간신히 통과할 수 있었다.

이제 그 꿈은 전이 관계와 분석가의 휴가라는 측면에서 이해될 수 있었다. 환자의 꿈은 그가 가을에 분석을 계속할 수 있으려면, 여름 동안에 필수과목을 들어야 할 의무가 있다는 생각을 나타내고 있었다. 그는 이번 여름에 놀고 싶은 유혹이 너무 클까봐 걱정하고 있었다.

분석가는 환자의 대학 경험과 분석에서 여름휴가가 다가오고 있는 것에 대한 관심 사이에 어떤 관계가 있다고 지적했다. 분석가는 환자에게 그가 분석가를 "깔아뭉개는" 데서 느끼곤 하던 즐거움을 상기시키면서, 분석이 다시 시작되었을 때 분석가에게 말할 수 없는 일들을 여름 동안에 행하게 될까봐 걱정하고 있는 것으로 보인다고 말했다. 이것은 환자에게 서글픈 껄껄웃음을 자아내게 했다. 환자는 자신은 그럴 의도가 없었음에도 불구하고, 분석가가 수척해질 정도로 자신을 생각할 거라고 기대했다는 것을 인정했다. 게다가, 분석가가 너무 직선적이었기 때문에, 환자는 자신이 하려고 하는 것을 분석가가 어떻게 받아들일지 전혀 알 수가 없었다.

환자가 얼마동안 자신의 동성애적인 행동을 언급하는 것을 피해왔음이 드러났을 때 분석가는 별로 놀라지 않았다. 꿈과 대학 시절의 기억들을 통해 표현되는 현 전이 상태의 또 다른 측면—즉, 분석가의 사례에서 마치 유일한 아이처럼 살아남는 사람이 되기를 바라는 환자의 소망—은 분석이 좀 더 진행되기까지는 드러나지 않았다.

꿈의 보고 자체뿐만 아니라 꿈에 대한 환자의 연상들은 꿈의 분석을 위한 본문을 구성했다. 방금 제시된 사례는 환자가 꿈에 대한 연상을 계속 따라갈 수 있도록 돕는 것이 작업의 핵심적인 부분이라는 것을 보여준다. 그 점은 다음에 소개될 사례에서도 마찬가지이다. 그 사례에서 꿈 분석은 환자로 하여금 자신이 의식하고 있는 죄책감이 다른 중요한 태도를, 즉 그녀가 불편하게 느끼고 있는 자기애적 합리화의 느낌을 의식하지 못하게 가로막고 있음을 깨닫게 해준다.

한 대학원생이 논문을 쓰는 데 어려움을 겪고 있었다. 이 소심한 여학생은 표절했다는 비난을 받을 것이라는 근거 없는 두려움에 시달리고 있었다. 그녀는 자신이 충분히 창조적이지 않기 때문에 이미 만들어진 작품을 표절해야 할지도 모른다고 느끼고 있었다. 그런 상태에서 그녀는 자전거를 훔치다가 붙잡혀 창피를 당하는 꿈을 꾸었다. 그녀는 연상에서 자전거와 논문을 어려움 없이 연결시킬 수 있었고, 그 꿈을 도둑질을 통해서만 논문을 끝낼 수 있다는 느낌과 연결시켰다. 전날, 그녀는 자신이 논문을 쓰기보다는 자전거를 타면서 얼마나 시간을 낭비했는가를 계속 생각했었다.

이 꿈을 이해하기 위해 환자와 분석가는 이전의 작업에서 많은 것들을 끌어와야 했다. 예를 들어, 그녀에게 박사논문을 성공적으로 마치는 것은 저명한 학자인 아버지의 뒤를 잇는 것을 의미했다. 그녀가 이것을 도둑질과 연관시킨 이유는 그것이 자신의 남동생에 대한 오이디푸스 경쟁과 승리 환상과 연결되어 있었기 때문이다. 또한 뭔가를 생산한다는 것의 의미와 창조성에 커다란 관심이 주어졌다. 자전거를 탄다는 것은 의심의 여지없이 부분적으로 성적 충동과 관련된 과도하게 강조된 은유였다. 이와 같은 생각들이 해석 과정에서 두드러지게 나타났다. 물론 익숙하다고 해서 가치가 없는 것은 아니지만, 그것들은 진부한 내용이었고 따라서 꿈과 관련해서 별다른 가치를 산출하지는 않았다.

꿈에서 묘사된 자전거에 대한 연상에서, 환자는 헤드라이트와 이빨달린 바퀴 덮개 그리고 후미의 철사로 된 바구니를 기억해냈는데, 그 자전거는 그녀가 현재 갖고 있는 것임을 깨달았다. 환자의 명시적 꿈 내용에 실제 자전거와 같은 현실적인 요소가 나타남으로써, 이 꿈은 완전히 새로운 방식으로 이해되어야 했다. 이 꿈은 단순한 죄책감의 고백이나 징벌에 대한 요구를 표현하기보다는, 아무런 잘못이 없는 활동—자신의 자전거를 소유하는 일—에 대해 부당하게 비판과 공격을 당하는 것에 대한 불만을 표현하는 것으로 보인다. 자전거를 자신의 논문과 연결시킨 환자의 연상을 따라, 이 꿈은 도둑질에 대한 죄책감 없이 학위를 마치고 자신의 커리어를 추구해나갈 권리가 자신에게 있다는 환자의 반론을 나타내고 있다. 꿈 분석은 지금까지 의식하지 못한, 학위에 대한 그녀의 자기애적 태도를 드러내 보여주었다.

이러한 일련의 임상적 사건들은 꿈과 연결된 분석 작업의 타당성을 결정할 때 무엇을 살펴보아야 할지를 고려할 기회를 제공한다. 꿈은 전날 경험에서 온 전의식적 사고들이 밤에 계속되는 것이기 때문에, 꿈 해석의 적절성은 그것이 이러한 사고들을 되살려내는 데 달려있다. 이 젊은 여성은 전날 왜 논문에 집중하지 않고 자전거를 타면서 시간을 낭비했었는가를 생각했다. 꿈에 불평과 결백함에 대한 주장의 측면이 있음을 발견하고 나서, 그녀는 전날 "자전거를 타면서 이렇게 자유로움을 느끼듯, 논문을 쓰면서도 자유로움과 열정을 느낄 수 있어야 해"라고 생각했던 일을 기억했다.

우리는 일상생활의 다양한 측면에서 환자의 기능과 관련된 방어의 유형을 꿈 분석을 통해 알 수 있다고 이미 언급한 바 있다. 꿈에 대한 철저한 조사는 또한 문제가 되고 있는 특정한 방어 조작의 역사적 뿌리를 드러낸다. 예를 들어, 자신의 자전거를 훔치는 꿈을 꾼 젊은 여성은 유쾌하지만 갈등을 일으키는 이미지를 왜곡하는 특정한 방법을 사용했다. 이러한 방법은 추적이 가능한 뿌리를 갖고 있다.

그녀는 어렸을 때 따뜻하고 친절한 하녀의 돌봄을 받았는데, 때로는 그녀의 관심이 너무 유혹적이라는 생각이 들었다. 부모님이 외출하고 없을 때, 그녀는 하녀가 자신의 어머니라고 스스로 생각했다. 부모가 돌아오면 이러한 게임은 저절로 끝이 났다. 이것은 그녀의 꿈에 나타난 정당한 소유권의 느낌에 대한 부정과 생략의 더 초기 형태이다.

꿈 자체와 그것에 대한 연상들 외에도, 환자가 꿈을 보고하는 방식과 꿈에 대해 갖는 태도는 많은 것들을 말해준다. 예를 들어, 꿈의 보고를 도입하면서 한 언급은 미리 발생한 연상 내용으로 볼 수 있다. 사례를 들어 설명해보겠다.

한 여성이 분석 초기에 꿈을 하나 꾸었는데, 깨어나서는 그것으로 인해 실망감을 느꼈다고 말했다. 그녀는 그 꿈이 분석할만한 가치가 없는 것이라고 판단했고, 그래서 곧바로 그 꿈을 잊어버렸다. 그녀의 분석가는 그녀가 꿈이 분석에 적절치 않다고 말한 것이 그 꿈을 숨길 수 있도록 허용했다고 지적했다. 이러한 해석에 대한 반응으로, 환자는 자신이 자기 일을 잘 수행하고 있다는 갑작스런 생각을 가졌다. 그녀는 흥분되었지만 그 생각을 없애버림으로써 그 꿈을 회피했다. 분석가는 그 생각이 꿈에 대한 연상이 아니라 꿈에 대한 회피라는 것을 어떻게 확신할 수 있느냐고 물었다. 그러자 환자는 자신이 흥미로운 생각의 흐름을 따라가지 않기 위해서 분석에 적절하지 않는다는 이유로 그 생각을 없애버렸다는 것을 깨달았다. 그것은 그녀가 꿈에 대해서 했던 것과 똑같은 행동이었다.

환자가 자신의 꿈에 대해서 이야기하는—또는 이야기하지 않는—방식 또한 분석적 탐구에 유용한 자료가 되는 것으로 드러났다. 이것은 그녀가 자신의 부적절감과 타인에게서 질투를 일으키는 것에 대한 두려움을 방어로서 사용하고 있다는 전체 주제로 인도했다. 따라서 비록 환자가 꿈의 내용을 떠올리지는 못했지만, 분석 작업의 유용한 한 조각이 성취될 수 있었다.

자신도 치료사인 또 다른 환자는 물에 대한 또 다른 꿈을 꾸었다고 말하고 나서 성생활의 제약들에 대한 이야기를 하기 시작했다. 그는 독서를 통해 물이 무의식을 의미한다는 것을 배워 알고 있다고 말했다. 꿈에서, 그는 사람들로 가득 한 수영장에 있었다. 그를 바라보고 있는 사람들은 짧은 옷을 입고 있었고 그와 등지고 있는 사람들은 알몸이었다. 그는 물과 관련된 다른 꿈들에 대해 생각해보았다. 결국, 그의 분석가는 환자가 물과 관련된 모든 꿈들을 같은 것으로 취급하고 있으면서 그것들 사이의 차이점들은 주목하지 않는 것 같다고 말했다. 환자는 그 꿈으로 다시 돌아가, 자신과 얼굴을 마주하고 있는 사람들이 입고 있던 짧은 옷들이 그들 사이의 차이(예를 들어, 남녀의 차이)를 모호하게 만들었다는 것을 알아차렸다. 뒤에서 보면, 모두가 다 똑같아 보였다. 환자는 아내와 성교할 때, 후위체위를 선호한다는 것이 밝혀졌다. 그는 그녀의 알몸을 전면에서 보는 것을 좋아하지 않았다. 서로 다른 꿈들을 똑같은 것으로 취급하려고 하는 그의 소망을 분석한 결과, 남녀 간의 해부학적인 차이를 없애고 싶어 하는 그의 소망이 드러났다.

환자가 꿈을 제시하는 방식은 그가 분석가와 맺고 있는 관계에 대한 환상을 실연할 수 있다. 이러한 종류의 환상은 "당신을 위한 꿈을 꾸었어요"라는 한 여자 환자의 말에서 잘 드러나고 있다. 분석가는 그 꿈이 어떻게 분석가를 위한 것인지를 생각해보라고 제안했다. 그 결과, 환자는 그 꿈을 분석가가 좋아할만한 하나의 선물로 의도한 것이었음이 드러났다. 이어지는 작업은 그 선물을 대가로 그녀가 바랬던 것이 무엇이었는지를 드러냈다.

때로는 꿈을 제시하는 방식이 분석의 시점에 따라 다른 의미를 가질 수 있다. 분석 초기에, 환자는 꿈의 중요한 부분들은 잊어버렸고 몇 개의 단편들만 기억이 난다고 하면서 꿈을 보고했다. 그녀의 꿈을 이해하기 위해 기울인 노력들은 그녀에게 별 인상을 주지 못했다. 그녀는 항상 자신과 분석가가 별로 앞으로 나가지 못하는 것 같다고 지적할 준비가 되어 있었다.

얼마 후, 그녀의 분석가는 그녀가 이미 드러난 것 외에 꿈에 대해 더 많은 것을 느끼고 있다고 말했다. 이것은 그녀에게 "몸의 일부를 살짝 보여주는 것"을 생각나게 했다. 그녀는 자신이 분석가를 치명적인 오류 속으로 끌고 들어가고 싶어 했음을 알고 있었다. 꿈의 단편들을 제시한 것은 분석가로 하여금 스스로를 보여주게 만들고 그가 부족한 사람임을 드러내게 만들기 위한 초대였다.

치료 후기에, 그녀는 또 다시 꿈의 단편들만을 기억하고 있다는 느낌을 받았다. 하지만 지금 그녀는 자신이 분석가와 함께 작업하는 과정에서, 그리고 그녀가 제시하는 꿈의 조각들에서 무언가 전체적인 것을 이끌어내는 분석가의 능력에서 기쁨을 느꼈다. 그녀는 꿈에 대한 공동의 작업을 그녀가 결여하고 있는 어떤 것을 분석가가 채워주는 그녀의 소망적 환상을 확인해주는 것으로 보았다. 특히, 남녀가 성교를 통해 아기를 생산하는 것과 같은 방식으로 분석적 상호작용이 결과를 산출한다는 환상을 확인해주는 것으로 보았다.

좀 더 후에, 환자는 손수건을 떨어뜨리는 장면으로 이루어진 꿈의 단편을 소개했다. 그녀의 연상들은 "몸의 일부를 살짝 보여주는" 것에 대한 생각을 다시 불러일으켰다. 그러나 이번에 그것은 신사 앞에서 손수건을 떨어뜨리는 빅토리아 시대의 술수와 연결되어 있었다. 그녀는 다시 자신이 분석가를 놀려주고 있음을 알았다. 하지만 이번에 그것은 그녀 자신이 즐거워하고 분석가 또한 즐기기를 바라는 장난스럽고 교태 어린 방식의 놀림이었다.

꿈을 보고하는 것은 환자가 분석가와 직접적으로 대화하기를 꺼려하는 주제를 도입하는 하나의 방식일 수 있다. 분석을 통해 개선된 것에 상당한 만족을 느꼈던 한 여자 환자는 종결을 고려하기 시작했다. 그녀는 분석가에게, 특히 직장에서의 성취들에 대해 감사했다. 남자친구와의 관계에서는 아직도 불만이 있었지만, 그녀는 자신의 삶을 행복하고 보람 있는 것으로 여기고 있었다.

그때 그녀는 아이를 출산하는 데 어려움을 겪는 꿈을 꾸었다. 의사는 도움이 되지 않았다. 그 의사는 자신에게 아첨하고 교태 부리는 간호사들에게 마음을 빼앗기고 있었다. 그래서 그녀는 혼자 힘으로 아이를 낳았다.

환자는 즉시 그 의사를 자신의 분석가와 연결시켰고, 꿈에 나타난 그 의사의 모습에 놀랐다. 그녀는 지금까지 분석가를 의심해본 적이 없었고, 그에게서 큰 도움을 받았다고 생각하고 있었다. 분석가는 환자에게 자신이 그녀에게 얼마나 도움이 되었는지를 그녀가 확실히 말해주는 것이 중요하다고 말했다. 자신의 감사의 요점을 말할 필요를 느끼게 되면서, 그녀는 마지못해 "이게 분석에서 얻을 수 있는 전부란 말인가?"와 같은, 분석에 대한 일종의 실망감을 갖고 있음을 인정하기 시작했다. 그녀는 아직 초기 단계에 있는 그녀의 남자친구와의 관계에 대한 생각으로 옮겨갔다. 그녀는 분석이 끝날 때쯤이면 그와 결혼해서 아기를 낳아 키우고 있기를 희망했었다.

이러한 불평을 인식하면서 그녀는 크게 놀랐다. 그녀는 자신이 분석가가 그의 선의에 대한 대가로 완전한 감사를 요구할 것이라고 생각하고 있었음을 깨달았다. 그녀는 충분한 감사가 수반되지 않는 선물은 분석가가 받지 않을 것이라는 환상을 갖고 있었다. 그녀가 꿈을 가져온 것은 분석가에 대한 불평을 간접적으로 표현하는 방식이었다.

꿈과 꿈꾸는 것 전반에 대한 환자의 태도는 특정한 꿈 보고에 대한 해석적인 접근을 암시할 수 있다. 어떤 남성은 "꿈은 아무런 의미도 없어"라는 확신을 분명히 하면서, 분석에서 처음으로 자신의 꿈에 대해 말했다. 꿈들은 단지 세속적이고 현실적인 관심들을 반영한다는 것이 그의 견해였다.

그가 말한 꿈은 할로윈 휴가 때 어머니를 방문한 것이 그에게 얼마나 좋았는지를 보여주는 것이었다. 그는 자신이 실제로 어머니를 방문한 것을 즐겼다는 것 외에는 그 꿈에서 더 이상 이해할 것이 없다고 주장했다. 그는 그의 분석가가 항상 모든 것에서 의미를 읽어내려고 한다고 비난했다.

분석가는 겉보기에 현실적으로 보이는 환자의 꿈에서 묘사된 방문이 할로윈이 아니라 추수감사절에 이루어진 것이라고 지적했다. 환자는 움찔했고, 그 때가 할로윈처럼 보이게 만든 어머니와의 접촉에 의해 환기된 공포에 대해 탐색하기 시작했다. 그는 "현실적"이고자 하는 그의 욕구가 꿈 장면들 뒤에 아무 것도 없다는 것을 증명하기 위함이라는 것을 깨달았다. 그가 어머니에게 취한 행동들은 일상적인 것에 지나지 않았다. 그의 방문은 병원에서 이루어졌다. 그는 어머니의 심각한 만성질환에 대해 전혀 심각하지 않은 것, 또는 "아무 것도 아닌 것"이라고 믿고 싶어 했다.

어떤 환자들은 자신들의 비밀스런 욕망이나 두려움들이 드러날까 봐 두려워서 꿈을 결코 보고하지 않는다. 다른 환자들은 매 회기마다 한 두 개의 꿈을 가져온다. 이들은 깨어 있을 때 갖는 생각들에 대해서보다는 자신의 책임지지 않아도 되는 생각들에 대해 이야기할 때 더 편안함을 느낀다. 이 양극단은 모두 주목하고 탐구할 만한 가치가 있다.

꿈 작업은 분석에서 매우 가치 있는 부분으로 남아 있음에도 불구하고, 임상에서 꿈을 다루는 방법은 상당한 발달을 거쳤다. 드러난 꿈의 각 요소에 대한 연상들을 공식적이고 체계적이고 철저한 방식으로 파헤치는 프로이트의 본래 기법은 다른 자료들의 분석에 같은 기법적 원리를 적용하는, 보다 선택적인 접근방법에 그 자리를 내주었다. 우리가 보여주려고 했던 것은 분석에서 보고된 꿈들이 특별한 분석 기회를 제공한다는 점이었다.

꿈 작업은 무엇보다도 특정한 꿈의 보고, 그 꿈에 대한 환자의 연상, 꿈과 연상들을 제시하는 태도, 꿈과 꿈꾸는 일 전반에 대한 태도, 반복되는 꿈 등에 대한 고려를 포함할 수 있다.

우리는 깨어있는 의식 상태에서 배제된 것들을 꿈이 어떻게 드러내는지, 그리고 그 이유와 방법은 무엇인지를 보여주고자 했다. 감각적 지각에 대한 노골적인 부인이나 미묘한 부정은 꿈 작업을 통해 드러날 수 있다. 꿈 분석을 통해 밝혀진 방어적 조작들은 깨어있는 삶에서도 작동되는 것을 볼 수 있다. 현실, 무의식적 과정, 그리고 분석가에 대한 환자의 태도는 꿈 분석을 통해서 가장 잘 알 수 있다. 꿈 작업은 꿈꾸는 사람의 전이를 명료화해 줄 수 있으며, 외상적 기억들은 특히 반복적인 꿈속에 위장된 형태로 발견될 수 있다.

여기에서 제시된 사례들은 일반적인 것들이다. 그것들은 꿈 작업에서 사용되는 원리와 기법들이 다른 임상적 작업에서 사용되는 원리나 기법들과 같은 것임을 보여주고 있을 뿐만 아니라, 그 작업에서 얻는 결과들이 종종 특별히 풍부할 수 있음을 보여주고 있다.

참고문헌

Brenner, C. (1976). Psychoanalytic Technique and Psychic Conflict. New York: Int. Univ. Press.

Erikson, E. H. (1954). The dream specimen of psychoanalysis. J. Amer. Psychoanal. Assn., 2:5-56.

Freud, S. (1900). The Interpretation of Dreams. SE, 4 & 5.

_____ (1914). Remembering, repeating and working through. SE, 12:145-156.

Greenson, R. R. (1970). The exceptional position of the dream in psychoanalytic practice. Psychoanal. Q., 39:519-549.

Panel (1984). The clinical use of the manifest dream. O. Renik, Reporter. J. Amer. Psychoanal. Assn., 32:157-162.

Slap, J. W. & Trunnell, E. E. (1987). Reflections on the self state dream. Psychoanal. Q., 56:251-262.

Waldhorn, H. F. (1967). The place of the dream in clinical psychoanalysis. In The Kris Study Group of the New York Psychoanalytic Institute, monograph 2, ed. E. D. Joseph. New York: Int. Univ. Press.

제 6 장

증후학

시드니 풀버(Sydney E. Pulver), M.D.

　아동기 증후학에 관한 안나 프로이트의 고전적인 논문을 제외하고는, 정신분석의 문헌에서 증후학에 대한 포괄적인 논의를 찾아볼 수 없다. 하지만 증상들은 정신분석 이론과 실제 모두에서 중요성을 갖고 있다. "증상의 이면에는 온갖 종류의 파생물들, 인과관계들, 그리고 발달적 관련사항들이 있다"(A. Freud, 1970, p. 38). 분석가가 일차적으로 관심을 기울여야 하는 것은 바로 이러한 세력들이다. 드러난 꿈과 마찬가지로, 증상들은 근저의 갈등이 외적으로 드러난 것이다. 그것들의 의미와 형성 기제들을 이해하는 것은 정서적 질병의 역동을 명료화하는 데 크게 도움이 된다. 설령 다른 이유들이 없다고 해도, 증상에 대한 연구는 그 자체로서 가치 있는 일이다.
　증상들과 성격 특성 그리고 억제들 사이의 차이점들이 강조될 필요가 있다. 원래 증상은 질병의 징후와 구별되지 않았다. 질병의 표현은 모두 증상으로 간주되었다. 나중에, 의학에서 증상은 징후와 구별되었는데, 증상은 의사가 관찰할 수 있는 비정상성인 반면, 징후는 환자에 의한 불평으로 정의되었다. 이러한 좁은 정의("증상을 개인이 호소하는 정신적인 현상으로 보는)가 갖는 정신분석적 의미는 무어와 파인이 편집한 책(1990, 정신분석 용어사전)에 잘 정리되어 있다. 일반 정신의학은 징후와 증상의 차이에 대해 별로 관심을 두지 않지만 정신분석에서는 이것들의 구별을 중요시한다. 환자가 불평한다는 사실은 증상이 자아 이조적(ego-dystonic)임을 뜻하며, 이것은 증상 형성의 기제를 이해하는 데 있어 매우 중요한 고려사항이다. 따라서 증상에 대한 좁은 의미의 정의는 이미 수용된 것[1]이라고 할 수 있다.

자아 이조적이란 문자 그대로 "자아와 조화되지 않은" 상태를 의미한다. 이 용어는 보통 자기 자신의 통상적 기능이나 자신에 대한 감각과 통합되지 않은, 불편하고 고통스러운 정신 현상을 서술하는 데 사용된다. "증상은 대개 자아에 의해 낯선 존재로 간주된다. 자아 안으로 침투해 들어온, 그리고 자아에 의해 통제되지 않는 적대적인 요소로 간주된다"(Arlow, 1953, pp. 47-48). 하지만 질병의 표현들이 모두 자아 이조적인 것은 아니다. 성격 특성들의 일부와 다양한 형태의 행동화들은 자아 동조적(ego-syntonic)—자아에 의해 수용될 수 있는—이다. 그리고 억제들은 자아 동조적이거나 자아 이조적일 수 있다. 이 두 가지 형태에 대해서 논의해보겠다.

성격은 "지속적이고 패턴화된 개인의 기능으로서 … 생각하고 느끼고 행동하는 습관적인 방식이며 … 심리내적 갈등들을 화해시키는 습관적 양태이다"(Moore & Fine, eds., 1990). 성격 특성이란 환경과 자기 자신을 지각하고 관계 맺는 덜 총체적이고 더

---

1. 프로이트도 이러한 정의와 유사한 맥락에서 이 용어를 사용했다. 프로이트는 증상(symptom)이라는 용어를 망상(1911b, p. 66)을 가리키는 의미로 사용했는데, 이것은 그 용어를 느슨하게 사용한 한 예로 보인다.

특수한 패턴들을 가리킨다. 성격 장애들은 개인에게 또는 그 개인이 상호작용하는 사람들에게 제대로 적응하지 못하는 성격 특성들의 군집을 가리킨다.

증상과 성격 특성의 정신역동은 동일함에도 불구하고, 그것들은 세 가지 점에서 서로 다르다.

첫째, 증상이 자아 이조적인 반면, 성격 특성은 자아 동조적이다. 성격 특성은 누군가에게 혐오 대상이 될 수 있지만, 일반적으로 불쾌한 것은 아니다. 반면, 증상들은 거의 항상 불편한 느낌을 갖게 한다. 성격 특성들은 항상 자기의 일부로 느껴지지만, 증상들은 대체로 낯설게 느껴진다.

둘째, 개인은 증상을 항상 인식한다. 실제로 증상이 불쾌하려면 그것들을 인식해야만 한다. 한편 성격 특성들은 완전히 그렇지는 않더라도 대체로 의식되지 않는다.

셋째, 증상이 보다 일시적인 것인 반면, 성격 특성은 정의 상 인격의 지속적인 부분을 가리킨다. 하지만 여기에도 예외는 있다. 거의 어떠한 범주에도 속하지 않는 질병의 표현들도 있기 때문이다. 예를 들어, 팽창이나 과대성은 성격의 지속적인 부분을 구성할 수 있지만, 그렇다고 해서 성격 특성으로 간주되지는 않는다. 이것들은 자아 동조적이며, 따라서 증상이라고 부르기에 적절치 않다.

성격 특성과 증상의 차이점은 3년 전부터 강박적으로 손을 씻는 행동 때문에 분석에 오게 된 서른 세 살의 한 여성의 사례에서 잘 나타나고 있다. 그 증상이 생기기 전에도 그녀의 많은 행동 측면들은 청결과 관련되어 있었다. 그녀는 깔끔하게 옷을 입고, 자기 자신과 자신의 소지품들을 단정하게 관리했다. 그녀는 하루에 두 번씩 샤워를 하고 집안 청소에 대한 세부 계획을 갖고 있는 것에 대해 자부심을 갖고 있었다. 이러한 모든 특징들은 너무나 오랫동안 그녀의 성격의 일부를 구성해왔고, 지금도 계속되고 있다. 이것들은 그녀에게 자부심의 원천(자아 동조적인)이었고, 제 2의 천성이 되어 있었기 때문에 그녀는 이것들을 늘 인식하고 있지는 않았다. 즉, 이것들은 그녀의 성격 특성이 되어 있었다. 그녀의 신경증은 자연스러운 것보다 훨씬 더 자주(많게는 하루에 30-40회) 손을 씻고 싶은 충동과 함께 시작되었다. 이렇게 손을 씻는 행동은 그녀에게 고역이었고 자아 이조적이었다. 그녀는 이것을 항상 인식하고 힘들어했음에도 불구하고, 그것은 다양한 스트레스 하에서 심해지기도 하고 가벼워지기도 한다는 점에서 일시적인 것이었다. 즉, 그것은 증상이었다.

억제들은 증상일 수도 있고 성격 특성일 수도 있다. 프로이트(1926a)는 그것들을 정의하고 예를 들어 설명해주었다: "단순히 기능이 저하된 경우에는 억제라는 용어를 사용하고, 기능에 심상찮은 변화가 있거나 그로 인해 새로운 현상이 생겨날 경우에는 증상이라는 용어를 사용한다"(p. 87). 동물에 대한 히스테리성 공포증을 갖고 있던 어린 한스의 사례를 사용하여, 프로이트는 설명하기 힘든 한스의 공포(말이 자신을 무는 것에 대한)라는 증상과 "이러한 불안-증상이 일어나지 않도록 자아가 스스로에게 길거리에 나가는 것을 금하는 억제"(p. 101)를 구별했다.

증상적 행동, 행동화, 신경증적 행동이라는 용어는 모두 갈등에서 오는 행동 패턴들을 가리킨다. 증상적 행동은 무의식적 갈등을 표현하는 뚜렷한 행동으로서, 그것의 구조는 증상과 동일하다(Freud, 1901, pp. 191-216). 그러한 행동이 비교적 한정되어 있는 경우에는 "행동화"라고 불린다. 행동화가 성격 특성이 될 정도로 일반화될 경우에는 "신경증적 행동"이라고 불린다. 따라서 죄책감을 느끼게 하는 공격적 행동에 대한 반응으로, 개인이 자동차의 문에 손을 다치게 만든다면, 그것은 증상적 행동에 해당된다.

만약 그가 중요한 프로젝트를 망치게 하는 일련의 정교한 행동들을 통해서 자신을 처벌하는 방식으로 죄책감에 대해 반응한다면, 그것은 "행동화"에 해당된다. 특히 치료 중에 이런 행동이 저항의 형태로 일어날 경우, 그것은 행동화에 속한다. 만약 개인이 습관적으로 실패를 자초하게 되고, 그런 행동이 죄책감과는 상관없이 성격 특성의 일부를 구성할 경우, 그것은 "신경증적 행동"이라고 말할 수 있다. 이러한 용어들 사이의 차이는 질적인 데 있기보다는 양적인 데 있다.

증상 형성

성격으로부터 증상을 분리해낸 다음에도 여전히 광범위한 이질적 행동들이 남아 있다. 증상이 형성되는 방식을 이해하기 위해서는 더 상세한 분류를 필요로 한다. 이 작업을 수행함에 있어서, 순전히 현상학적인 토대 위에서만 해서는 안 된다고 했던 안나 프로이트의 경계(1970)를 염두에 두어야 한다. 증상의 표면적인 특징들만을 사용하는 것은 일을 그르치기 쉽다. 왜냐하면 앞으로 보게 되겠지만, 어떤 하나의 증상도 그리고 종종 어떤 증상들의 군집도 매우 다양한 근저의 역동들을 갖고 있을 수 있기 때문이다.

첫 번째로 고려해야 할 집단은 고전적 신경증 증상들이다. 이것은 프로이트가 제일 먼저 탐구했던 증상의 유형으로서, 우리가 가장 잘 이해하는 것으로 남아있다. 대략적으로 말해서, 이 집단은 히스테리와 강박충동 신경증들에서 발견되는 증상들로 구성되어 있다. 이러한 유형의 증상들이 발달하는 데 필요한 "표준 공식"2)에 따르면, 의식 안으로 출현하겠다고 위협하는 본능적 욕동들 또는 그것들의 파생물들은 자아에 의해 위험한 것으로 지각되고 방어된다. 이러한 방어가 완전히 성공하지 못할 경우, 타협이 형성되는데, 그것은 욕동에 대한 방어인, 위장된 욕동의 만족 또는 욕동을 금지하는 초자아의 만족을 담고 있다. 그러한 타협은 증상(Freud, 1905b, p. 164)이라는 왜곡된 형태로 나타난다. 이것에 대한 프로이트의 이해가 발달하게 된 역사는 매우 흥미로운 것이지만, 이 논문의 범위를 벗어나는 일이다. 이에 대해 더 자세히 알고 싶다면, 알로우(Arlow, 1963)나 왈더(Waelder, 1967)의 글을 참고하라.

 이러한 기제를 상세히 보여주기 위해, 나는 증상 형성에 대한 프로이트의 서술(어린 한스의 사례에서)을 따를 것이다(1926a, pp. 101-110). 이미 보았듯이, 어린 한스는 말이 무서워서 길거리로 나가기를 거부했다. 이러한 거부는 말을 만남으로써 생기될 불안을 막아주는 억제의 결과였다. 말에 대한 그의 두려움은 사실 말에게 물리는 것에 국한된 것이었다. 하지만 이러한 공포는 스스로를 자신의 본능적 소망("물리는 것"과 밀접하게 관련된)으로부터 떼어놓는, 보다 일반적인 방식으로 표현되었다. 달리 말하면, "말에게 물리는 것"은 욕동의 파생물이고, "말에 대한 일반적인 두려움"은 더 많이 위장된 욕동의 파생물이라고 할 수 있다. 어린 한스는 전형적인 오이디푸스 상황에 빠져 있었다. 그는 어머니를 소유하고 싶어 했고, 아버지가 제거되기를 바랐다. 더 구체적으로 말하자면, 한스는 아버지가 "쓰러져 손상을 입고" 경련으로 죽게 만들고 싶었다. 동시에, 그는 아버지를 미워했을 뿐만

---

2. 스트레이치가 처음 사용한 용어임. Freud, 1950, p. 222, n. 2.

아니라 사랑했기 때문에, 어머니에게 그랬던 것처럼 아버지에게도 부드럽게 다가가고 싶어 했다. 이러한 소망들은 위험한 것으로 지각되었고, 불안을 야기했다. 불안으로부터 자신을 보호하기 위해, 어린 한스는 이러한 소망을 인식하지 않기 위해 다양한 방어 조작들(주로 전치와 퇴행)을 사용했다.

이 공식의 핵심은 다음과 같다: "내가 아버지를 해치고 어머니에게 성적으로 다가가기를 원한다면, 아버지도 나를 해칠 것이다. 그것이 두렵다. 특히 아버지가 나를 거세할까봐 두렵다. 하지만 나는 아버지를 사랑하기 때문에 아버지를 해칠 수 없고, 아버지도 나를 해칠 수 없다. 내가 두려워하는 것은 아버지가 아니라 말[아버지에 대한 상징적 대표자에로의 전치]이다. 내가 무서워하는 것은 말의 성기가 아니라 입이다. 나는 말에게 물릴까봐(성기적 소망이 아닌 구강기로의 퇴행) 두렵다." 프로이트는 실제 욕동이 퇴행한 것인지, 아니면 구강적인 형태로 전치되어 표현된 것인지를 말하는 것은 불가능하다고 지적한다. 어떤 것이든 간에, 증상은 적어도 네 가지 요소들—아버지에 대한 적대적 소망, 수동적으로 아버지와 관계하고 싶은 리비도적 소망, 이러한 소망을 가진 것에 대한 처벌, 이러한 처벌이 야기하는 불안—이 타협한 결과이다.

왜 표준 공식이 모든 증상들에 다 적용되지 않는지에 대한 이해를 돕기 위해, 증상 형성과 관련된 여러 가지 요소들을 좀 더 자세히 살펴보겠다.

욕동

증상 형성에 관한 프로이트의 표준적인 공식에 따르면, 본능적 욕동이나 그것의 파생물들은 의식 안으로 떠오르려고 하는 정신 내용의 항목들이다. 동기에 관한 정신분석 이론이 발달함에 따라,

이러한 입장은 상당한 논란을 일으켜왔다. 증상 형성에 대한 논의에서, 알로우(1963)는 프로이트의 입장을 지지했다. 하지만 로웬스타인(1964)을 비롯한 다른 사람들은 자아가 방어하는 위험(불안)의 원천들에는 더 많은 것들이 있다고 설득력 있게 주장했다. 현재는 이 견해가 가장 지배적이다. 욕동에 느슨하게 연결된 것들을 포함해서 거의 모든 동기 상태들은 위험한 것으로 여겨질 수 있고, 억압될 수 있으며, 따라서 그러한 억압으로부터 의식으로 떠오르기 위해 애쓸 수 있다. 게다가, 탈인격화나 파편화와 같은 일부 자아의 상태들은 많은 무기력한 외상적 상태들처럼 불안을 불러일으킬 수 있다.

불안

이미 살펴보았듯이, 프로이트의 입장은 불안이 증상 형성을 발생시키는 유일한 정서라는 것인데, 그는 여러 해 동안 이러한 입장을 고수했다(1933, pp. 83-85). 하지만 이 견해는 임상 자료에 의해 지지받지 못했기 때문에 곧 의문시되었다. 제첼(1964)은 증상과 성격 형성의 주된 결정 요소들로서 "우울이나 우울의 등가물 또는 그것에 대한 부인"을 서술했다(p. 153). 이러한 견해는 비브링(1953)과 브렌너(1975)에 의해 지지받았다. 불쾌한 정서—수치심, 죄책감, 혐오감 등—는 모두 억압의 동인으로 작용할 수 있는 것처럼 보인다. 이 문헌들은 토마와 카쾰(Thoma and Kachele)에 의해 훌륭하게 요약되어 있다(1987, pp. 106-112).

갈등

통설로서 받아들여지고 있는, 신경증적 증상의 기본적인 측면은 그것의 기원이 심리적 갈등(둘 또는 그 이상의 상반된 세력이나 경향성들이 투쟁하고 있는)에 있다는 점이다. 하지만 갈등의 성질과 관련해서는 두 가지 의문이 제기되어왔다. 하나는 이러한 갈등이 항상 체계 간에서 발생하는 것인가, 즉 그것이 원본능이나 초자아와 같은 주된 심리 체계들 사이의 충돌에서 비롯되는가 하는 것이다. 몇몇 이론가들(예를 들면, Arlow, 1963)은 신경증적 증상의 근저에 있는 갈등은 언제나 체계들 사이에서 발생하는 것이라고 생각한다. 하지만 대부분의 이론가들은 체계내적 갈등(예를 들어, 전적으로 자아 안에서 일어나는) 역시 증상을 발생시킬 수 있다는 것을 인정한다. 이러한 질문은 "욕동" 항목에서 논의된 질문의 또 다른 형태임을 유의하라.

두 번째 주된 논쟁은, 갈등이 항상 오이디푸스적인 것에서 기원(Arlow, 1963, pp. 14, 17, 19)하는지 아니면 전오이디푸스적인 것에서도 기원하는 것인지에 관한 것이다. 이에 관해서는 전오이디푸스적 요소들이 빈번히 개입한다는 사실을 보여주는 증거들이 압도적으로 많다고 말할 수 있다(A. Freud, 1970, pp. 165-166).

방어

증상 형성에 있어서 본질적인 발걸음은 자아가 불쾌한 정동의 경험에 대해 의식으로부터 적대적인 충동들을 축출함으로써 스스로를 보호하려고 노력하는 것이다. 이러한 노력은 "방어"라고 불린다. 자아가 취한 구체적 조처들은 "방어 기제들"이라고 불린다. 방어는 물론 보편적인 현상이며, 항상 병리적인 것은 아니다. 방어가 성공적인 한 증상은 나타나지 않는다. 하지만 방어는 결코 완전히 성공하지 못하며, 따라서 증상은 누구에게나 있다. 증상이 신경증이라고 불릴 만큼 심한가의 문제는 순전히 양적인 문제이다. 억압, 즉 의식으로부터 정신 내용을 제거하는 것은 일차적인 방어라고 생각될 수 있다. 하지만 자아는 억압을 촉진하기 위해 여러 다른 방어기제들을 사용한다. 이 기제들은 이 책의 다른 곳에서 다루어지고 있다. 특정한 증상 콤플렉스와 성격적으로 관련된 방어기제들은 "의미"라는 항목에서 좀 더 자세히 논할 것이다.

타협 형성

프로이트는 증상 형성과 관련해서 세 가지 기제들을 서술했다: 대체 형성, 반동 형성, 타협 형성(1913b, p. 208). 대체 형성은 단순히 억압된 충동을 상징적인 대체물로 대체하는 것이다. 반동 형성은 충동과는 반대되는 의미를 가진 것으로 대체하는 것이다. 타협 형성은 억압된 충동과 억압하는 힘 모두를 위장된 형태로, 즉 증상으로 표현하는 것이다. 프로이트는 "타협"이라는 말과 "타협 형성"이라는 말을 몇 가지 다른 의미로 사용했는데, 그로 인해 약간의 혼돈이 발생했다. 그는 먼저, 1896년 1월 1일에 플리스에게 보낸 논문 초록에서 타협으로서의 증상이라는 생각을 제안했다. "타협"이라는 용어로 프로이트가 말하려고 했던 것은, 증상은 진실과의 타협이라는 것이었다: "[증상은] 정동이나 범주라는 점에서는 정확한 것이지만, 시간적인 순서의 전치나 유비에 의한 대체와 관련되어 있다는 점에서는 거짓된 것이다"(Freud, 1950, p. 224). 후기 작업에서, 프로이트는 타협이라는 용어를 동기적 요소들 사이에서 발생하는 갈등에서 온 결과를 가리키는 광의의 의미로 사용했다. 주물성애자(fetishist)의 타협은 여성이 페니스를 가졌기를 바라는 그의 소망과 그녀가 페니스를 가지고 있지 않다는 현실적인 지식 사이에서 이루어진다. 그리고 이러한 타협은 그녀가 흥분을 주는 무언가를 갖고 있다는 생각으로 표현된다(Freud, 1927). 꿈은 잠자고 싶은 소망과 억압된 본능적 충동 사이의 타협이다(Freud, 1933, p. 19).

넓은 의미에서, 프로이트는 "타협 형성"이라는 말을 둘 또는 그 이상의 정서적 힘들 사이의 갈등으로 인해 발생한 심리적 현상을 가리키는 데 사용했다. 처음에, 특히 자신의 히스테리 연구에서, 프로이트는 증상은 갈등하는 힘들의 결과일 뿐만 아니라 증상 자체 안에 담긴 갈등의 양쪽 측면 모두를 나타낸다고 보았다. 이처럼 이 용어를 좁은 의미로 사용한 것은 증상을 소망충족의 모순된 쌍—즉, 억압된 자료와 억압하는 사고들—사이에서 일어나는 타협으로 본 1896년의 한 논문에서 처음 제시되었다(p. 170). 정신분석 이론이 발달하면서 "억압된 자료"는 성적(Freud, 1908b, p. 164)이고 공격적(Freud, 1920)이고 외상적(Freud, 1939)이며, 억압될 만큼 충분히 자아 이조적인 것으로 밝혀졌다. "억압하는 사고"는 성적인 생각들(Freud, 1896, p. 163)에 대한 자기 비난에서 발달해 나와 자아와 초자아의 측면들로서 자리를 잡았다 (Freud, 1928, p. 185).

프로이트가 "타협"이라는 용어를 넓은 의미로 사용한 것은 일부 저자들로 하여금 모든 증상들은 갈등의 양 측면을 나타낸다는 점에서 타협 형성이라고 보는 입장을 갖게 했고, 심지어는 모든 심리적 행위를 타협 형성이라고 주장하도록 이끌었다 (Brenner, 1976, pp. 22, 192). 이것은 왈더의 다중 기능(multiple functioning) 원리(1936)와 일치하는 것이기는 하지만, 이는 모든 체계들이 정신 기능과 관련되어 있기 때문에 그 체계들이 모두 고려되어야 한다는 의미에서만 옳다. 프로이트는 모든 증상들이 갈등의 양 측면을 표현하거나 나타낸다는 사실을 암시하려고 하지 않았다. 이 점은 그가 대체나 반동 형성과 같은 증상 형성의 다른 기제들을 명시적으로 서술한 것에 의해서 알 수 있다. 증상은 타협의 양 측면을 나타낼 수도 있지만, 그렇지 않을 수도 있다. 쥐인간에 대해 논의할 무렵, 프로이트(1909)는 강박충동 신경증에서 나타나는 고립된 증상들은 오직 억압하는 힘만을 나타낼 수 있으며, 거기에는 종종 다른 성질을 지닌 두 증상 단계들이 포함되어 있다는 사실을 깨달았다. 즉, 첫 번째 증상은 억압하는 힘을 나타내고, 두 번째 증상은 그것의 근저에 놓인 충동을 나타낸다는 것이다. 그는 종종 타협이라는 용어를 원본능 소망의 왜곡된 표현이 자아에 의해 받아들여지고(Freud, 1924, p. 150; 1925, pp. 30, 65; 1940, p. 167) 충동이 완전히 제거(Freud, 1933, p.15)되었다는 의미로 사용하기도 했다. 요약하자면, 모든 증상은 서로 대립되는 심리적 세력들 사이의 타협의 산물이라는 점에서 타협형성이라고 할 수 있지만, 일부 증상들만이 갈등의 양쪽 측면 모두를 나타내거나 표현한다.

외상

증상 형성으로 인도하는 힘든 정동들을 야기하는 하나의 원인은 억압된 본능적 충동이 다시 출현하려고 위협하는 것이다. 이것을 유일한 원인(Arlow, 1963)으로 보려고 하는 경향이 있기 때문에, 억압된 외상의 역할이 강조될 필요가 있다. 외상이 증상을 야기하는 기제는 수용될 수 없는 동기들이 출현할 때 작용하는 기제와 동일하다. 외상은 그 정의 상 자아가 그 상황을 감당할 수 없어서 무기력한 상태가 되는 사건이다. 외상적 사건의 경험은 억압되지만, 계속 활동적인 상태로 남아있으면서 의식을 향해 압력을 가한다. 이 경험이 다시 의식에 떠오르려고 할 때, 불안이 발생한다. 그리고 이것에 대한 방어가 성공하지 못할 때, 증상이 생겨난다. 물론 프로이트는 아주 일찍이 외상의 중요성을 인식했다. 히스테리의 병인론에 관한 그의 본래 이론은 초기 외상적 사건의 기억이 억압되는 것에 기초한 것이었다(Freud, 1888, pp. 51, 56). 잘 알려져 있듯이, 그는 나중에 자신의 이론을 "실제" 외상은 물론 심리내적 소망들과 환상들에 대한 방어까지 포함하는 것으로 확장시켰다. 하지만 그는 외상 자체의 중요성에 대한 자신의 인식을 끝까지 유지했다(Freud, 1939, p. 74). 이러한 인식은 대부분의 학자들에 의해 공유되고 있다.

프로이트는 고전적 신경증의 증상이 형성되는 과정을 주로 다루었다. 이후 이 분야의 지식이 발전하면서 고전적 신경증이 아닌 다른 증상들의 형성에 관해서도 밝혀지게 되었다. 이제 "증상"이라는 용어는 환자가 그것에 대해 호소하든 하지 않든 간에 장애의 표현이라는 넓은 의미로 쓰이게 되었다.

지속되는 불쾌한 정동 상태에서 비롯되는 증상들

심리내적 갈등에서 비롯되는 증상들은 근저에 놓인 충동, 그러한 충동에 대한 방어의 시도나 금지, 또는 이 모든 것들이 조합된 것의 표현일 수 있다. 하지만 또 다른 가능성이 존재한다. 즉, 억압이 이러한 것들의 출현을 막는 데는 성공적이지만, 원치 않는 충동에 대한 자아의 반응인 불쾌한 정동(불안, 수치, 혐오, 우울 등)을 제거하는 데는 성공적이지 못할 수 있다. 이러한 정동들은 분명히 자아 이조적이다. 그것들은 일정한 시간 동안 지속될 경우 마땅히 증상이라고 불린다. 비록 이것들은 다른 증상들과 함께 나타나는 것이 보통이지만, 때로는 비교적 순수한 정동적 증상 상태들(예를 들어, 의식적인 생각이 없는 공황 발작)로 나타나기도 한다. 정동적 반응들이 적어도 부분적으로는 신경생리학적 반응이라는 점에서, 그것들을 활성화시키는 심리학적인 요인들이 근저의 신경생리학적 정동 반응체계 안에서 작동하고 있을 수도 있다. 다른 말로 하면, 정동은 생리학적인 요소를 가지고 있으며, 정동적 증상들 역시 그러한 요소를 가지고 있을 수 있다. 하지만 거기에는 심리학적인 요인들이 항상 존재한다. 특정한 정동 상태들은 넓은 의미에서만 특정한 심리적 원인을 갖고

있다: 위험에 대한 반응으로서의 불안, 상실로 인한 우울, 부적절하다는 느낌으로 인한 수치심 등. 하지만 위험은 다양한 정신적 원인으로부터 발생할 수 있으며, 따라서 불안은 모든 수준의 정신적 갈등에서 비롯될 수 있다. 이것은 다른 정동적 증상들에 대해서도 똑같이 적용된다.

정신신체적 증상들

이 용어는 정서적 요인들이 중요한 병인으로 작용하는 신체 증상을 서술하기 위해 사용되는 느슨한 용어이다. 이러한 증상들을 형성하는 기제의 복잡성은 "기관 열등성(organ inferiority)"이나 "신체의 순응"에 대한 프로이트와 아들러의 초기 논쟁에서 이미 분명하게 드러난 바 있다(Nunberg & Federn, 1967, pp. 320-321, 525). 정신신체적 증상들에 대해서는 최소한 두 개의 넓은 범주를 생각할 수 있다. 하나는, 히스테리에서 보는 전환 증상 계열에 속하는 무의식적 환상의 상징적 표상들이고(Bressler et al., 1958 참조), 다른 하나는 방어된 정동 상태에 수반되는 생리적 증상들이다. 후자 유형의 구조에 대해서는 베네데티(Benedetti, 1983)가 자세히 설명한 바 있다. 역사적으로, 특정한 정신신체 증상들과 특정한 감정 군들을 연결시키려는 과감한 시도들이 있었다. 비록 이런 노력이 의미 있는 자료들을 산출하긴 했으나, 정신-뇌-신체 간의 연관성에 대한 현대적 이해라는 관점에서 볼 때 이러한 단순한 연결은 정확해보이지 않는다(Reiser, 1990).

일차적 사고과정이 직접적으로 분출하거나 욕동 행동이 자아를 직접적으로 침범하는 데 따른 증상들

대개 정신증적인 성질을 가진 특정 상태들에서, 자아는 원본능으로부터의 일상적인 분리를 유지할 수 없다. 여기에서는 타협형성이 발생하지 않는다. 오히려 무의식적인 자료들이 직접적으로 일상의 합리적 행동들에로 침입해 들어온다. 이것은 사고와 언어의 장애들, 착오, 망상, 욕동 파생물의 거침없는 행동화에서 분명히 드러난다(A. Freud, 1970, pp. 166-167). 개인은 이것을 재앙으로 경험하고 이를 회복하려고 시도하지만, 그 결과는 오히려 또 다른 증상만을 발생시킨다(Freud, 1911b, p. 71; Pao, 1977).

발달정지로 인한 증상들

인격은 유아기 이래로 계속 발달하는데, 그 과정이 방해받을 때 인격의 모든 측면들은 정상적인 방식으로 발달하지 않을 수도 있다. 그 결과는 발달의 정지인데, 여기에서 증상이 생겨날 수 있다. 예를 들어, 아이는 항문에 대한 지나친 몰두나 환경적 자극의 결핍으로 인해 학습을 위한 인지능력의 발달에 실패할 수 있다. 이러한 지적 발달의 실패(넓은 의미에서의 증상)는 일차적으로 발달정지에서 기인하는 것이며 신경증적 유형의 억제에서 비롯된 것이 아니다. 이것은 이런 아동에게는 정서적인 갈등이 존재하지 않는다는 말이 아니다. 그것은 항상 존재한다. 이러한 단순한 사실로부터 정신분석적 사고 안에서 "갈등" 대 "결함"을 둘러싼 광범위한 논쟁이 싹텄다. 어떤 저자들은 모든 증상들은 일차적으로 갈등에서 온다고 믿는다. 이들에 의하면, 발달정지나 결함은 갈등(본질상 방어적인)이 표면적으로 드러난 것에 불과하다. 하지만 다수의 의견에 의하면, 발달정지는 정신적 갈등과는 다른 요소들로부터 나오며 증상에 대해 일차적으로 책임이 있다.

기관의 결함에 대처하려는 시도에서 생기는 증상들

많은 기관 장애들—예를 들어, 경미한 학습장애나 최소한의 뇌손상 등—에서는 보상적 기법들이 증상으로 드러난다. 특히 그 결함이 인식되지 않을 때는 더욱 그러하다. 예를 들어, 어떤 환자는 분석에서 수년 동안 강박충동적인 특성과 씨름했다: 사고가 경직되어 있고, 과업의 완수가 불가능하며, 조직화되지 못한 업무 습관과 자신이 잘 하고 있는지를 확인하거나 실수를 피하기 위해 원래 하던 방식을 반복해야 하는 것 등. 신경심리학적인 검사에서, 그의 뇌에는 특정 업무의 수행을 어렵게 만드는 특수한 손상이 있음이 밝혀졌다. 강박충동적인 특성들은 이러한 어려움에 대처하기 위한 시도로서 발달된 것이다.

증상 형성의 이해는 일차적인 증상들이 대개 긴 과정의 시작에 불과하다는 사실로 인해 더 복잡해진다. 일차적 증상들의 고통스러운 성질은 분투를 불러일으키고, 이러한 분투는 이차적인 증상을 가져오며, 이것이 다시 삼차적인 증상을 가져온다. 모든 증상들이 예외 없이 이차적인 증상을 수반하는 것은 아니지만 (Freud, 1926a, p. 112), 대개는 이차적 증상들이 현존하며, 따라서 증상의 양태가 복잡해지는 것으로 보인다. 이것은 편히 쉴 수 없다는 이유로 분석을 받으러 온 34세 된 남성의 사례에 잘 나타나고 있다. 그는 주기적으로 자신이 한바탕 미친듯한 활동으로 대단한 성취를 이룩하지만, 자신이 몹시 싫어하는 방식으로 그렇게 하는 것을 보았다. 분석이 진전됨에 따라 일차적인 갈등은 그의 어머니와 관련되어 있음이 드러났다. 그녀는 비판적이고 차가우며 그에게 강한 분노의 감정을 일으키는 여인이었다. 하지만 이러한 분노는 용인될 수 없는 것이었기 때문에 억압되었다. 그로 인해 갈등이 발생했고, 그 갈등은 우울과 유기의 느낌을 가져왔다. 이러한 감정들은 그의 질병의 일차적 증상들이 되었다. 이것들은 너무 고통스러웠지만, 그는 광적인 활동에 몰입함으로써 이러한 증상들을 경험하지 않으려고 노력했다. 이러한 모든 과정은 의식되지 않았고, 그는 자신의 강박충동(이차적 증상)이 활성화되고 있다는 것만을 인식했다.

증상의 의미

증상의 의미는 처음부터 정신분석의 주요 관심사였다. 증상을 이해하려는 시도는 프로이트로 하여금 꿈 해석(1990) 분야에서 기념비적인 업적을 이루도록 이끈 요소들 중의 하나였다. 초창기부터 프로이트는 증상 형성을 꿈 및 환상형성과 동일한 것으로 보았다(Freud, 1914, p. 20). 드러난 꿈의 의미처럼 증상의 의미도 표면적인 조사에 의해서는 항상 명확하지 않기 때문에 드러난 내용과 잠재된 내용을 주의 깊게 구별해야 한다. 꿈이나 다른 많은 정신현상들처럼 증상도 많은 의미들을 함축하고 있다. 증상은 몇 가지의 연속적인 의미들뿐만 아니라 동시적인 의미들을 가질 수 있다(Freud, 1905a, p. 53). 그리고 꿈과 마찬가지로, 증상의 복잡성도 때로는 분석이 완전히 끝난 후에야 밝혀진다(Freud, 1911a, p. 93). 이러한 제한들에도 불구하고, 우리는 증상 자체에서 많은 것들을 이해할 수 있다. 여기에도 꿈과의 유비가 적용된다. 드러난 꿈을 통해 꿈꾸는 사람에 대해서 무언가를 알 수 있듯이, 드러난 증상에서도 무언가를 배울 수 있다(Pulver, 1987). 이것이 가능하다면, 증상에 대한 이해는 꿈에 대한 전형적인 이해와 매우 흡사할 것이다(Freud, 1917, p. 270). 드러난 증상의 의미에 대한 통찰은, 대개 증상 속에 현존하는 정동, 증상 형성에 사용된 방어, 또는 근저에 있는 의식적 환상의 상징화 양태에 기초해 있다. 이것들을 하나씩 검토해보겠다.

증상의 정동적 내용

많은 증상들은 특정한 불쾌한 정동과 연결되어 있거나 그와 같은 단 하나의 정동으로 구성되어 있다. 종종 정동이 토대하고 있는 관념 내용은 그것의 원천에 대해 무언가를 말해준다. 불안을 예로 들어보자. 불안은 무한히 다양한 방식으로 표현될 수 있다. 어떤 것들에 대한 공포 경향은 특정한 종류의 불안과 연결될 수 있다. 배고픔, 고독, 무기력 등을 의식적으로 두려워하는 환자들은 흔히 중요한 대상들에게서 분리되는 것에 대한 불안을 근저에 가지고 있다. 수치심과 죄책감 같은 불쾌한 정동들도 이와 비슷하게 연결될 수 있다(불안과 연결된 것들에 대한 더 상세한 목록은 A. Freud, 1970, p. 176에 나와 있다).

특정 증상들과 특정 방어들의 연관성

초창기부터, 방어기제와 그것에서 비롯된 증상들의 관계는 관심의 대상이었고, 지금은 많은 상호관련성들이 받아들여지고 있다. 예를 들어, 공포증에서 주로 발견되는 방어들은 전치나 회피이다. 전형적으로 욕동은 외부 대상에로 전치된다. 대상과의 접촉은 욕동을 자극하는 경향이 있으며 따라서 본래의 억압된 욕동-대상관계를 위협하기 때문에, 불안이 생겨난다. 어린 한스의 사례에서처럼, 환자는 외부 대상으로부터 떨어져 있음으로써 불안을 멀리하기 위해 회피를 사용한다. 이것은, 비록 모든 공포증에는 외부 대상에 의한 억압의 위협이 어느 정도 존재하는 것이 사실이지만, 공포증에서 전치가 항상 일차적인 방어기제라는 말은 아니다. 또 다른 예로는, 투사라는 방어기제와 편집증의 관련성이다. 외부의 행위자들에게 박해받는다고 느끼는 개인은 자신의 공격성 또는 폭력적인 부분의 일부를 부정하면서, 그것들이 외부 세계에 존재한다고 느낀다. 유사한 연결이 다른 증상 군들과 다른 방어들의 관련성에도 적용된다. 페니켈(Fenichel, 1945)은 모든 증상 군들을 이런 관점에서 잘 요약해주었다.

환상의 표현으로서의 증상

갈등에서 생겨나는 타협 형성을 나타내는, 억압된 무의식적 환상의 형성은 어디에나 존재한다(Freud, 1901; 1908a, p. 148; 1908b). 많은 증상들은 이러한 환상들의 상징적 표현이다(Arlow, 1963). 어떤 동기에서 유래한 환상이라도 증상 형성에 일정 역할을 담당하는 것이 사실이지만, 그 중에서도 원색 장면, 성인에 의한 유혹, 거세 등과 관련된 환상들은 가장 빈번하게 발견된다(Freud, 1917, p. 369). 다음의 사례들은 그러한 상징주의에 기초해서 특정한 역동들을 특정한 증상들에 연결시키려는 시도들을 잘 보여준다.

때로 이 문제는 자위(Arlow, 1953), 원색장면(Niederland, 1958), 또는 임신환상 등의 논의에서 그렇듯이, 관련된 환상의 유형과 그것이 가져오는 다양한 증상이라는 관점에서 접근된다. 더 빈번하게는, 상징 자체의 관점에서 접근된다. 예를 들어, 거미 공포증은 입으로 삼키거나 남근이 달린 어머니에 대한 상징적 환상으로 서술된다. 밀실공포증에서 흔히 발견되는 환상은 어머니 뱃속에 있는 태아가 부모의 성교에 의한 방해받는 것이다. 광장공포증은 근친상간의 환상들에 대한 불안이 전치되는 데 따른 결과일 수 있다. 원형 히스테리(Globus hystericus)는 울고 싶은 소망이나 펠라치오(남근을 입으로 애무하는)에 대한 환상을 표현하는 것일 수 있다. 건강염려증은 고문 환상의 상징적 표현으로 서술되어왔다. 신체 전환증은 상실한 대상과의 상징적 연합(대상이 신체의 한 부분으로 상징화되는)의 환상을 나타내는 것일 수 있다. 강박은 초자아의 명령을 희화화한 것일 수 있다. 이때 강박 충동들은 이러한 명령들에 대한 적절한 반응을 상징적으로 위장하고 있는 것일 수 있다. 이것은 환상들과 증상들의 관계를 보여주는 많은 문헌정보들의 일부에 지나지 않는다.

증상의 원인론

개별 증상에 대한 실험적인 작업들이 이루어지기는 했지만 (Luborsky & Auerbach, 1969), 이 주제와 관련된 대부분의 글들은 신경증의 발생을 다룬다. 프로이트는 신경증의 발생에 관련된 요인들을 두 개의 주요 그룹으로 나눈다. 한 그룹은 현실에서 유래하는 것들 즉, 개인이 현 삶에서 겪는 좌절에서 오는 요인들이고 (1917, pp. 349-350), 다른 한 그룹은 유아신경증에서 유래하는 더 오랜 고착을 갖고 있는 요인들이다(1918, p. 54). 이 문제를 바라보는 또 다른 시각은 구조적 이론의 관점이다. 이미 서술했듯이, 증상들은 이런 저런 이유로 개인이 수용할 수 없는 동기들을 계속해서 성공적으로 방어할 수 없을 때 생겨난다. 고전적인 신경증 증상의 경우, 이것은 억압된 감정들과 사고들을 방어하지 못하는 것, 즉 "억압된 것들의 회귀"를 의미한다. 억압된 것들의 회귀를 촉발시키는 선행요소들은 구조적 이론을 토대로 다음과 같이 분류할 수 있다.

1. 원본능 요인들. 너무 강렬한 욕동들이 억압에 저항하고, 그 것들을 방어하는 자아의 능력을 방해하는 경우.

2. 자아 요인들. 갈등을 성공적으로 해결하는 자아의 능력이

선천적 또는 후천적으로 손상된 경우(Freud, 1937, p. 235).

3. 초자아 요인들. 잘못된 초자아 발달로 인해 지나치게 엄격하고 융통성과 일관성이 없는 초자아를 형성한 결과, 쉽게 증상이 형성되는 경우.

4. 환경적 요인들. 개인이 특정한 시기에 발견하는 상황이 위에서 언급한 것의 일부 또는 전부와 상호작용함으로써 성공적으로 해소될 수 없는 갈등을 자극하는 경우.

증상에서 벗어나는 것은 이와 반대되는 방식으로 일어난다. 예를 들어, 정신분석이 초자아의 경직성을 완화시키고, 그 결과 욕동 만족 능력이 향상될 때, 억압의 필요성은 줄어든다. 자아는 자체를 더 잘 방어할 수 있고, 증상은 완화된다. 그러나 때로는 증상이 사라질 것으로 기대되는 내적 및 외적 상황에서도 증상이 여전히 남아있는 경우들도 있다. 이것을 설명하는 데는 종종 일차적 이득과 이차적 이득 사이의 차이점(Freud, 1905a, p. 43; 1917, pp. 378-391; Katz, 1964)을 이해하는 것이 도움이 된다. 타협 형성 그리고 위에서 말한 다른 방식을 통해 갈등을 해결하는 증상의 기능은 "일차적 이득"이라고 불린다. 이것은 증상이 발달하는 주된 이유이다. 이것은 두 개의 구성 요소들로 구분될 수 있다: 증상으로부터 얻는 내적 혹은 심리내적 이득들과 환경에 대한 직접적인 영향에서 파생된 외적 이득들이 그것이다. 예를 들어, 한 고위직 임원은 매우 비판적이고 까다로운 사람으로 알려진, 새로운 사장이 취임하는 것에 대한 반응으로 비행 공포증을 발달시켰다. 분석에서 그의 공포증은 그가 심리내적인 복종과 그에 수반되는 동성애 환상(사장과 함께 비행하는 오랜 시간 동안에 생겨난)을 피할 수 있도록 고안된 타협 형성이었다는 점이 밝혀졌다. 그 외에도, 그 공포증은 사장과 비행하는 동안 아무런 요구나 비판을 받지 않게 해주었다. 증상의 일차적 이득은 그것이 내부와 외부의 갈등 모두를 완화시켜주었다는 점이다. 그러나 일단 증상이 발달하면, 그것은 곧 다른 목적을 성취하는 데도 유용하다는 것이 드러난다. 위에서 서술한, 공포증을 발달시킨 남자는 그의 불안한 상태로 인해 부인의 관심을 받았는데, 그는 이것을 매우 소중하게 생각했다. 이런 보상은 일차적인 동기도 아니었고 당시에는 예상할 수도 없었던 것이라는 점에서 "이차적 이득"이라고 불린다. 이 이차적 이득은 증상 제거에 주된 장애물이 된다.

이 지점에서 증상 선택의 문제가 고려될 수 있다. 겉보기에는 같은 갈등인데, 어째서 어떤 사람은 위궤양 환자가 되고, 어떤 사람은 공포증 환자가 되는가? 프로이트는 초기 설명에서 그 원인을, 수동성 대 능동성의 정도와 같은, 리비도의 특정 측면에서 찾고자 했다. 그러나 이런 설명은 만족스럽지 못한 것으로 드러났고, 그는 다른 가정들로 옮겨갔다. 프로이트가 리비도의 고착 지점이 결정적인 중요성을 갖는다는 주장을 내놓았을 즈음, 그는 이 주제가 매우 복잡한 것이며 단순한 대답이 불가능하다는 것을 깨달았다. 지금은 증상 선택에 다양한 요인들이 관련된다는 생각이 받아들여지고 있다.

1. 차단되어야만 하는 동기들의 성질. 이것은 부분적으로 고착의 유형과 정도에 의해, 그리고 퇴행의 유형과 정도에 의해서 결정된다.

2. 외상의 변천. 외상의 발생 시기가 중요하다. 왜냐하면 그것이 욕동의 표현 형태와 선택되는 방어기제의 유형에 영향을 미치기 때문이다. 좌절의 내용과 강도 또한 중요하다. 좌절을 주는 요인들의 성질이 중요한데, 특히 좌절을 주는 부모나 다른 보호자들의 성격이 매우 중요하다. 왜냐하면 이러한 공격자들과의 동일시가 방어기제의 선택에서 중요한 역할을 하기 때문이다.

3. 방어의 작동이 아동의 환경에 적합한 정도—달리 표현하자면, 방어의 적응적인 측면.
　4. 문화적 요인들. 특정한 증상에 문화가 어떻게 반응하는가가 증상의 선택에 중요한 영향을 끼친다.
　5. 특정한 방어기제들과 대처행동들을 사용하게 하는 선천적인 성향 요인들.

　언제나 가치가 있는 것으로 간주되어온 훌륭한 사례보고들(예를 들어, Gann, 1984) 외에도, 이 분야에 대한 본격적 연구들에 대한 관심은 지난 수십년 동안 계속해서 증가했다. 루보르스키와 아우어바흐(Luborsky and Auerbach, 1969)는 심리치료 상황 안에서 그들이 "증상-맥락 방법"(symptom-context method)이라고 부른 방식을 사용하여 증상 형성에 관해 연구했다. 이 방법은 치료 회기에서 증상이 나타나기 전과 후의 자료에 대한 기록들을 여러 가지 방식으로 평가하고자 한다. 이러한 방법을 사용해서 순간적인 망각, 일시적인 위통, 편두통 등을 연구한 결과, 즉각 증상으로 이어지는 증상 형성의 특정한 조건들과 회기라는 더 큰 맥락에서 증상을 형성하는 조건들을 파악할 수 있었다. 실버만과 그의 동료들(1976)은 무의식적 환상을 활성하기 위해 잠재의식을 자극하는 방법을 사용해서, 리비도적 소망과 공격적 소망들이 정신병리와 관련되어 있다는 일반 가정을 실험을 통해 뒷받침할 수 있었을 뿐만 아니라, 더 구체적으로는, 동성애와 근친상간적 소망, 말더듬기와 항문적 소망, 사고 장애와 공격적 소망 등을 연결시킬 수 있었다. 햄프스테드 정신분석 지표(Hampstead Psychoanalytic Index)는 아동의 정신분석 치료에서 얻은 자료들을 편집한 카드-파일 시스템으로서, 아동들의 증상 형성에 대한 소중한 정보를 제공하는 광맥임이 판명되었다(Bolland & Sandler,

1965). 이 같은 성질의 실험적 연구들은 임상적인 연구와 결합하는 것을 통해 증상과 그것들의 복잡성에 대한 지식을 계속 넓혀줄 것이다.

참고문헌

Arlow. J. A. (1953). Masturbation and symptom formation. J. Amer. Psychoanal. Assn., 1:45-58.

_____ (1963). Conflict, regression, and symptom formation, Int. J. Psychoanal., 44:12-22.

Benedetti, G. (1983). The structure of psychosomatic symptoms. Amer. J. Psychoanal., 43:57-70.

Bibring, E. (1953). The mechanism of depression. In Affective Disorders, ed. P. Greenacre, pp. 13-48 New York: Int. Univ. Press.

Bolland, J., & Sandler, J. (1965), The Hampstead Psychoanalytic Index. New York: Int. Univ. Press.

Brenner, C. (1975). Affects and psychic conflict. Psychoanal. Q, 44:5-28.

_____ (1976). Psychoanalytic Technique and Psychic Conflict. New York: Int. Univ. Press.

Bressler, B., Nyhus, P.,& Magnussen, F.(1958)
Pregnancy fantasies in psychosomatic illness and symptom formation. Psychosom. Med, 20:187-202.

Fenichel, O. (1945). The Psychoanalytic Theory of Neurosis. New York: Norton

Freud, A. (1970). The symptomatology of child-hood. Psychoanal. Study Child, 25:19-41.

Freud, S. (1888). Hysteria. SE, 1:39-59,

_____ (1896). Further remarks on the neuro-psychoses of defence. SE, 3:157-185.

_____ (1900). The Interpretation of Dreams. SE, 4 & 5.

_____ (1901). The Psychopathology of Everyday Life. SE, 6.

_____ (1905a). Fragment of an analysis of a case of hysteria. SE, 7:3-122.

_____ (1905b). Three Essays on the Theory of Sexuality. SE, 7:125-245.

_____ (1908a). Creative writers and day-dreaming. SE, 9:141-153.

_____ (1908b). Hysterical phantasies and their relation to bisexuality. SE, 9:155-166.

_____ (1909). Notes upon a case of obsessional neurosis. SE, 10:153-320.

_____ (1911a). The handling of dream-interpretation in psychoanalysis. SE, 12:89-96.

_____ (1911b). Psychoanalytic notes on an auto-biographical account of a case of paranoia (dementia paranoides.). SE, 12:3-82.

_____ (1913a). The disposition to obsessional neurosis. SE, 12:311-326.

_____ (1913b). On psycho-analysis. SE, 12:205-211.

_____ (1914). On the history of the psycho-analytic movement. SE, 14:7-66.

_____ (1917). Introductory Lectures on Psycho-Analysis, Part III. SE, 16.

_____ (1918). From the history of an infantile neurosis. SE, 17:3-123.

_____ (1920). Beyond the Pleasure Principle. SE, 18:7-64.

_____ (1924). Neurosis and psychosis. SE, 19:149-153.

_____ (1925). An Autobiographical study. SE, 20:3-74.

_____ (1926a). Inhibitions, Symptoms and Anxiety. SE, 20:77-175.

_____ (1926b). The Question of Lay Analysis. SE, 20:179-258.

_____ (1927). Fetishism, SE, 21:149-157.

_____ (1928). Dostoevsky and parricide. SE, 21:175-196.

_____ (1933). New Introductory Lectures on Psycho-Analysis. SE, 22:5-182.

_____ (1937). Analysis terminable and interminable. SE, 23:209-253.

_____ (1939). Moses and Monotheism. SE, 23:3-137.

_____ (1940). An Outline of Psychoanalysis. SE, 23:141-207.

_____ (1950),Extracts from the Fliess papers. SE, 1:175-279.

Gann, E. (1984). Some theoretical and technical considerations concerning the emergence of a symptom of the transference neurosis. J. Amer. Psychoanal. Assn., 32:797-829.

Katz, J. (1964). On primary and secondary gain. Psychoanal. Study Child. 18:9-50.

Loewenstein, R. M. (1964). Symptom formation and character

formation, Int. J. Psychoanal.., 45:155-157.

Luborsky, L.,& Auerbach, A. (1969). The symptom-context method. J. Amer. Psychoanal. Assn., 17:68-99.

Moore, B. E & Fine, B. D., eds. (1990). Psychoanalytic Terms and Concepts New Haven: Yale Univ. Press.

Niederland, W. G. (1958). Early experiences, beating fantasies and the primal scene. Psychoanal. Study Child, 13:471-504.

Nunberg, H., & Federn, E. (1967). Minutes of the Vienna Psychoanalytic Society, vol. 2. New York: Int. Univ. Press.

Panel (1959). Phobias and their vicissitudes. H. Wein-stock, reporter. J. Amer. Psychoanal. Assn., 7:182-192.

_____ (1963). Symptom formation. H.Nierenberg,repoter. J. Amer. Psychoanal. Assn., 11:161-172.

Pao, P. (1977). On the Formation of schizophrenic symptoms. Int, J. Pychoanal., 58:389-410.

Pulver, S. (1987). The manifest dream in psycho-analysis. J. Amer. Psychoanal. Assn., 35:99-118.

Reiser, M. F. (1990). Memory in Mind and Brain. New York: Basic Books.

Ritvo, S. (1981). Anxiety, symptom formation, and ego autonomy. Psychoanal. Study Child, 36:339-364.

Rubinfine, D. (1973). Notes toward a theory of con-sciousness, Int. J. Psychoanal Psychother., 2:391-410.

Silverman, L., Bronstein, A., & Mendelsohn, E. (1976). The further use of the subliminal psychodynamic activation method for the experimental study of the clinical theory of psychoanalysis. Psychotherapy : Theory, Research and Practice, 13:2-16,

Thoma, H., & Kachele, H. (1987). Psychoanalytic Practice. Heidelberg: Springer.

Waelder, R. (1936). The principle of multiple function. Psychoanal. Q., 5:45-62.

_____ (1967). Inhibitions, symptoms and anxiety: forty years later. Psychoanal. Q., 36:1-36,

Zetzel, E. R. (1964). Symptom formation and character formation. Int. J. Psychoanal., 45:151-154

제 7 장

성격(Character)

프랜시스 보드리(Francis D. Baudry), M.D.

"성격"이라는 단어는 평범한 언어사용에서 긴 역사를 가지고 있다. 이것이 분석 상황에서 사용되는 의미는 그것의 기원과 관련된 도덕성을 함축하고 있다. 그래서 "그는 인물이야"와 같은 구어적 표현에서 볼 수 있듯이, 성격은 눈에 띠고 드러나는 어떤 것이라는 의미를 갖고 있다. 정신의학에서 "성격"은 "인격"(personality)과 관련되어 있고, 종종 그것과 맞바꾸어 사용할 수 있는 말이다. 인격은 신체적, 정서적, 지적, 행동적, 사회적 특성의 총체를 가리키는 말인 반면, 성격은 보다 한정되어 있으며, 타인들이 알 수 있는 개인의 쉽게 변하지 않는 태도나 행동을 가리키는 말이다. 성격과 증상은 모두 타협 형성을 통한 갈등 해결의 결과이지만, 성격을 구성하는 속성들은 증상과는 달리 자기의 수용될 수 있는 부분으로 경험된다. 즉, 증상은 자아 이조적인 반면 성격은 자아 동조적이다. 성격에 대한 고려는 자아 동조적인 기능의 측면들을 분류하는 수단이 된다. 성격에 대한 평가는 분석가능성을 결정하는 데 결정적으로 중요하다. 태도 또는 성격의 변화는 분석의 진전을 평가하는 하나의 방법이다.[1]

빌헬름 라이히의 선구자적인 기여가 있은 후에, 성격의 개념은 오랫동안 간과되었다. 그러나 지난 이십 년 동안 성격의 개념과 그것의 임상적 및 이론적 의미는 정신분석적 사고와 기법에서 점점 더 중심적인 역할을 갖게 되었다. 이것은 분석을 찾는 대다수의 환자들이 증상을 호소하지 않는다는 사실에서 일부 원인을 찾을 수 있다. 그들의 주된 정신병리는 성격의 영역에 놓여있다.

"성격"이라는 용어는 정신분석에서 두 가지 수준에서 사용된다. 하나는 임상적 수준으로서, 관찰에 가까운 것이고, 다른 하나는 추상적인 수준으로서, 심리의 개념적 조직을 서술하는 것이다. 임상적으로 성격은 한 개인이 지닌 상대적으로 안정된 태도와 행동 패턴들로 이루어져 있으며, 대개 "성격 특성"으로 지칭된다. 성격이 없는 사람은 없으며, 성격 그 자체는 건강이나 병리와는 상관없이 개인이 기능하는 전형적인 방식이다. 성격 특성은 적응적일 수도 있고 그렇지 않을 수도 있다. 정상성과 비정상성을 구별하기 위한 임상적 기준을 마련하려는 시도는 부분적으로만 성공을 거두었다. (보다 완전한 정의를 위해서는 Moore & Fine, eds., 1990을 참조할 것.)

---

1. 성격의 개념에 대한 초기의 고찰들은 확대되어 Journal of the American Psychoanalytic Association(Baudry, 1983, 1984, 1989)에 세 개의 논문으로 실렸다. 성격에 대한 전체적인 통찰을 위해 이것들의 내용을 본 장에 비교적 충실하게 소개하였다.

역사

　프로이트(1908)는 "성격과 항문 성애"라는 논문에서 성격에 대한 정신분석적 개념의 기초를 놓았다. 그것은 리비도적 욕동 단계의 파생물로서 역동적으로 서로 관련되어 있는 세 가지 두드러진 성격 특성들(인색함, 완고함, 순종)을 포함하는 흔히 발견되는 임상적 현상을 설명하고자 한 최초의 시도였다. 이 새로운 성격 개념이 가지고 있는 진정으로 혁신적인 측면은 다양한 인격 구조들에서 발견될 수 있는 성격 특징들 자체에 대한 서술에 있지 아니하고, 관찰된 자료에 가까운 이 특징들과 무의식적인 구조적 구성 요소들 사이의 관계에 있다. 구조적 조직으로서의 성격이라는 개념이 구조 이론보다 15년이나 먼저 생겨났다는 사실은 정신분석 역사에서 충분히 강조되지 못했다. 불행하게도, 강박적 성격이 항문기적 리비도와 관련되어 있다고 말할 수 있듯이, 다른 성격 조직들이 다른 리비도 단계들과 밀접하게 그리고 반복적으로 관련되어 있다고 말하는 것은 지금도 불가능하다. 리비도의 틀 안에서 성격을 설명하려고 했던 프로이트의 선구자적 시도를 따라, 몇몇 사람들(Abraham, 1921, 1924, 1925; Jones, 1918)은 다른 리비도 단계들에서 파생된 것으로 보이는 다양한 성격 특성들에 대하여 상세하게 언급했다.

　프로이트(1908)의 공식에 따르면, 성격 특성이란 본래의 충동들이 수정되거나, 반동 형성에 의해 변형되거나, 승화를 거친 것이다. 하지만 이러한 공식은 구조 이론의 도입과 함께 보다 세련된 공식으로 대체되었다. 프로이트는 저항에 대한 분석과 성격을 연결하는 연구를 시작했다(1916). 저항에 초점을 둔 이런 연구를 가장 철저하게 밀고나간 사람은 빌헬름 라이히였다(1949). 구조적 관점의 출현은 내재화, 내사, 동일시 등의 개념들과 구조 형성의 시간표(자아, 초자아, 자아이상 등의)에 기초한 마음에 관한 이론의 발달을 허용했다. 방어기제들과 자아의 작용에 대한 안나 프로이트(1936)의 서술은 발달과 세련화를 거치면서 방어 양태와 특정 질병 사이에 친밀한 관계가 있다고 본 프로이트의 생각을 더욱 확장시켰다. 성격에 대한 가장 철저한 연구는 여전히 페니켈(1945)의 고전적인 교과서에서 찾아볼 수 있다. 페니켈은 성격을 분류하려는 야심찬 시도 외에도 왈더(1930)의 다중적 기능 원리를 사용하여 성격 형성에 대한 우리의 이해를 넓혀주었다. 여기에서 성격은 원본능, 초자아, 현실, 반복충동의 요구들을 종합하고 통합하고자 하는 자아의 시도를 나타내는 것으로 간주되었다.

그 이후로, 관심은 하트만(1939)이 도입한 적응의 영역과 일차적 및 이차적 자율성에 관한 그의 개념으로 이동했다. 스타일에 대한 논의에서(Rosen, 1961; Stein, 1969), 인지와 지각의 기여 또한 정교화되었다. 각 발달 단계의 고유한 과제를 서술한 에릭슨의 연구(1956)는 발달 단계(양태)에 대한 관심을 자극했고, 이것은 리비도적 단계, 자아 장치, 부모의 영향, 사회의 요구 사이의 중요한 상호작용에 대한 탐구를 불러왔다. 정체성이나 자기와 같은 보다 일반적인 개념들과 관련된 개인적 기능이라는 광범위한 현상에 대한 관심도 생겨났다. 하지만 이러한 생각들을 현대의 분석 이론으로 명료화하는 것은 아직도 문제가 있는 것으로 남아 있다. 그 외에도, 말러와 그의 동료들(1979)의 분리-개별화 단계에 대한 주의 깊은 분류는 성격 형성, 특히 대상관계와 관련된 성격의 형성 과정에서 초기 단계의 중요성에 대한 우리의 이해를 예리한 것으로 만들어 주었다.

성격 특성과 성격

한 사람의 성격을 이루고 있는 특성들을 인식하려면 태도들—제이콥슨(1964)이 "모든 정신의 영역과 자아 이상과 사고들과 감정들과 행동들에서 보편적으로 드러나는 전형적인 모습들"(p. 97)이라고 정의한—을 포함해서, 반복되는 개인의 행동 패턴들을 확인해야 한다. 하지만 성격 특성은 행동과 같은 것이 아니다. 그것은 관찰이 가능하고 안정적이며 반복적인 행동 패턴들로부터 추론되는 것이다. 성격 특성에 대한 인식은 주체의 내적 경험들에 대한 고려가 요구된다. 예를 들어, 본인 스스로를 관대한 사람이라고 제시하는 사람을 생각해 보자. 그는 다른 사람들을 진심으로 배려하고 자신의 것을 그들과 나눌 수도 있을 것이다. 아니면 반대로, 관대해 보이는 외양을 통해 타인에게 찬성을 얻을 수 있다는 것과, 관대하다는 생각을 사용해서 탐욕이나 욕심이나 분노를 부인할 수 있다는 사실을 배워 알고 있을 수도 있다. 문제를 더 복잡하게 만드는 것은, 하나의 특정한 행동이 많은 다른 성격 특성들에 대한 표현일 수 있다는 사실이다.

이러한 특성들을 추론해낼 수 있는 자료의 범위는 사실 매우 넓다—신체 언어, 판에 박힌 말들, 전체 범위의 표현적인 움직임들, 자세, 걸음걸이, 옷차림 등. 특별히 임상적 상황에 해당되는 다른 자료들, 즉 분석가가 직접 관찰할 수 있는 자료들은 해석에 대한 환자의 반응 방식들과 그가 치료의 외적인 측면들(시간, 돈 등)을 다루는 방식을 포함한다.

관찰 결과를 바탕으로 한 서술적 접근에 따르면, 성격 특성이란 관찰자의 추론에 의존하는 그리고 주체의 가치판단, 선입관, 편견에 종속되는 추상화의 산물이다. 관찰자들은 공격성이나 우울에 대한 민감성에서 차이가 날 수 있다. 사회문화적 요소들 또한 병리를 평가하는 데 포함되어야 할 사항이다. 어떤 문화들은 다른 문화에서 일탈로 취급하는 행동을 관용하거나 심지어 고무할 수도 있다. 초자아는 종종 성격 발달에 지대한 영향을 미칠 수 있기 때문에, 성격 특성들에 대해서는 도덕적인 평가를 하는 경향이 강하다. 사람들은 성격 특성에 대해 "좋다"거나 "나쁘다" 또는 바람직하다거나 그렇지 않다고 말하기를 좋아한다. 하지만 성격 특성들은 초자아의 영향들뿐만 아니라 욕동의 파생물들과 방어들까지도 혼합되어 있는 복합적인 혼합물이다. 성격과는 대조적으로, 증상들은 병리에 대한 분명한 신호로서 자아에게 낯설게 느껴지는 것이다. 이러한 차이점을 강조하는 데 따른 이점이 있는 것도 사실이지만, 이것들의 경계가 항상 분명한 것은 아니다. 따라서 어떤 특정한 상황에서 불안과 같은 증상을 발달시키는 것은 개인의 성격 특징일 수 있다. 따라서 증상은 성격 특성과 유사하며, 특히 그것이 존재의 만성적인 상태의 일부일 경우에는 더욱 그러하다. 게다가, 성격 특성은 때로 자아에게 낯설게 느껴진다: "난 이런 사람이야. 그런데 그 점이 나는 싫어. 변했으면 좋겠는데 그게 잘 안 돼." 어떤 증상들(특히 강박적인 성질의)은 극도로 집요하게 합리화되는데, 이것들은 분석에서 뒤늦게야 출현한다.

"성격"이라는 항목에 포함된 내용은 엄청나게 광범위하다. 사실 그것은 한 개인의 안정적 기능의 총체를 가리킨다. 성격 특성은 사람들과 관계하고 상황에 대처하면서 살아가는 방식들을 나타낸다. 하나의 성격 특성은 방어들을 포함하거나 그것들에 상당히 영향을 받는 게 사실이지만, 방어가 성격 특성의 전부는 아니다. 성격 특성은 한 사람의 도덕적인 체계(부정직한 사람인지, 사기꾼인지, 거짓말쟁이인지), 본능의 구성 양태(충동적인), 기본적 기질(명랑한지, 낙천적인지, 비관적인지), 복잡한 자아 기능들(유머러스한지, 지각력이 있는지, 총명한지, 미신적인지), 세상에 대한 기본적인 태도(친절한지, 신뢰하는지, 회의적인지)와 자기 자신에 대한 태도(주저하는지) 등을 종합적으로 가리키는 말이다. 성격에 정동, 특히 기분을 포함시킬 것인지는 논의해볼 문제이다. 기분이란 "우리의 사고, 행동 그리고 무엇보다도 우리의 감정에 성격의 색깔을 주는, 정동적 방출 패턴이 전반적으로 수정된 것"(Jacobson, 1964, p. 133)을 가리킨다. 기분은 흔히 반복적이고 안정적이며 만성적으로 나타난다는 점에서 성격 특성들과 비슷하다. 하지만 이것들은 특정 발달단계에서 성격의 가장 두드러진 측면(예를 들어, 청소년기의 전형적인 기분이나 분노)으로 드러날 수도 있다. 일부 성격 특성들은 다른 요소들보다 특정 요소에 의해서 훨씬 더 많이 규정될 수 있지만, 대부분의 성격 특성들은 욕동 파생물들, 방어들, 동일시들, 초자아의 측면들이 종합된 하나의 혼합물이다.

분류

서술적 수준에서 행동 패턴들을 성격 유형으로 조직하려는 시도는 상당한 문제점을 갖고 있다. 각각의 유형 집단 안에는 이질적인 요소들이 포함되어 있다. 성격 유형학은 관찰자의 이론적 관점에 의해서 결정된다. 성격을 평가하는 데는 서술적, 역동적, 기능적, 적응적, 구조적 관점 등 여러 관점들이 있다. 하지만 성격을 평가하는 일은, 앞에서도 언급했듯이, 성격의 자리가 건강과 병리의 연속체 안에 위치해 있기 때문에 어려워진다. 정신의학이나 정신분석이 모두 비정상성에 초점을 맞추고 있기 때문에, 성격에 대한 분류는 성격장애에 대한 연구로부터 발달해나온 경향이 있다. 분류된 성격들은 본질상 융통성이 없고 주관적 불편함을 느끼지 않는 만성적인 부적응적 행동 패턴들로 이루어져 있다. 하지만 비정상성은 성공적 적응과 관련성이 없을 수도 있다. 그리고 높은 수준의 갈등과 관련된 수치심이나 열등감은 심각한 장애가 될 수 있는 반면, 심각한 병리를 반영하는 자기애적 성격 특성들은 무언가를 성취하는 데 방해가 되지 않을 수도 있다. 사회문화적 맥락은 어떤 행동이 정상적인지 아닌지를 판단하는 데 영향을 미친다. 하지만 이 판단에는 내적 및 외적 요소들이 모두 고려되어야 한다. 왜냐하면 내적인 힘과 자율성은 순응적 행동보다는 반항으로 인도할 수 있기 때문이다.

이런 저런 불평들을 말하는 것 또한 성격 장애에서 발견되는 전형적인 모습인데, 이 불평들은 성격 특성 자체에서 기인하는 것이라기보다는 병적 행동의 결과들에 이차적으로 따라오는 것이다. 병적인 행동은 흔히 일상생활 속에 스며들어 있으며 극도로 합리화되어 있기 때문에 관찰자는 무의식적인 역동적 요소들을 놓칠 수 있다. 이러한 요소들이 성격을 분류하는 어려움을 더욱 가중시킨다.

페니켈(1945)은 몇 가지 방법들을 고안해냈지만 자신의 노력에 만족하지 못했음이 분명하다. 그는 먼저 항상 드러나는 성격 특성들과 특정 상황에서만 나타나는 성격 특성들을 구분했다. 그 다음에는, 회피(공포증과 관련된)의 태도를 나타내는 성격 특성들과 본래의 충동에 맞서는 성격 특성들(반동 형성)을 구분했다. 그리고 마지막으로, 자아가, 초자아와 함께, 원본능과 빚는 갈등에서 기인하는 병적인 행동과 현실을 구별했다. 이 세 가지 분류

방법들 중 첫 번째 것은 관찰의 서술적 수준에, 두 번째 것은 방어기제들에 대한 추론에(역동적 관점), 그리고 세 번째 것은 구조적인 개념에 바탕을 두고 있다. 성격에 대한 정신분석적 연구에 사용된 다중적인 관점들은 문헌에서 발견되는 혼동된 용어 사용에서 드러난다. 여기에는 리비도적 유형들(예를 들어, 구강적 또는 항문적 성격)이 있는가 하면, 대상관계(수동적-여성적 성격)를 바탕으로 한 유형들이 있고, 신경증적 혹은 정신증적 구조(공포증, 히스테리, 경계선, 분열, 정신증적 성격 등)에 따른 유형들도 있다.

  몇몇 용어들은 부분 본능들과 도착에서 파생되었다: 연극적 성격, 과시적 성격, 가학적 성격, 피학적 성격 등. 초자아 연구는 성격에 대한 공식적인 분류를 시도하지는 않았지만, 간접적으로 특정한 성격 유형들에 대한 서술로 인도했다: 예를 들어, "예외적인 사람들"이나 "성공에 의해 좌초된 사람들"(알렉산더의 "운명 신경증") 등이 그것이다. 마찬가지로, 정동이나 대상관계에 대한 관심은 우울적 성격이나 "마치~인양" 성격 등과 같은 또 다른 유형의 분류를 초래했다. 지금까지 열거한 모든 유형들은 명백히 동일한 추상화의 수준에 있지 않다. 왈더(1958)는 "성격 신경증"이라는 용어를 만들어냄으로써 신경증 조직과 유사한 성격장애들을 서술했다. 이러한 용어 사용은 신경증이 개별 증상들로 특징지어지는 반면, 성격장애에서는 성격 전체(좌절 수용, 욕동 조절, 정동적 반응, 대상관계 등을 결정하는 자아의 기능들을 포함하여)가 신경증적 갈등에 연루되어 있다는 사실을 반영한다. 그러나 갈등을 해결하는 타협 형성은 종종 매우 잘 통합되어 있어서 적응적일 뿐만 아니라 거의 불편을 주지 않기 때문에 변화를 위한 동기를 갖고 있지 않다. 그러므로 경우에 따라 "성격 신경증"은 본질적으로 증상 없는 신경증을 가리키기도 한다. 여러 유형들에 대한 보다 상세한 목록을 위해서는 Moore and Fine, eds., 1990을 보라.

성격, 환상 그리고 대상관계들

성격은 전체적이고 모든 것을 포괄하는 개념이기 때문에, 그것을 구성하는 부분들은 그것을 서술하는 다양한 방식들을 제공한다. 성격을 결정하는 요소들에는 방어들, 본능들, 동일시들, 외상에의 반응들이 포함된다. 이것들 각각을 타당한 구성요소로 볼 수도 있지만, 성격을 이해하기 위한 보다 포괄적인 접근 방법은 그것을 대상관계와 환상의 측면에서 고려하는 것이다. 환상들은 타협 형성의 산물로서, 일단 형성되고 나면 다양한 행동들에 광범위한 영향을 미치고 그것들의 형태를 결정하는 정신 조직의 일부가 된다. 하나의 특정한 환상은 하나의 성격 특성보다 더 큰 영향을 미칠 수 있다. 실제로, 그것은 성격 전체를 채색할 수 있다. 역으로, 하나의 특별한 성격 특성은 한 개 이상의 무의식적 환상의 결과일 수 있다. 이전 논문(1984)에서, 나는 많은 성격 특성들 또는 태도들은 그 개인이 자신과 세상(대상들)에 대해 갖는, 그리고 자신이 어떻게 취급되어야 하는지에 대한, 특정한 무의식적 기대의 실연으로 볼 수 있다고 제안했다. 흔히 자기 표상들과 대상 표상들을 포함하고 있는 이 환상들은 과거의 어떤 중요한 관계에 대한 시나리오를 극화한 것이다. 초자아는 부모의 가치나 기대에 대한 특별한 관계가 내재화된 것임을 보여주는 가장 좋은 예로서, 이는 승화적 성격 특성의 형성에 기여하는 요소이다.

여러 성격 특성들이 가진 목표들 중의 하나는 다른 것들로부터 상보적인 반응을 불러일으키는 것이다. 때때로 소망하는 (wished-for) 상호작용은, 비록 문제가 되는 성격 특성이 비적응적이고 바람직하지 않은 것이라고 해도, 유아적 대상과의 대상 유대를 유지하는 하나의 방법이다. 경우에 따라서는 이것이 아이가 직면한 딜레마에서 빠져나오는 유일한 방법이기도 하다. 따라서 성가시게 잔소리하는 성격 특성은 감정적으로 사용할 수 없는 어머니와의 유대를 유지하는 유일한 방법일 수도 있다. 발달에 관한 부분에서 설명하겠지만, 아이가 만나는 중요한 과제들 중의 하나는 자신의 욕구와 소망들을 불필요하게 희생시키지 않으면서 자신보다 강한 외부 대상들의 요구에 적응하는 것이다. 이것을 해결하는 강력한 방법들 중의 하나는 부모의 긍정적인 자질들과 동일시하는 것이다. 이것은 비방어적인 성격 측면들의 발달을 촉진하는 데 중심적인 역할을 담당한다.

분석의 상당 부분은 아이가 부모의 행동들과 태도들의 측면을 동일시한 과정을 이해하는 데 할애된다. 우리는 이때 아이가 경험하는 것과, 아이의 갈등들과 발달 단계로서 기능하는 부모의 태도를 재구성하려고 조심스럽게 시도한다. 이러한 동일시들의 변화와 조합은 다양한 복잡성을 지닌 대상관계 시나리오를 내재화하는 데 사용되는데, 이는 무엇보다 자아에 의해 수행되는 작업이다. 컨버그(1976)에 의하면, 성격은 기본 단위들—정동의 상태와 대상표상과 자기 표상으로 이루어진—의 조직을 나타낸다. 이것은 내재화된 대상관계로 인도하는 동일시 과정의 산물이다. 이 내재화된 대상관계들이 정착되어 성격 패턴을 형성한다. 따라서 컨버그의 시각에서 보면, 성격은 구조화된 대상관계이다.

성격 조직의 개념

관찰 가능한 행동에 기초해서, 우리는 반복적으로 나타나는 안정적인 반응 양태들과 태도들을 구별할 수 있는데, 그렇게 해서 성격 특성들을 연역해낼 수 있다. 이러한 성격 특성들은 개인 안에서 반복적이고 일관되게 하나의 무리를 형성하는데, 이는 어떤 근저의 원리가 그런 특성들의 선택과 배열과 그것들 간의 관계를 지배하고 있음을 암시한다. 반복적인 성격 특성들의 무리가 확인되면, 그것은 성격유형의 분류를 위한 기초가 된다. 이 유형들을 조사하면 성격 전체의 기원과 존재와 구조를 설명해주는 일반적인 원리들에 도달하게 되는데, 이 원리들이 "성격 조직"을 가리킨다.

성격이 정신분석의 개념이 되기 위해서는, 전통적인 초심리학적 관점들(역동적, 구조적, 경제적, 적응적, 유전적 관점들)을 끌어들일 필요가 있다. 우리는 또한 성격을 정신분석의 전통적 개념들(욕동, 갈등, 방어, 저항, 역동적 무의식, 복합 기능의 원리 등)과 연결시킬 필요가 있다(Baudry, 1989). 초심리학적 관점들은 서로 긴밀하게 연결되어 있어서 이것들을 따로 분리시키는 것은 거의 불가능하다. 그러므로 아래에 등장하는 소제목들은 절대적인 구분을 나타내는 것이 아니라 성격조직에 관한 이러한 관점들이 나의 사고의 흐름 안에서 서로 연결시키는 방식들을 보여주는 것이다.

구조적 및 심리경제적 고찰들

우선, 안정적인 행동들과 태도들(성격 특성들)을 성격 유형들로 분류해내는 우리의 작업은 전적으로 서술적인 것이다. 행동들과 태도들의 군집은 구조가 아니며, 자아와 같은 행위자도 아니다. 즉, 그것은 자체적으로 사용할 수 있는 에너지를 갖고 있지 않으며 아무 것도 통제하거나 영향을 미칠 수 없다. 그리고 그것에는 인과론적인 영향을 부과할 수 없다. 대조적으로, 자아는 프로이트(1923)에 의해 원본능과 초자아와 현실의 요구를 통합하는 기능을 가진 응집된 구조로서 규정된 바 있다. 성격 형성 과정의 윤곽을 살펴보는 것도 통합이 일어나는 방식을 서술하는 하나의 방법이지만, 그것이 유일한 방법은 아니다. 성격은 많은 자아 기능들의 통합의 수단이 아니라 그것들의 결과물이다. 이러한 구별이 이루어지지 않는다면, 자아에 속한 기능들이 부적절하게 성격에 속한 것으로 간주될 수 있다.

하지만 성격 특성들의 형성이 자아가 직면하는 복잡한 문제들을 풀기위한 시도임은 사실이다. 그것은 서로 갈등하는 본능들과 초자아와 외부 세계의 요구들을 화해시키는 것이다. 성격 발달을 통해서 체계 상호간의 균형이 확립된다. 구조 개념은 안정성을 함축하고 있다. 성격의 안정성은 경직성/융통성 또는 자율성의 축을 따라서 생각해볼 수 있다. 경직성이란 변화가 더 적절하고 적응적인 상황에서조차 자신의 행동을 바꿀 수 없는 것을 가리킨다. 이것은 완고함과 관련이 있을 수 있지만, 집요함과는 구별되어야 한다. 물론 이러한 구별에는 주관적 요소가 포함되어 있다.

역사적으로 가장 초기에 서술되고 가장 단순하고 명확하게 정의된 항문적 성격은 세 개의 특성으로 이루어진 비교적 간단한 조직이 복잡하게 발전하여 성격과 관련된 분석에서 핵심 개념들—본능, 방어, 동일시, 공격성, 초자아, 지각, 기억, 자율적 기능들, 자기애, 외상—을 포함하게 되었는지를 잘 보여준다. 프로이트의 1908년 논문은 또한 심리 이론의 기본적 요소들—발달의 측면들, 병인론, 정신 기제들(역동들), 심리경제적 요소들—을 포함하고 있다. 이 논문은 인색함, 완고함, 정돈성과 같은 행동 특성들을 항문기적 본능 단계와 연결시켰다. 프로이트(1926)는 또한 항문기 성격의 전형적인 방어기제들(고립, 반동형성, 해제)과 관련된 행동적 태도들이 욕동의 표현을 포함하고 있음을 보여주었다. 게다가, 이러한 유형의 환자들이 지닌 인지적 스타일(기억, 세부 사항에의 주목)은 욕동과 방어의 상호작용과 일치하는 경향이 있다. 우리는 또한 유난히 가혹한 초자아 기능과, 공격성을 직접적으로 표현하는 것에 대한 어려움(주로 억제들)을 예상할 수 있다. 이처럼 매우 다른 기능적 측면들은 서로 역동적으로 연결되어 있다. 완고함의 경우, 기본적인 요소들은 대상을 향한 공격성의 변천을 포함하는데, 이 공격성은 초기 아동기 대상관계의 내재화와, 욕동과 방어적 측면들 모두의 합입을 통해서 해소된다. 이 수준에서, 성격은 하나의 항목 아래 여러 가지 다른 속성들을 모을 수 있는 편리하고 적절한 방법이다.

성격 그 자체는 갈등에 대한 완전한 해결을 성취함으로써 리비도 에너지를 묶고 통일시키고 절약한다. 이 진술은 본래 자아에 속한 에너지의 측면을 성격에 부여하고 있다. 하지만 성격은 종합에 영향을 미치는 요인과 그 종합의 결과물 모두가 될 수는 없다. 성격의 이차적 자율성은 상대적 안정성이나 불안정성의 측면에서도 서술될 수 있는데, 이는 갈등으로부터 상대적인 독립으로 인도하는, 그리고 본능화와 퇴행으로부터 성격을 보호하는 것으로 인도하는 발달의 마지막 단계를 가리킨다. 그리고 이 과정들은 상호적이다. 일단 성격이 확립되고 나면, 억압의 필요는 줄

어드는데, 특히 갈등이 활성화된 상태가 아닌 경우에 더욱 그러하다. 후자는 개인이 추구하던 특정한 것들을 포기하는 데 따른 결과일 수 있다. 예를 들어, 수동적이고 여성적인 성격을 가진 남성은 여성과 안정적인 관계를 맺는 것을 포기할 수 있다. 차단된 본능적 충동은 리비도 집중을 가로막는 장벽을 유지하는 데 사용될 수 있으며, 이 방어는 성격 특성들로 굳어질 수 있다. 성격은 고착에 대해 말하는 또 다른 방식이다. 개인은 자신이 누구이며 어떤 사람이라는 이유로 선택을 강요받을 수 있다. 그런 의미에서 성격은 자아가 선택할 수 있는 권한의 한계이다. 성격의 이런 질적 요소들은, 비록 우리가 성격 자체가 에너지를 갖는다고 개념화하지는 않지만, 성격에 간접적이고 역동적인 조직화하는 영향력을 부여한다.

성격 형성에 의해 얻어지는 불안정화에 대한 보호는 절대적인 것이 아니라 상대적인 것이다. 어떤 환자들은 스트레스, 피곤, 질병에 직면해서 심각한 퇴행을 일으키는 경향이 있다. 나는 이러한 퇴행을, 심층 구조의 수정을 바탕으로 한 진정한 성격 변화로 보기보다는 성격 구성의 특정 측면들을 반영하는 행동의 변화라고 보는 것을 선호한다.

역동적 관점: 성격, 증상, 갈등 그리고 방어

좌절과 갈등은 그것이 체계 내적인 것이든, 체계들 사이의 것이든, 혹은 외적인 행위자 때문이건, 증상과 성격 형성 모두에 커다란 영향을 끼친다. 비록 갈등이 최종적 결과의 내용과 질과 본성에 영향을 미치기는 하지만, 성격 형성 과정 그 자체는 성숙과 발달의 정상적인 결과이다. 제이콥슨(1964)은 오이디푸스 갈등의 해소가 자아와 이제 막 피어나는 초자아에 미치는 영향을 서술했다. 그녀는 이 과정이 전의식과 의식에 존재하는 기억의 상당 부분을 배제하게 된다는 것을 지적했다. 결과적으로, 유아의 심리성적 갈등들이 가라앉으면서 출현하는 대상 표상들과 자기 표상들은 유아기 억압의 결과물을 안전하게 지켜주는 반-집중적(counter-cathectic) 자아 형성에 대한 인상뿐만 아니라 기억을 배제한 것에 대한 인상을 간직하고 있다. 이 발달에서 성격 형성이 특별히 중요한 역할을 담당하는 것이 사실일 수 있다. 왜냐하면 성격의 형성은 자아와 초자아가 어떤 것인가에 따라서, 비증상적인 갈등 해소 양태를 허용하고 종종 촉진시키기 때문이다. 임상적 경험은 확실히 성격 특성의 형성을 통해서 해소된 갈등들이 대부분 완전히 의식의 영역 밖에 있다는 것을 확인해준다. 성격은 내적 갈등(체계 사이의 갈등이든 체계내적 갈등이든)을 피하거나 최소화하려는 대인관계 전략의 발달에 의존한다고 말할 수 있는데, 이것은 상당한 적응적인 가치를 지니고 있는 것이 사실이다.

일단 하나의 성격 특성이 형성되면, 그것은 다른 많은 특성들에 영향을 미칠 수 있으며 자아가 씨름하고 있는 증상들에도 영향을 미칠 수 있다. 인색한 개인에게 관대할 것을 촉구한다면, 그는 분노나 불안을 발달시킬 것이고, 그 상황 전체로부터의 도피를 합리화할 것이다. 그는 예외적인 경우를 제외하고는, 자신의 일상적인 신념들과 태도들을 행동화할 수밖에 없다. 그렇지 않다면, 그는 자신의 "성격 바깥에서" 행동하고 있는 것으로 보일 것이다. 그것은 설명을 필요로 하는 과시 행동에 지나지 않는다. 왜냐하면 성격이란 행동의 예견 가능성을 어느 정도 함축하고 있기 때문이다. 이 개인은 어떤 시점에서 자신의 인색함에 수치심을 느끼고 지나친 관대함으로 자신의 진정한 모습을 숨기거나, 죄책이나 자기 처벌적인 태도 또는 강박적인 증상을 발달시킬 수도 있다.

성격과 증상은 심리경제적으로 어떻게 다른가? 성격은 고정되고 비교적 얼어붙은 태도로서, 일단 확립되고 나면 그것을 유지하기 위해 정신적 에너지를 별도로 소모할 필요가 없다는 주장이 있다. 하지만, 성격이 "단 한 번에 영원한 해결"을 약속하는 것은 아니다. 또한, 성격과 증상의 차이점들이 항상 뚜렷이 구별되는 것도 아니다. 어떤 특성들은 구조적으로 증상들과 유사하다. 즉, 그것들은 증상들과 유사한 기능을 수행하는데, 가장 중요한 것은 그것들이 다른 특성들에 비해서 정신 기구에 덜 편재해 있다는 사실이다. 예를 들어, 지나친 청결을 추구하는 성격 특성은 그것이 신경증과 비슷한 고착 지점에 정박해 있다는 점에서 그리고 전체 정신 기구에 편재해 있는 것으로 보이는 솔직함이나 거만함 같은 특성들보다 갈등을 좀 더 제한된 상태로 한정하는 데 사용된다는 점에서, 신경증에 더 가깝다. 그것은 원본능, 자아, 초자아 등의 측면보다는 성격이라는 측면에서 덜 어색하게 서술될 수 있다.

수줍음과 경쟁적 상황으로부터의 철수와 같은 성격 특성들은 증상들 또는 억제들과 더 가깝다. 안정성과 반복성을 바탕으로 하는, 이러한 특성들은 성격에 속하는 것처럼 보일 것이다. 그것들은 해결되지 않은 채로 남아 있는, 고통스럽게 경험된, 지금도 역동적으로 활동하고 있는, 과시적 갈등의 결과이다. 그런 점에서, 모든 성격 특성들이 해소하고자 했던 갈등을 최소화하는 것은 아니라고 말할 수 있다. 이 갈등이 개인 안에서 여전히 활동적일 경우, 불행이나 다른 증상들이 뒤따를 수 있다.

성격에 대한 전성기기 경험의 영향은 정신분석 초기에 과도하게 강조되었다. 이것은 증상과 관련해서, 오이디푸스 갈등으로부터의 퇴행에 대한 강조와는 사뭇 대조된다. 프로이트는 원래 승화와 반동 형성은 무엇보다 전성기적 욕동들(특히 가학증과 항문성)에 대항해서 작용한다고 생각했다. 처음에 그는 증상이 비교적 단순한 구조─욕동과 방어 사이의 타협─를 갖고 있다고 보았다. 마찬가지로, 성격 특성들은 욕동 변형의 특정한 유형으로 과도하게 단순화되었다. 다중 기능의 원리는 정신 기능의 모든 산물들과의 관계에서 중요한 역할을 담당하고 있는 많은 영향들에 대한 우리의 시야를 확실히 넓혀주었다.

성격과 방어의 관계는 서술적으로나 발생학적으로 특별히 밀접하다. 전통적으로 우리는 불안을 방어에 대한 주된 자극으로 생각하는 데 익숙해져 있다. 하지만, 브렌너(1982)가 지적했듯이, 분노와 우울 같은 다른 고통스러운 정동들도 일정한 역할을 한다. 더 최근에는, 수치심, 당혹감, 자존감의 유지 등을 둘러싼 소위 자기애적 방어들에 많은 관심이 집중되고 있다. 이러한 힘든 정동들을 다루기 위해 아이가 차용하는 대처 유형은 그의 발달하는 자기 감각과 성격 형성에 중요한 영향을 끼친다. 서술적인 관점에서 보자면, 방어패턴의 구조화는 출현하는 성격 특성의 주된 결정 요소이다. 예를 들어, 투사 기제에 크게 의존하는 환자는 다른 성격 특성들을 추론하도록 허용하는 몇 가지 행동패턴들을 발달시킬 수 있다. 다른 사람들을 쉽게 탓하는 성향은 그를 편집증적이고 의심 많고 싸움하기 좋아하며, 적대적이고, 판단적이며, 꼬치꼬치 캐묻고, 분석적이고, 호기심 많은 사람으로 만드는데, 이는 드러난 근저의 환상들과, 다양한 정도로 중화된 공격적 욕동의 운명을 포함하여, 많은 요인들에 달려 있다.

맨 나중에 열거된 요인과 관련해서, 적절한 공격성 발달 이론의 결핍으로 인해 성격 형성의 초기에 공격 욕동이 수행하는 역할에 대한 우리의 이해는 제한되어 있다. 정상적 및 병리적 동일시는 공격적 갈등에서 기인하는 대상상실의 공포에 의해 더욱 강화될 수 있다. 어떤 성격 특성들은 특별히 공격성의 변천과 관련되어 있다. 피학적인 성격은 공격성이 자기를 향하게 되면서 생겨나는데, 이것은 종종 부분적으로 죄책감을 포함하는 갈등에 대한 해결책으로서 이루어진다. 경미한 장애들보다는 심각한 성격 장애들에서 공격성의 변천과 관련된 문제들이 더 많이 발견된다. 마지막으로, 성욕과 마찬가지로, 공격성은 드러난 내용으로서 이해되어야 한다. 공격성은 다양한 목표들에 봉사할 수 있으며 때로는 성적 파생물을 위장하는 것과 같은 비공격적인 목적에 사용될 수도 있다. 따라서 행동으로 드러난 공격성을 반드시 공격적 욕동과 동일한 것으로 보아서는 안 된다.

발생학적 관점과 성격의 발달

성격 형성은 언제 시작되는가? 이것은 대체로 정의의 문제이다. 신생아는 다른 신생아들과 명백히 구별되는 행동패턴을 보인다. 그러나 그것의 조직은 원시적이고, 그것의 의도와 의미는 아직 평가할 수 없다. 그 행동의 도식은 구조 이전 단계에 속한다. 나는 성격 형성이 탄생, 또는 심지어 자궁에서 시작되어 서서히 발달한다고 보는 대신에, 그것이 하나의 구체적인 발달적 발걸음이라고 보는 것이 더 유용하다고 생각한다. 그 발걸음은 잠재기의 한 시점에서 시작되며 정상적인 여건 하에서라면 청소년기 후반에 완성된다. 만약 우리가 그 이전의 현상들을 잘 알려져 있는 초자아 형성의 전단계들과 마찬가지로 발달의 "전단계들"로 본다면, 우리의 개념화 작업에 명료성을 더할 수 있을 것이다. 임상적 증거는 중화, 동일시, 내재화, 자기와 대상의 분화, 이상의 형성 등을 포함해서 상당한 수준의 자아 발달이 안정적이고 잘 규정된 성격을 형성하는 데 필수적인 요소임을 보여준다. 이러한 능력들의 확립과 통합은 잠재기 초기에 오이디푸스 콤플렉스가 해소되는 것을 통해서만 발생하며, 성격 발달의 마지막 재작업은 청소년기에 발생한다. 보통 성격 형성은 오이디푸스 콤플렉스의 적절한 해소에 달려있다. 이상적인 해소가 빗나갈 경우, 그것은 온갖 병리들—증상들, 비정상적 성격 특성들, 변태성향들—로 이어질 수 있다. 하지만 이러한 시간적 순서에는 명백한 예외들이 있는데, 자아가 전성기적 단계에 고착되는 경우가 그것이다. 이런 경우, 매우 안정적인 반동 형성이 발생할 수 있으며, 그것이 성격의 핵심 부분이 되어 이후의 발달적 압력에 저항하는 경직된 성격 특성들과 태도들을 만들어낼 수 있다. 하지만, 겁 많고 경직된 강박적인 아동이 경직되고 강박적인 어른으로 성장하기도 하지만, 어떤 사람들은 그렇지 않다. 강박 증상을 가진 아동이 강박적인 성인으로 자라는 경우는 드물다. 겉보기에 경직된 패턴과는 정반대인 개인들의 경우, 어느 정도 불안정하고 변화가 많은 혼란스러운 성격을 발달시키는 경향이 있는데, 그들의 행동을 예측하는 것은 그들이 갖는 충동성과 신뢰성 부재라는 특성으로 인해 정확성이 떨어진다.

성격 형성이 완성되는 시점은 분명하지 않다. 하지만 청소년기의 갈등이 해소되기 전까지는 성격 형성이 완성되었다고 말할 수 없다는 것이 일반적인 생각이다. 이러한 해소 단계들에 대한 서술은 아직도 불완전하다(Blos, 1968). 이후의 삶의 경험들은, 좋은 것이든 나쁜 것이든, 성격 구조의 측면들을 많이 변화시키지 않는다는 것이 분명해 보인다. 물론 성격의 핵심적인 표현들은 안정적으로 남아있다.

성격의 발생에 대한 요약에서, 알로우(1960)는 생물학적 자질들(타고난 성향들)과 본능적 욕구들에 대한 유아의 초기 만족 경험을 포함하는 정신의 하부층에 대해 서술하였다. 이것은 경험들, 특히 슬픔(상실을 포함해서)과 굴욕감의 효과를 진정시킬 뿐만 아니라, 원시적인 성적 및 공격적 충동들을 숙달하는 법을 배우는 아동의 방식에도 영향을 끼친다. 여기에는 체질, 욕동의 강도, 자극 장벽 등과 같은 내재적 요인들도 포함된다. 성질과 체구, 성별, 외모(신장 포함), 미모, 인종 등과 같은 자연적 자질들이 보다 명백한 역할을 담당할 수도 있지만, 예측 가치가 있는 유일한 측면은 행동의 양으로 보인다(Fries et al., 1935). 본능의 영향을 받지 않은 성격 특성은 거의 없다. 엠데(Emde, 1988)의 연구는 감정의 패턴들이 환경의 영향을 받기는 하지만, 처음부터 계속 안정적으로 유지된다는 것을 보여준다.

발달적 요인들은, 발달적 지체나 과도한 진보들(예를 들어, 강박적 성격들에서 보이는 조숙한 지적 발달)과 함께, 성숙적 연쇄의 정상적인 전개를 포함한다. 발달적 지체에는 고착과 퇴행이 포함된다. 반복 강박, 전이의 특징, 아동의 놀이, 외상적 꿈들, 운명 신경증 등은 체질적인 기초를 갖고 있거나 발달의 아주 초기 단계의 경험에서 비롯된 것일 수 있다. 어느 경우이든, 반복 충동은 가능한 성격유형의 범위와 기본적인 태도의 내용에 일정한 한계를 부여한다. 이러한 태도(예를 들어, 거리를 두는)는 종종 갈등 이전의 것이며, 분석적 해소의 범위를 넘어서는 것일 수 있다. 다른 한편, 하트만(1952)은 갈등이 형성되는 데 일정한 역할을 담당하는 비갈등적이고 자율적인 요인들과, 특정한 방어 기제들의 발달에 대해 상세하게 연구했다. 그가 지적하듯이, 어떤 성격 특성들은 갈등과는 상관없이 발달하며 갈등의 영향을 받더라도 최소한에 그친다. 말러(1979)는 갈등의 영역을 벗어난 관점에서 분리-개별화 과정의 단계들을 구분함으로써 이런 견해를 뒷받침했다.

비록 환경적인 요인들의 역할이 정신분석의 특별한 관심 사항이기는 하지만, 분석적 접근은 일대일 관계에 대한 탐구를 선호하는 반면, 가족(집단)의 과정들이 성격 형성에 대해 갖는 타당성과 그것에 대한 상세한 영향들에 대한 연구는 뒤쳐지는 경향이 있다. 미숙성과 정상적인 의존 욕구들로 인해, 아동은 쉽게 희생양의 역할을 맡거나 부모의 무의식적 열등감을 떠안게 된다. 아동의 성격에 미치는 부모의 영향력은 아동이 주어진 역할을 받아들이는가 아니면 그것에 반항하는가에 달려있거나, 한 쪽 부모에 맞서 다른 쪽 부모와 연대할 수 있는가에 달려있다. 가족의 영향력을 이해하는 또 다른 방법은 가족의 일반적인 혹은 선호되는 갈등 해결방식을 연구하는 것이었다. 이 방식은 아동에게 하나의 모델이 된다. 응집력이 없는 상호작용 유형이 발생하는 가족도 있다. 이런 경우, 가족의 한 부분은 강한 반면 다른 부분은 나약하고 병약한 상태에 있다. 부인, 피학적이거나 편집증적인 특성, 공포증적 기제들은 가족의 방어적 유형에 특징을 부여한다. 아동의 방어 유형은, 서로 갈등하는 요소들이 집단 자체와 집단 구성원들의 압력 아래 화해를 이루는 순간에 형성되는 타협에 의해 결정된다. 자아가 갈등을 해소하기 위해서 사용하는 방법들 중에서, 동일시(공격자와의 동일시를 포함해서)와 수동성을 능동성으로 바꾸는 것은 아이가 자신의 상대적인 작음과 무력함에 대처하는 수단이 될 수 있다.

동일시의 동기들은 더 많이 있다. 비록 그것들 모두가 어떤 식으로든 갈등들과 연관되어 있긴 하지만, 그렇다고 그것들 모두가 병리적인 것은 아니다. 성격(또는 증상) 형성에 대한 또 다른 기본 원리는 다중 기능의 원리이다. 마음 안에는 가능한 해결책들 중에서 가장 적응력이 있는 해결책을 찾고자 하는 경향이 있다. 각각의 새로운 발달 단계는 자아에게 숙달해야 할 일련의 도전들을 제시한다. 그 도전들은 아동이 성숙해짐에 따라 더욱 복잡해진다. 각 시기에 활성화된 리비도는 이러한 도전들에 색채를 부여한다. 에릭슨은 하나의 모델을 만들었는데, 그는 항문기 중간 단계에서 운동능력을 획득하는 것과 구강기 단계에서 언어능력을 획득하는 것의 중요성을 지적했다. 동일시가 발생하기 위해서는 선행조건들이 필요하다: 대상에게서 충분히 분리된 자아 기구의 발달, 그리고 타인의 자질들을 지각(반드시 의식적일 필요는 없는)할 수 있는, 적절한 내적 및 외적 경계를 지닌 자아.

어떤 성격 특성들의 발생 과정을 묘사하려는 시도에서, 우리는 분석 작업을 통해 욕동과정의 변형, 선택된 방어들, 문제의 특성이 출현할 때 다루어진 주요 동일시들과 외상들 등에 대한 역사를 추적함으로써, 과거에 특정 해결책을 선택했던 의미를 돌이켜 볼 수 있고, 그것을 서술할 수 있다. 하지만, 개인이 왜 부모의 어떤 특성들에 대해서는 동일시하고 다른 특성들에 대해서는 동일시하지 않는지를 설명하는 일은 쉽지 않다. 이 동일시 과정을 이해하기 위해서는, 동일시가 발생한 당시의 부모의 행동이 지녔던 의미를 재구성해야 한다. 겉으로 보기에는, 비슷한 특성들이 부모와 아동에게 다른 의미와 기능을 지닐 것이다. 하지만 어떤 의미들은 공유될 수 있다. 어떤 성격 특성—예를 들어, 자기 책무에 과도하게 열심인—은 죄책감을 다루거나 자기에게 공격성을 방출하는 데 이상적일 수 있으며, 이것은 부모와 아이 모두에게 해당될 수 있다. 다른 경우에는, 아동의 노력은 부모를 닮지 않으려는 방향을 택할 수도 있다.

성격 형성의 과정과 관련된 이론의 근간은 아직도 충분히 이해되지 못한 채 불완전한 상태로 남아있다. 우리는 특정 필요조건들, 전제들, 최종 결과를 수정하게 될 영향들—체질, 외상, 엄마와의 초기 경험(엄마와 아기 사이의 부적합으로 인해 초기 발달과정이 왜곡되는)—을 비롯해서, 특정 기제들(자아와 초자아의 동일시, 반동형성, 승화)에 대해 서술할 수 있다. 하지만 우리는 성격의 기본적인 조직에 대해서 알지 못하고 있고, 비정상성에서 추론되는 단편적인 지식을 제외하고는 그것의 시간표도 갖고 있지 않다.

성격과 유아 신경증

성격발달과 유아 신경증의 관계는 복잡하다. 초심리학적 관점에서 살펴보면, 유아신경증의 적응적인 해소는 안정적인 자아 이상과 초자아의 형성을 가져오고, 이것들은 궁극적으로 성격 특성의 안정화로 인도한다. 하지만 이러한 진술은 어떻게 아동기 신경증의 해소가 신경증적 성격의 출현으로 이끄는지 또는 성인의 신경증 증상과 성격 간의 관계가 어떤 것인지를 설명해주지 않는다. 2~3세가 지나면서, 아동의 미숙한 자아는 불안에 직면해서 특정한 방어적 조치들을 취하려고 시도할 것이다. 직접적인 반응이 실패한다면, 증상이 발달할 수 있다. 만약 만성적인 스트레스 상황이 계속된다면(예를 들어, 아동이 오랜 시간 동안 충족될 수 없는 요구에 직면한다면), 그로 인한 항구적인 자아의 왜곡이 다른 종류의 타협 형성을 불러올 수 있다. 그것은 계속되는 성숙을 향한 발달과정을 신경증 증상들과 그 증상들을 야기하는 갈등을 극복하기 위한 노력을 위해 희생할 가능성이 있다. 초기에 증상을 발생시켰던 무의식적 환상이 지금은 성격 특성들에서 표현되게 된다. 예를 들어, 아버지에 대한 소년의 두려움과 그것과 관련된 거세 불안은 먼저 동물 공포증으로 그리고 나중에는 권위적인 인물에 대한 순응/피학적 태도로 나타날 수 있다. 여기에는 다음과 같은 환상이 동반된다: "나를 거세할 필요는 없어. 난 이미 거세된 사람처럼 행동할 거니까." 다른 성격 특성들이나 행동화와 같은 정신병리학을 포함하는 다른 반응들(해결책들) 또한 가능하다. 이러한 발달 구도에서, 성격 특성의 형성은 증상을 형성함으로써 부적절하게 해소된 갈등에 대처하려는 시도이다. 역으로, 증상은 성격구조가 특정한 갈등을 제어하지 못하는 무능력을 나타낼 수도 있다. 하나의 예로, 모든 것을 완벽하게 해야 하는 성격 특성을 가진 한 여학생을 들어보자. 그녀의 이러한 성격은 외적으로 훨씬 성공적인 자신의 형제자매들에 대한 경쟁심에서 일부분 기인한 것이지만, 다른 일부는 아버지로 어머니를 대체하려는 소망에서 온 것이다. 이러한 소망에 대한 그녀의 죄책감은 자기 파괴적 행동으로 표현되었고, 사회생활에서의 성공의 결핍은 그녀를 힘들게 했으며, 학업에 집중할 수 없게 했다. 그녀는 학업을 진전시킨다는 이유로 자신의 강의 노트를 다시 베끼기 시작했지만, 그것은 그녀의 삶을 잠식했고 많은 시간을 소비하는 바람에 시험 공부할 시간이 부족했다.

우리는 성격 특성보다는 증상의 표현을 촉진하는 조건들에 대한 약간의 지식을 갖고 있다. 로우왈드(1978)는 아동의 행동패턴이 부모의 불찬성을 만난다면, 증상을 일으키기 쉽다고 주장한다. 가족 안에서 갈등들이 공개되거나 직면되는 경우에는 증상이 발생할 가능성이 더 높은 반면에, 그 갈등들이 비언어적으로 해결되는 경우에는 성격 특성이 발달할 가능성이 더 높다. 반동형성과 같은 특정 방어기제들이 성격 특성의 발달에 영향을 미친다는 것 또한 사실이다.

성인에 있어서, 성격과 증후학 사이의 관계는 복잡하다. 이 둘

중에 어느 것도 서로에 대한 방어로 작용할 수 있다. 알로우(1960)는 공포증을 극복하기 위해서 성격을 변화시킨 사례를 제시한 바 있다. 이미 앞서 언급했듯이, 다른 경우들에서는 증상이 특정한 갈등을 통제하거나 해결하지 못하는 성격구조의 불능을 나타낼 수도 있다. 하지만 증상의 존재가 반드시 불길한 예후를 나타내는 것은 아니다. 그것은 정 반대일 수도 있다(Glover, 1926). 성격 특성에 대한 분석은 불안이나 다른 정동, 또는 증상 형성으로 이끌 수도 있는데, 이는 이것들이 갈등에 대처하는 대안적이고 교차적인 수단임을 말해준다.

성격과 적응

서술적인 측면에서, 성격 특성은 한 특정 개인이 전형적으로 드러내는 안정된 태도들이다. 그것은 일반적으로 자아의 변형들(흔히 자아의 유연성이 손상되거나 제한되는)과 관련되어 있다. 앞의 논의에서 보여주었듯이, 이 손상들은 타협 형성의 성격을 띤다. 즉, 그것은 자아가 다중적인 발달적 도전들에 대해 종적으로 대처하려는 시도인 동시에, 욕동의 요소들, 반복충동, 외부현실과 초자아의 요구들에 대해 자아가 횡적으로 타협하려는 시도이다. 전부 다 그런 것은 아니지만, 대부분의 타협 형성들은 심리적 갈등의 산물이다. 그럼으로써 성격 특성들은 적응에 기여한다. 왜냐하면 그것들이 갖는 안정성은 시간 안에서 연속성의 감각과 정체성의 감각에 기여하기 때문이다. 성격 형성은 다른 긍정적이고 적응적인 기능들에도 도움이 된다. 이것은 여러 이유로 만족되거나 표현되지 못했던 유아기 성의 요소들(승화나 억압에 의해 처리되지 않은)을 자아가 합입하고 통합하는 수단이 된다. 이 과정에서 제한적이나마 욕구충족이 이루어진다.

적응의 개념은 또한 개인이 외부 현실과 맺는 관계를 포함한다. 하나의 성격 특성은 종종 특정 상황에서 최선의 해결책이 된다. 예를 들어, 복종적인 태도는 지배적인 부모와의 위험해질 수도 있는 관계를 유지하게 해주는 역할을 한다. 성격은 ·남성성과 여성성의 질적 요소들, 삶의 스타일의 선택, 성 정체성 등을 포함하는 내적 및 외적 요인들과 관련된, 개인의 기능 전반적인 영역에 관여한다. 끈질김, 성실성, 낙관주의, 따스함, 개방성은 부분적으로 부모를 동일시하는 것을 통해 물려받는 것이지만, 직업적인 목표를 이루는 데 그리고 비교적 행복하고 만족스러운 삶을 성취하는 데 중요하게 기여한다.

성격 저항과 성격 분석

대부분의 일상적인 분석 작업은 성격 분석을 포함한다. 하지만 성격 특성들을 언제 어떻게 탐구하고 해석해야 하는가에 대한 지침은 거의 제시되지 않았다. 글로버(1926)는 평범해 보이는 일상의 삶을 자세히 조사하는 것이야말로 성격 분석을 위한 가장 확실한 방법이라고 말했다. 하지만 50년 이상된 이 언급을 바탕으로 해서 이 주제를 발전시키기는 쉽지 않다. 종종 환자는 그런 시도들을 직면으로 경험하며 비판, 훼손, 모멸을 당했다고 느낀다. 환자에게 성격은 "이것이 나야"라는 자기애적 가치를 지니고 있는 자랑스러운 어떤 것이며 소중히 간직되는 것이다. 따라서 자아 동조적인 성격 특성들을 분석하려는 우리의 시도가 상당한 저항에 부딪치는 것은 놀랄 일이 못된다.

라이히(1949)는 일반적인 행동의 전형적이고 공식적인 측면들을 지칭하기 위해 "성격 저항"이라는 용어를 도입했다. 여기에는 "말하기, 걸음걸이, 얼굴 표정, 미소짓거나 오만하게 굴거나 지나치게 정확한 것과 같은 전형적인 태도들, 공손하거나 공격적인 태도 등"이 포함된다. "이러한 저항들은 그것들이 어떤 자료에 대한 것이든 동일한 것으로 남아있다"(p. 47). 성격 저항들은 또한 중요한 사람과의 초기 경험으로 인해서도 발생하는 것이 사실이지만, 대조적으로 전이 저항들은 대체로 사람들에 대한 그리고 환자의 내적 갈등으로부터 오는 위험들에 대한 일반적이고 전반적인 반응들이다. 사람들은 마치 그들이 모두 다 똑같은 존재인 것처럼 무차별적으로 취급된다. 이러한 완고한 성격 저항들은 비록 그것들 중의 일부는 활동적인 상태로 남아 있지만, 정적인 상태로 남아있는 갈등의 잔여물을 나타낸다.

라이히가 생각한 성격 분석은 항상 부정적인 성격을 띠고 있는 숨겨진 성격적인 요소를 바탕으로 한 저항들을 집중적으로 추적하는 것이다. 그는 분석이 교착상태에 빠지거나 무감정한 것이 되는 것을 막기 위해 분석가는 치료 초기에 이러한 저항들을 뿌리뽑고 공격적으로 직면해야 한다고 주장했다. 라이히는 먼저 이 숨겨진 태도들의 신체적 표현들—그가 "성격 갑옷"이라고 부른 것을 형성하는 경직된 자세들, 언어적 습관이나 패턴들—을 사용한다. 공격성에 초점을 맞추는 그의 무자비한 방식은 일방적이고 지나친 것으로 보인다. 성격 특성의 분석은 종종 경직된 갈등을 재활성화시키면서 불안이나 일시적인 증상 형성으로 인도한다. 분석가가 이러한 태도들을 언제 그리고 어떻게 다루기 시작할 것인가의 문제는 상당히 불확실하다. 과학과 예술 모두가 필요하다. 치료자는 자신의 고유한 스타일과 방법을 계발해야 한다.

성격과 분석가능성의 관계는 복잡하다. 물론, 성격 특성들(충동성, 행동화 경향, 좌절의 수용 불능, 신뢰할 수 없음, 지나친 수동성, 부정직함)이나 자아와 초자아의 다양한 기능 측면에서 분석에 명백한 장애가 되는 것들을 서술할 수는 있다. 성격 특성들은 임상적 관찰이 가능하기 때문에 평가가 더 용이하다. 심리학적 자질이나 동기부여와 같은, 분석을 촉진하는 일반적인 특성들은 부분적으로 특정한 성격 특성들(호기심, 기꺼이 기다림, 관용)의 현존에 달려있다. 분석 작업을 상당히 어렵게 만드는 수치심, 당혹감, 비평을 수용하지 못하는 태도들도 있다. 가장 다루기 힘든 성격 특성들은 글로버(1955)가 서술한 숨거나 잠재된 저항들과 관련되어 있다. 환자는 아주 미묘하게 분석 과정을 왜곡시킬 수 있고, 또는 분석가가 환자의 특정한 만성적 태도들이 갖는 파괴적 영향으로 인해 마비될 수도 있다. 환자는 속으로는 의심하고 회의하면서도 겉으로는 해석을 받아들이는 척 할 수도 있다. 성격의 유연성이 심각하게 훼손된 환자는 그의 비방어적 자기 관찰 능력이 제대로 발달하지 못했음을 말해준다. 환자의 장애가 심각할수록 초기의 평가는 더욱 신중하고 세밀해야 한다. 그래야만 분석에 부적합한 환자를 배제시킬 수 있고, 동시에 환자를 감당할 수 없는 외상적인 상황에 노출시키지 않을 수 있다.

무엇이 환자에게서 특별한 성격 반응을 촉진하는가? 성격이 해결책으로 기능하고 있는 갈등의 어떤 측면은 곧바로 다루어져야 한다. 분석가의 성격(그의 태도나 행동)과 전이의 주된 패러다임 또한 특정 순간에 특정한 성격 특성이 저항으로 사용될 것인지에 영향을 미친다. 다시금 전이의 발달은 환자의 성격 구조에 영향을 받는다. 분석 작업이 효과를 거두기 위해서는 성격 저항이 전이 저항으로 변해야 한다는 것이 일반적인 의견이다. 기꺼이 자신의 사적인 생각을 나누는 행동, 친밀함에 대한 공포, 신뢰할 수 있는 능력, 놓아버리는 것에 대한 두려움 등은 모두 치료 과정과 치료의 적합성에 깊이 영향을 미치는 태도들이다.

성격과 전이 신경증은 어떤 관계가 있는가? 역사적으로 전이 신경증의 개념은 분석에서 본래의 신경증을 대신하는 실체의 분석에서 대체 혹은 새로운 창조를 서술하기 위해서 개발된 것인데, 최근의 문헌들에서는 이러한 대체의 측면이 강조되지 않는 경향성이 발견된다. 신경증의 경우, 이것은 이해할만 하다. 왜냐하면 새로운 증상이나 옛 증상의 새로운 판(예를 들어, 일시적 발기불능)은 출현하는 전이신경증에 대한 신호일 수 있기 때문이다. 하지만 나는 신경증이 성격구조와 별개로 존재하는 것이 아니며, 전이 "성격 장애"는 특정한 신경증적 성격 특성이 분석가와의 관계에서 재연된 것이라고 본다. 성격 특성들 중에서 구체적으로 어떤 특성이 전이 신경증에서 활성화되는지는 간단히 답할 수 있는 문제가 아니다. 환자는 지금 그의 부모와 씨름하는 것이 아니라, 치료적인 목적과 태도를 갖고 환자의 소망이나 두려움의 재연에 말려드는 것을 거절하는 사람과 씨름하고 있다. 이러한 거절은 특정한 태도들과 환상들의 출현을 촉진한다. 따라서 전이 신경증은 치료자의 행동이 지닌 다중적인 부정적이고 긍정적인 측면들에 대한 환자의 반응과, 현재 환자에게 그 반응이 갖는 심리내적인 의미를 포함하는, 하나의 타협 형성이다.

전이 신경증이 출현하는 시점과 그것이 출현하도록 촉진하는 요소에 대한 서술은 문헌에 따라 다양하다. 성격 장애를 지닌 일부 환자들은 고전적 전이 신경증의 극적인 표현 없이도 성공적으로 분석을 받을 수 있다.

성격을 특정한 무의식적 환상의 행동적 표현으로 본다면, 진정한 성격 변화가 발생하기 위해서는 이 환상들에 대한 환자의 태도가 달라져야 하며, 그 환상들이 지닌 병적인 영향력이 줄어들어야 한다. 일부 특징적인 병리적 반응을 자극하는, 전형적인 위험 상황에 처해 있는 개인은 어떤 지점에서 멈추거나 뒤로 물러나거나 보다 적절한 반응을 선택해야만 한다. 하지만 그 변화는 전적일 필요가 없으며, 그것은 종종 질적이기보다는 양적인 것이다. 분석 중에 있는 강박증 환자는 그가 아무리 오래 치료받는다고 해도 결코 히스테리 환자가 되지는 않는다. 대신에 그는 좀 덜 경직되고, 더 잘 즐기고, 좀 더 베풀고, 보다 덜 걱정하게 될 수 있다. 이러한 양적인 변화는 비참한 사람과 상대적으로 행복한 사람 사이의 차이를 설명할 수 있다.

위의 내용에는 다음과 생각이 함축되어 있다. 어떤 유형의 성격 특성들은 분석에 완강하게 저항한다. 개인의 체질이나 기본적 본능 구조에 깊이 뿌리내리고 있는 이러한 성격 특성들—즉, 갈등 이전 시기에 속하는—은 부모와의 동일시를 바탕으로 형성된 성격 특성들에 비해 변화에 더 심하게 저항한다. 프로이트에 따르면, 피학적인 성격이 피학적 부모와의 동일시에서 기인한 것일 때는 예후가 더 낫다. 타고난 기질과 관련된 특성들은 갈등에서 비롯된 것들보다 더 심하게 고착되어 있다. 반응 속도가 원래 느린 아동은 이러한 기본적 성향을 바꾸는 데 한계가 있는, 거리감이 있고 초연한 성격의 성인으로 자랄 가능성이 높다. 초기 갈등과 외상에서 기인한 병리는 일반적으로 구조 변화에 더 저항적이다. 어떤 성격 유형들은 다른 것들보다 더 큰 유연성을 갖고 있다. 경직성은 히스테리적 성격보다는 강박증적 성격에서 더 흔히 발견된다. 특정한 상황에 대한 반응으로 생겨난 성격 특성은 보다 광범위한 것들을 포괄하는 성격 특성에 비해 유연성과 변화 가능성이 더 크다. 야망을 둘러싼 갈등들은 종종 해결하기가 어렵다. 끝없는 필요와 관련된 구강적 성격 특성은 항문기에 뿌리를 둔 특성보다 분석에 더 잘 반응하는 경향이 있는데, 이 점은 더 이른 발달 단계에서 유래한 성격 특성이 후기 단계에서 유래한 특성보다 변화에 저항이 더 크다는 가설과 모순된다.

요약 및 결론

 나는 지금까지 두 가지 수준에서 성격에 대해 논의했다. 하나는 서술적인 측면에서 관찰 자료에 가까운 임상적 개념 수준에서 논의했고, 다른 하나는 추상적인 측면에서 갈등 해소를 위한 타협 형성의 결과인 안정적인 정신 조직이라는 개념 수준에서 논의했다. 성격을 구성하고 있는 특성들은 한 개인에게 일관되고 구체적으로 나타나는 행동들과 태도들의 패턴이다. 이 패턴들은 기능의 전형적인 방식으로서 건강이나 병리를 의미하는 것이 아니라 적응적이거나 부적응적인 상태를 암시한다. 이 패턴들의 유형에 대한 분류는 무엇보다 특정한 사회문화적 환경에 의해 영향을 받는 경향이 있다.

 성격 형성과 관련해서 발달적 도전들의 순서를 열거하기를 원한다면, 이 목록은 욕동 형성의 모든 변천과정과 모든 방어기제들을 포함해야 하며, 그 외에도 동일시에 특별한 역할을 부여해야 한다. 성격 특성들은 개인이 자신과 대상에 대해 갖는 무의식적 기대들과, 자신이 어떻게 취급되어야 하는지에 대해 갖는 기대의 재연으로 볼 수 있다. 그것들은 종종 부모나 다른 사람들과의 특별한 관계가 복잡한 동일시 과정을 통해 내사된 것으로 드러난다. 성격 조직이 통합되는 과정은 주요한 자아와 초자아의 동일시물들이 확립된 후에야 완성되는데, 이는 청소년기가 끝나기 전까지는 이루어지지 않는다. 이러한 발달 과정이 안정적으로 성취되지 않는다면, 매우 혼란스러운 성격 특성들이 나타난다.

나는 이전 논문(1983)에서 프로이트가 제안한 성격의 주요 결정요소들을 열거했다. 이것에 포함된 성격의 구성요소는 다음과 같다.

1) 리비도적 욕동의 파생물(여기에는 공격적 욕동도 추가될 수 있다).
2) 특정 무의식적 환상들(종종 자위행위의 산물인), 예를 들어 매 맞는 아이 환상.
3) 중요한 성인들과의 동일시물.
4) 중요한 콤플렉스들(거세 콤플렉스와 오이디푸스 콤플렉스)의 해소에 따른 산물.
5) 체질적 요소.
6) 특정 방어기제들(부인, 투사, 반동형성, 내사, 전치).
7) 외상에 대한 반응(긍정적 또는 부정적인).
8) 초자아 형성에 따른 갈등.
9) 유아 신경증이나 초기 자아의 왜곡을 다루려는 시도에서 발생하는 갈등.

나중에 열거된 것일수록 앞에 열거된 것들보다 더 포괄적이며, 이는 정신분석 이론이 복잡성을 더해 가고 있음을 말해준다.

같은 논문에서 나는 이 목록을 순서에 따라 나열하고자 시도했다. 분명히 체질과 욕동들은 가장 기본적인 토대에 해당한다. 이것들은 대체로(전적으로는 아니지만) 동일시 기제를 통해서 중요한 성인들과 상호작용에 의해 영향을 받는다. 이러한 상호작용은 무의식적 환상이 갖는 조직화 효과와 같은 몇 개의 상이한 축들을 따라 서술될 수 있다. 또 하나의 발달적 추진력을 나타내는 요소는 주요 콤플렉스(거세 콤플렉스와 오이디푸스 콤플렉스)의 해소일 수 있는데, 이것은 특정한 선호된 방어기제들에 의존한다. 발달적으로 가장 진보된 요소는 초자아이다. 외상은 우발적인 요인들과 심리경제적인 관점을 결합한다. 최종적으로, 선호된 해결책이 신경증이나 자아 왜곡으로 인도할 때, 성격 형성은 위에 제시된 요소들을 통합해내지 않으면 안 된다.

보다 추상적인 수준에서, 성격 구조는 개별 특성들이 혼합되어 복잡한 구조가 되는 방식을 보여준다. 분명히, 자아 기능(방어적, 적응적, 통합적)의 복잡한 상호작용의 결과를 예측하기란 어렵다. 차라리 개별 성격 특성을 구성하는 요소들의 뿌리를 연구하는 것이 더 쉽다. 전체로서의 성격에 대한 포괄적 개념은 다양한 각도에서 연구될 수 있지만, 나는 특별히 대상 관계적 관점이 유용하다고 생각한다. 왜냐하면 동일시 과정은 내재화된 대상관계들을 발생시키고, 이것들이 안정화되면 성격 특성이 되기 때문이다. 성격은 또한 다양한 초심리학적인 축을 따라 서술되어왔으며, 성격에 대한 포괄적인 발달 이론은 아직 존재하지 않는다.

보다 추상적인 성격 개념을 구조로 설명하는 데에는 한계가 있다. 이는 무엇보다 성격 개념이 갖고 있는 폭 때문일 것이다. 성격 개념은 개인의 안정적 기능의 거의 모든 측면을 포괄하고 있기 때문에, 분석에서 이 개념이 갖는 잠재적 유용성은 줄어든다. 그럼에도 불구하고 성격 개념은 행동에 가까운 어떤 것과 좀 더 추상적인 개념(욕동이나 방어와 같은) 사이에 관계가 확립되도록 허용해준다. 성격에 대한 임상적 개념은 몇 가지 가치 있는 적용 가능성을 갖고 있다. 그것은 일상적인 작업에서 특히 분석가능성, 진단을 평가하는 것과, 힘든 저항들을 이해하고 극복하는 데에 유용하게 사용되는 핵심적인 개념이다. 성격 특성들이 분류되고 분석되고 이해됨에 따라, 환자는 점점 자신의 행동 패턴을 인식하고 지금까지 자신의 수행을 가로막아온 명백한 방해물들과 장애물들을 더 잘 통제할 수 있게 된다. 성격 분석은 정신 구조에 의미 있는 변화를 일으킬 수 있다는 점에서 추후의 이론 및 치료 작업을 위해 가치 있는 개념적 도구이다.

참고문헌

Abraham, K. (1921). Contributions to the theory of the anal character. Rpt. In Selected Papers of Karl Abraham, pp. 370-392. London: Hogarth Press, 1948.

_____ (1924). The influence of oral erotism on character-formation. Rpt. in Selected Papers of Karl Abraham, pp. 393-406. London: Hogarth Press, 1948.

_____ (1925). Character-formation on the genital level of the libido. Rpt. in Selected Papers of Karl Abraham, pp. 407-417. London: Hogarth Press, 1948.

Arlow, J. A. (1960). Character and conflict. J. Hillside Hosp., 15:140-150.

Baudry, F. D. (1983). The evolution of the concept of character in Freud's work. J. Amer. Psychoanal. Assn., 31:3-32.

_____ (1984). Character: a concept in search of an identity. J. Amer. Psychoanal. Assn., 37:655-686.

Blos, P. (1968). Character formation in adolescence Psychoanal. Study Child, 23:245-263.

Brenner, C. (1982). The Mind in Conflict. New York: Int. Univ. Press.

Emde, R. N. (1988). Development terminable and interminable: I. Int. J. Psychoanal., 69:23-42.

Erikson, E. H. (1956). The problem of ego identity. J. Amer. Psychoanal. Assn., 4:56-121.

Fenichel, O. (1945). The Psychoanalytic Theory of Neurosis. New York: Norton.

Freud, A. (1936). The Ego and the Mechanisms of Defense. In Writing of Anna Freud, vol. 2. Rev. ed. New York: Int. Univ. Press, 1966.

Freud, S. (1908). Character and anal erotism. SE, 9:167-175.

_____ (1916). Some character-types met with in psycho-analytic work. SE, 14:309-336.

_____ (1923). The Ego and the Id. SE, 19:3-66.

_____ (1926). Inhibitions, Symptoms and Anxiety. SE, 20:77-175.

Fries, M. E., Brokaw, K., & Murray, V. F. (1935). The formation of character as observed in the well baby clinic. Amer. J. Dis. Child., 49:28-42.

Frosch, J. (1969). The psychotic character. Psychiat. Rev., 38:81-96.

Glover, E. (1926). The neurotic character. Int. J. Psychoanal., 1:11-20.

_____ (1955). The Technique of Psychoanalysis. New York: Int. Univ. Press.

Greenson, R. R. (1967). Technique and Practice of Psychoanalysis. New York: Int. Univ. Press.

Hartmann, H. (1939). Ego Psychology and the Problem of Adaptation. New York: Int. Univ. Press.

_____ (1952). The mutual influences in the development of the ego and the id. in Essays on Ego Psychology, pp. 155-181. New York: Int. Univ. Press, 1964.

Jacobson, E. (1964). The Self and the Object World. New York: Int. Univ. Press.

Jones, E. (1918). Anal-erotic character traits. Rpt. in Papers on Psychoanalysis, pp. 413-437. London: Bailli?re, Tindall and Cox, 1948.

Kernberg, O. F. (1976). Object Relations Theory and Clinical Psychoanalysis. New York: Aronson.

Laughlin, H. (1956). The Neuroses in Clinical Practice. Philadelphia: W. B. Saunders.

Loewald, H. W. (1978). Instinct theory, object relations, and psychic structure formation. J. Amer. Psychoanal. Assn., 26:493-506.

Lustman, S. (1962). Defense, symptom and character. Psychoanal. Study Child, 17:216-244.

Mahler, M. S. (1979). Selected Papers, vol. 2. New York: Aronson.

Moore, B. E., & Fine, B. D., eds. (1990). Psychoanalytic Terms and Concepts. New Haven: Yale Univ. Press.

Reich, W. (1949). Character Analysis. New York: Orgone Institute Press.

Rosen, V. H. (1961). The relevance of "style" to certain aspects of defence and the synthetic function of the ego. Int. J. Psychoanal., 42:447-457.

Stein, M. H. (1969). The problem of character theory. J. Amer. Psychoanal. Assn. 17:675-701.

Thomas, A., & Chess, S. (1977). Temperament and Development. New York: Brunner/Mazel.

Waelder, R. (1930). The principle of multiple function. Rpt. in Psychoanalysis: Observation, Theory, Application, ed. S. A. Guttman, pp. 68-83. New York: Int. Univ. Press, 1976.

_____ (1958). Neurotic ego distortion. Int. J. Psychoanal., 39:243-244.

Zetzel, E. R. (1968). The so-called good hysteric. Int. J. Psychoanal., 49:216-260.

제 8 장

사고(Thought)

진 쉬멕 & 레오 골드버거
(Jean Schimek & Leo Goldberger)

사고(thought)에 대한 구체적인 정의는 항상 생각 이론과 인간의 앎의 본질에 대한 철학적 입장을 함축하고 있다. 넓은 의미에서, 사고는 지각에서 기억과 개념 형성에 이르기까지의 모든 인간 활동들을 포함할 수 있다. 그리고 개인은 이러한 활동을 통해서 세상에 대한 그리고 외적 현실과 내적 현실에 대한 경험을 구성한다. 인간의 본성에 관한 모든 연구의 중심에는 그것이 정신에 초점을 두는 철학적 관점에서든, 전통적으로 의식에 초점을 두는 심리학적 관점에서든, 또는 행동에 대한 현대의 실험적 분석의 관점에서든, 생각의 개념이 존재한다고 말하는 것은 피상적인 관찰일 수 있다.

관련된 문헌들(천년도 넘는 시간 동안에 쓰여진)을 대충 요약하기보다는, 생각에 대한 글들에서 드러나는 전반적인 흐름만을 독자들에게 상기시키고자 한다. 근본적으로, 인간의 관념과 사고와 이미지의 궁극적인 원천을 추적하려는 이론적 시도들에는 크게 두 가지 전통 혹은 입장이 있다. 하나는 물질적-경험주의자의 입장이고 다른 하나는 이에 상반되는 이상적-자연주의자의 입장이다. 이렇게 서로 대조되는 관점들은 사고에 대한 일반 이론의 거의 모든 요소들—예를 들어, 사고하는 사람의 능동성 대 수동성, 사고의 진실성의 정도, 이성 대 열정과 관련된 문제—에 영향을 끼쳤다.

이렇게 대조되는 두 입장으로부터 아리스토텔레스 이후로 오늘날까지 유지되고 있는 다음과 같은 구별이 생겨났다. 하나의 사고 유형은 사고하는 사람의 의식적인 목적과 의도에 의해 자발적인 통제 하에서 이루어지는 것이고, 다른 하나의 사고 유형은 무작위로 이루어지고 무의미해 보이며, 생각하는 사람의 통제 의지를 넘어서는 사고 유형이다. 이러한 구별은 프로이트의 일차과정과 이차과정에 관한 이론과도 관련되어 있다. 프로이트의 이론이 정신분석가들 뿐만 아니라 다른 분야의 사람들에게 영향을 끼칠 수 있었던 것도 그것이 이러한 문제를 바탕으로 하고 있었기 때문으로 보인다. 두 가지 전통적 사고 형태에 대한 그의 새로운 설명—무의식적 사고과정에 대한 강조와 철저한 결정론(여기서는 가장 무의미해보이는 스쳐지나가는 생각조차도 의미를 갖는 것으로 간주된다)—은 인간에 대한 연구에서 프로이트가 세운 혁명적인 기념비라고 말할 수 있다.

특히 정신분석적 관점에서 볼 때, 생각에 대한 정의는 논리적 설명과 추상적 상징들의 조작을 고려하는 것에 한정될 수 없다. 정신분석은 생각의 좀 더 주관적이고 비합리적인 측면에 초점을 맞추면서 증상, 환상, 꿈, 기억을 그것의 일차적 자료로서 사용한다. 정신분석은 일차적으로 생각에 대한 무의식적 조절자와 조직자로서의 욕동, 욕망, 갈등 등에 관심을 갖는다. 전통적인 입장에서는 오류이고 왜곡이었던 것이 정신분석에서는 무의식에 이르는, 정신적 실제와 기본적 동기들, 목표들, 개인을 조직하는 세력들에 도달하는 왕도가 된다.

프로이트

프로이트의 사고 이론의 핵심 개념들은 정신 장치의 양적, 기계적 기능에 대한 이론적 모델의 일부이다. 1900년에 꿈의 해석 7장에서 제시된 이 모델은 프로이트의 임상적 발견들이 공식화되기 이전 시기에 이미 '과학적 심리학에 대한 프로젝트'라는 출판되지 않은 글에서 자세하게 발표된 적이 있다. 프로이트의 개념들은 두 가지 구체적인 영향들을 반영한다. 하나는 1890년대에 이루어진 그의 임상적 탐구로서, 그는 이 시기에 신경증적 증상들과 꿈들이 과거의 억압된 기억들이 위장되고 변형되어 나타난 것이라는 해석과 설명을 제시했다. 다른 하나는 프로이트의 지적, 문화적 배경의 측면들과 관련되어 있는데, 여기에는 정신과정을 물리적인 힘과 에너지의 관점에서 설명하는 헬름홀츠와 브뤼케의 신경학적 방법(Amacher, 1965)을 비롯해서, 생각을 조직화하는 요소로서 성 욕동과 권력 욕동이라는 비합리적 "의지"를 강조했던 쇼펜하우어와 니체의 철학, 그리고 연상 심리학(association psychology)이 포함되어 있다.

1900년에 제시된 프로이트의 사고 이론의 핵심 요소들은 그의 후기 저작에서도 대부분 유지되었다. 따라서 사고에 대한 그의 관점은 정신분석 이론의 다른 부분들에서 이루어진 변화들과 상대적으로 통합되지 않은 채로 남게 되었다. 특히 이것은 정신 기구에 대한 삼중구조 모델, 그 모델과 의식-무의식 사이의 관계, 그리고 사고를 조직하는 기본적인 조직체로서의 보편적인 무의식적 환상에 대한 점증하는 강조 등과 통합되지 못했다(나중에 이루어진 통합 시도에 대해서는 Arlow & Brenner, 1964를 보라).

정신과 뇌의 관계, 심리학적 틀과 신경학적 틀의 관계와 관련해서, 프로이트는 최소한 원칙상으로는 심리학과 물리학이 나란히 간다는 입장을 견지했다. 그는 자신의 마지막 저서에서 이 관계에 대해 다음과 같이 말했다: "그것들 사이에 있는 모든 것은 알려져 있지 않다. 그리고 자료들은 우리 지식의 양 종착점들 사이의 직접적인 관계에 대해 말해주지 않는다. 설령 그런 관계가 존재한다고 해도, 그것은 기껏해야 의식 과정들의 정확한 위치파악 정도에 지나지 않을 것이며, 그것들을 이해하는 데는 별 도움이 되지 않을 것이다"(pp. 144-145). 하지만 꿈의 해석에서 정신분석 개요에 이르기까지 프로이트의 많은 이론들에서 우리는 신경학적 개념들(신경분포, 기억 흔적, 신경 에너지)과 심리학적 개념들이 뒤섞이고 있음을 발견할 수 있다.

일차과정: 환각적 욕구 충족, 응축, 전치

프로이트의 기본 모델에서, 사고는 원래 자극이나 긴장을 최대한 빨리 방출하려고 하는 경향인 쾌락원리에 봉사한다. 원칙적으로, 방출을 위한 가장 빠른 길은 만족을 주는 대상을 재발견하는 것을 통해 과거에 경험했던 만족을 반복하는 것이다. 이러한 반복을 얻어낼 수 있는 가장 빠른 방법은 만족을 주었던 대상에 대한 기억을 환각으로 되살리는 것이다. 이 환각적인 욕구 충족은 가장 원시적 형태의 사고에 대한 이론적 모델에 속한다. 프로이트는 이것이 자유롭고 유동적인 상태에 있는 에너지를 방출하는 일차과정을 포함한다고 보았다. 사고는 욕동 긴장과 충족되지 않은 소망들에 의해 조절된다. 그것은 무엇보다도 우리의 소망들을 현실로 받아들이고(꿈, 환상, 망상 등) 우리의 현실 경험을 소망이라는 측면에서 재구성하는, 소망적 사고이다. 프로이트는 이 개념들을 주로 꿈 작업(잠재된 꿈 사고를 드러난 내용으로 바꾸는)의 연구로부터 끌어냈다. 이 꿈 작업은 응축과 전치라는 두 가지 기제를 통해 이루어진다. 응축은 "깨어 있는 상태의 사고에서는 별도로 유지되는 요소들로부터 새로운 연합체들을 형성하는 경향"(Freud, 1940, p. 167)을 가리킨다. 전치는 리비도의 집중(관심, 투자, 정서 등)이 하나의 내용에서 다른 내용으로 완전히 옮겨가는 것을 가리킨다. 이 두 기제는 서로 밀접하게 연결되어 있다. 이것들은 모두 방출을 위한 가장 빠른 수단이기는 하지만, 검열이라는 제약(방어) 아래에서 작동하기 때문에 위장과 대체적 표현을 강요받는다. 방출의 경제적 개념은 심리적 측면에서 무엇을 말하는가? 그것은 본질적으로 현실적인 제약들과 상관없이(쾌락 원리, 반복 충동), 어떤 수단을 사용해서라도 자체를 표현하고자 하는 억압된 유아기의 소망들의 반복 경향성을 가리킨다.

사고가 질서를 주고, 추상화하며, 경험의 구체적 측면들을 종합한다는 점에서, 그것은 항상 응축과 전치의 형태들을 포함한다. 일차과정이 지닌 특수한 점은 그것이 합리성이나 현실 원리를 바탕으로 작동하는 것이 아니라, 요소들 간의 하찮은 유사성들에 근거하거나 프로이트가 "외적이고 피상적인" 관계라고 말한 것들을 바탕으로 작동한다. 그것은 종종 "음의 유사성, 언어적 모호성, 의미의 연결이 없는 시간적인 우연의 일치, 혹은 농담이나 언어유희에서 허용되는 일종의 연상"(1900, p. 530)을 바탕으로 작동한다.

묶여 있지 않고 자유로운 일차적 정신 상태에 대한 프로이트의 생각도 바로 이러한 느슨하고 비합리적인 전치들에 관한 것이었다. 하지만 겉으로 자의적이고 기이하게 보이는 생각의 연결들은 근저의 목적을 지닌 사고(즉, 일부 무의식적 소망이나 환상에 위장된 표현을 제공하는)에 의해 안내 받는다. 이 가정은 정신분석에서 해석의 근본적 이유를 구성한다.

응축과 전치는 무의식적 소망이나 갈등이 계속되는 경험과 행동에 선택적으로 영향을 미치거나 전이되고 있음을 나타낸다. 그것들은 꿈, 환상, 실언, 신화, 그리고 무엇보다도 증상 형성에서 근본적인 요소이다. 정신분석은 억압된 무의식이 현실의 측면들에 "특별한 의미와 은밀한 중요성"(Freud, 1924, p. 187)을 부여함으로써 우리의 모든 사고에 어느 정도 영향을 미친다고 가정한다. 프로이트 이후의 문헌들에서는 "일차과정 사고"라는 표현이 합리성이나 객관성에서 벗어난 사고(내용과 구조에 있어서)의 측면을 가리키기 위해 폭넓고 느슨하게 사용되었다. 이것은 주관적 맥락, 정동, 이미지, 은유 등에 의해 지배되는 모든 사고를 포괄한다. 물론 우리는 그러한 측면들이 언제 그리고 왜 퇴행, 병리, 미성숙이나 창조성, 침범에의 강요, 또는 열린 유희성을 반영하는지를 더 구체적으로 말할 수 있어야 한다.

우리는 또한 일차과정 변형에서 언어 사용이 갖는 중요한 역할도 주목해야 한다. 분석가가 일차과정 변형을 추론해내는 자료들(예를 들어, 드러난 꿈, 환상, 증상)은 무엇보다 언어적 의사소통으로 이루어져 있기 때문이다. 음의 유사성과 언어적 모호성을 통한 연상들은 특유하고 문맥에 의존하는 언어 사용법(그 자체가 사회적으로 공유된 상징적 표상 체계인)을 구성한다. 이것은 일차과정 변형과 위장에 봉사한다. 따라서 일차과정은 구체적 수준의 언어적 표상, 비유, 시적 언어를 닮은 은유, 암시적이고 환기적인 수준의 언어를 사용하고 또 그런 것들과 동등시된다. 이러한 "표현과 표상의 원형적 수단"들 중에서, 프로이트는 한정된 수의 신체적인 리비도 상태들과 기능들 및 그것들의 일차적 대상 표상의 보편적인 의미 체계로서의 상징을 점점 더(꿈의 해석 초판의 일부에서) 강조했다. 상징은 응축과 전치에 의해 창조되지 않는다. 상징은 종종 방어적인 목적으로 사용되지만, 개별적인 욕동-방어역동에 의해서 설명되지 않는다. 프로이트에게 있어서, 상징은 보편적인 원초적 언어의 잔여물을 나타낸다. 비록 정신분석 문헌에서 상징은 일차과정 특징 목록에 포함되고는 있지만, 그것은 역사적으로나 개념적으로 응축과 전치의 등가물은 아니다. 프로이트의 이론에서, 의미의 보편적 범주들을 포함하는 것으로서의 상징의 역할은 프로이트가 점점 더 어떤 특정한 환경적 만족, 좌절, 외상보다는 사고의 일차적 조직자로서의 무의식적 환상이 지닌 내재적이고 보편적인 측면들을 강조했던 맥락 안에서 이해해야 한다.

이차과정, 과잉 집중(hypercathexis), 더 높은 정신 조직

이차과정은 일차과정의 효과들을 점차 길들이고 억제한다. 이것은 쾌락원리의 수정으로서, 현실원칙의 지배를 받으며, 적응과 생존에 봉사한다. 이차과정은 의식에 접근하는 기억과 외부 현실과 상응하는가에 대한 판단을 자동적으로 통제하기보다는 신호로서 기능하는 수준에서, 운동 방출의 지연과 정동의 억제를 포함한다. 프로이트(1911, p. 219)가 지적했듯이, "마음속에 제시된 것은 이제 유쾌한 것이 아니라 현실적인 것(비록 불쾌하다 할지라도)이다". 경제적인 측면에서, 이것은 전체적인 리비도 집중 과정의 상승을 통해서 욕동의 에너지가 "묶이는" 것을 가리킨다. 이차과정의 억제 효과를 통해, 정신 기구는 지각과 기억의 내용들이 왜곡되지 않게 유지하고, 그것들을 목적 있는 행동을 위해 사용한다. 적은 양의 에너지로 실험적 행동을 하는 사고를 통해서 예상과 계획이 가능해진다.

하지만 이차과정은 기억에 대한 일차과정의 왜곡에 대한 억제 이상의 것을 포함한다. 사고는 "과잉 집중되고" 탈성화되며 더 이상 욕동의 변동에 의해 지배되지 않는다. 과잉 집중의 본질적인 측면은 말하기의 획득—구체적인 기억 내용물(사물 표상들)이 단어들에 대한 기억(언어 표상들)과 연결되는 것을 의미하는—을 포함하며, 그 결과 더 높은 수준의 전의식적인 정신의 조직화를 허용한다. 사고는 이제 더 이상 의식화 과정 중에 있는 불완전한 형태인, "시각적인 그림들"이나 "구체적인 주제"에 제한되지 않는다(Freud, 1923, p. 21). 대신에 그것은 다양한 경험들 사이의 패턴들과 관계들을 다룰 수 있는데, 이는 더 높은 수준의 추상화 능력을 필요로 하는 것이다. 언어를 통해서, "내적 사고 과정들은 지각으로 만들어지고," 사고는 객관화되고 외재화되는 것을 통해 더 높은 수준의 의식인 자기 성찰적인 앎을 가능케 한다. 의식의 바로 이 수준에서 작용하는 억압은 반리비도 집중을 통해서 언어 표상을 사용할 수 없도록 방해한다.

프로이트의 사고와 의식에 대한 이론에서 언어화와 언어의 역할은 중요하지만 발달되지 못한 측면이다. 언어화는 다양한 의식 수준들—욕동과 리비도가 부착된 기억들(구체적이고 생생한 정동과 감각과 함께 경험된)이 강제적으로 출현하는 것으로부터 능동적이고 선택적인 관념들의 조작, 성찰적이고 자기관찰적인 인식 능력, 그리고 개념적 사고 능력에 이르기까지의—을 포함한다. 이것은 무의식을 의식화한다는 것이 특정한 기억을 억압에서 되찾는 것 이상을 의미하는 것이며, 언어화가 중심적인 역할을 하는 과정을 통해 성취하는 새로운 종합인 "좀 더 높은 수준의 정신의 조직화"(Freud, 1915, p. 192)를 포함한다.

논점들과 논평들

일차과정은 "초보적"이고 억제되지 않은 욕동의 방출 양태를 가리키는 경제학적 개념이라는 점을 분명히 할 필요가 있다. 정신적 표상들이 일차과정에 종속되는 만큼, 그것들은 현실로 경험되거나(환각적인 소망 충족) 응축과 전치의 기제들을 통해 왜곡된다. 따라서 일차과정 기제들은 대체로 전치된 것의 잠재된 내용과 드러난 내용 사이의 변형을 발생시키는 요소이며, 구체적이고 개별적인 맥락에 의존해 있는 "피상적인 외적 연상들"로 인도한다. 하지만 이러한 연상들은 무의식적인 "목적적 관념"이나 다중적이고 다양한 표면적 표현들에서 표현되는 소망에 의해 지배된다.

"일차과정"이라는 용어는 서술적인 의미에서 종종 특정한 사고의 결과물이 지닌 직접 관찰이 가능한 특징들(예를 들어, 꿈, 환상, 망상 등)을 가리키는 데 사용된다. 이 결과물이 비현실적이고 기괴하고 주관적이며 비논리적이고 원시적이며 정제되지 않은 욕동 표현인 한, 그것들은 상당히 직접적으로 일차과정과 쾌락원리의 영향을 보여주는 것이다.

일차과정 이론은, 드러난 사고의 산물은 모두 다중적인 숨겨진 의미들을 가지고 있을 수 있으며 다양한 정도로 갈등을 일으키는 무의식적 소망들의 표현이라는, 정신분석의 근본적인 가정의 본질적 부분을 이루고 있다.

프로이트의 사고 이론은 그가 살던 시대의 연상 심리학을 상당히 수용하고 있다. 구체적인 외부 대상에 대한 뚜렷한 지각들과 기억 속에 있는 그것들의 복사물들은 발달의 시초부터 인지의 기본적 단위를 형성한다. 프로이트는 하나의 기억이 상이한 조직 수준들에서 존재할 수 있으며 몇 개의 "필사본들"(1895, 1900, 1915)을 가질 수 있다고 가정했다. 낮은 수준들이 더 구체적이고 주관적이고 욕동 중심으로 구성될 것이고, 높은 수준들은 보다 객관적이고 개념적이고 이차과정의 성격을 띨 것이다. 억압으로 인해, 기억의 내용은 높은 수준으로 조직되지 못하거나 더 넓은 맥락 안으로 통합되지 못할 수도 있다. 하지만 역으로, 자료나 기억은 더 낮은 수준의 조직과 접촉하지 않고서도 또는 억압 효과들을 제거하지 않고서도 높은 지적 수준에 도달할 수 있다. 분리된 상태의 기억 이미지들은 이어지는 경험들이 제공하는 인접성과 유사성의 측면에서 서로 연결된다. 물론 프로이트는 이것과 관련해서 연상 과정을 지배하는 쾌락과 불쾌감의 내적 경험들의 역할에 초점을 맞추었다. 일차과정은 본래의 객관적인 기억 내용들을 왜곡하지만, 이차과정은 이러한 왜곡의 효과를 제한하고 행동을 인도해줄 객관적인 지식을 허용한다. 응축과 전치의 개념은 선행하는, 분리되고, 구별된 단위들을 가정한다. 이러한 단위들이 존재할 때 그것들 사이에서 응축과 전치가 발생한다.

이 모델은 현대 발달이론에서 볼 수 있는, 모호하고 구별되지 않은 경험들(자기-대상 분화와 항상성이 결여된)에 대한 가정들과는 조화를 이루기 어렵다. 프로이트의 이론은 외부 대상의 지각 및 기억과 관련된 실제적인 만족 경험에 대한 가정을 토대로 하고 있다. 이 이론이, 프로이트가 신경증의 병인론을 실제 외상적 사건들에 대한 억압된 기억들(다시 말해서, 유혹 이론)에서 찾고 있던 시기에 형성되었다는 사실은 결코 우연의 일치가 아니다. 심리적 현실과 무의식적 환상들이 차츰 중심적인 역할을 떠맡게 되면서, "현실이라는 굳건한 바탕은 사라지고 말았다"(Freud, 1914, p. 17). 이것은 신경증의 환경적 원인론에 대한 주장이 약화되었고, 1895년에서 1900년 사이에 형성된 인지 이론의 많은 부분들이 신뢰할 수 없게 되었음을 의미했다. 왜냐하면 그 이론은 정신내용(실제 경험들의 기억에 대한 지각)에 대한 리비도 집중의 역동에 근거한 것이었기 때문이다. 하지만 프로이트는 사고의 내재적이고 무의식적인 조직자로서의, 보편적이고 일차적인 환상들을 점점 더 강조한 것 외에는 이 이론을 명시적으로 수정하지 않았다.

프로이트는 항상 핵심적인 무의식적 환상들의 내용과 동기적 세력들이 지닌 불변하고 시간을 초월하는 측면들을 강조했다. 이 환상들은 부분적으로는 응축, 전치, 상징화 등을 통해서 변형된 실제 경험들에서 유래한다. 하지만 프로이트는 개인 역사의 우발적 사건들에 대한 변형된 기억들이 근본적인 무의식적 환상이 지닌 힘과 집요함과 보편적 측면들을 설명할 수 있다고는 생각하지 않았다. 그는 점점 더 칸트가 말하는 범주들처럼, 실제 경험들로부터 파생된 인상들을 "위치(placing)"시키는 것에 관심을 갖는, 보편적이고 일차적인 환상들을 강조했다. 이 문제는 여기에서 다루기에는 너무 복잡하다. 요점은 프로이트가 초기에 견지했던 경험주의적 연상 심리학의 관점들과는 대조적으로 점점 더 경험의 선천적 조직자들에게 중요성을 부여했다는 것이다. 우리는 여기에다 (타고난 기억 내용들에 대한 그의 사변을 수용하지 않더라도) 인지와 언어의 선천적인 조직자에 대한 일반적 개념은 논란의 여지가 있기는 하지만 현대 사고의 많은 영역들—특히 언어학(촘스키)과 인류학(레비-스트로스), 그리고 좀 더 변형된 발달 심리학(피아제)과 같은 구조주의—안에 존재한다고 덧붙일 수 있다. 어떤 경우든, 정신분석의 임상이론과 해석 기법은 제한된 수의 반복되는 무의식적 환상들이 중심적인 역할을 한다는 가정에 기초해 있다. 하지만 프로이트의 주된 인지이론은, 앞에서 살펴보았듯이, 이러한 가정에 대한 적절한 근거를 제공하지 못하고 있다(바로 이 점 때문에 그의 인지이론이 임상적 공식들과 통합되지 못했을 수 있다.)

심지어 무의식적 환상들에 대한 가정 없이도, 모든 일차과정 사고의 표현은 인지적 내용들(욕동, 방어, 외적 및 신체적 현실로부터 온 영향력들이 조합된)의 조직을 요구한다는 것은 분명하다. 일차과정 사고는 사회적으로 공유된 상징적 및 언어적 체계들로서의 "표상의 원초적 양태들"을 사용하기 때문에 순수하게 주관적이거나 특유하거나 즉흥적으로 만들어진 것은 아니다. 프로이트가 여러 곳에서 강조했듯이, 일차과정의 표현은 예술, 종교, 신화, 사회적 신념, 의례 등에서 발견되고 있으며, 이것들은 모두 한 개인의 "현실"에 대한 본질적이고도 공유된 측면들이다. 프로이트는 우리 안에 있는 지적 기능이 연합과 연결을 요구할 뿐만 아니라, 자체의 범위 안에 있는 모든 자료(지각에서 온 것이든 사고에서 온 것이든)에 대한 인식가능성을 요구한다고 명시적으로 언급한 적이 있다. 특별한 상황으로 인해 진정한 연결이 불가능할 때, 지적인 기능은 주저없이 거짓된 연결을 만들어낸다. 이러한 방식으로 구성된 체계들은 꿈들은 물론, 소위 원시적이라고 불리는 애니미즘 체계들을 비롯해서, 공포증, 강박적 사고, 망상 등에서 발견된다"(1913, p. 95). 프로이트는 이러한 체계들을 진정한 무의식적 동기들을 은폐하고 있는 방어적인 합리화로 보았고, 연합에 대한 요구는 개념적으로 이차과정과, 그리고 일관성 있는 조직으로서의 자아와 가장 분명하게 연결되어 있다고 보았다. 하지만 경험적으로, 그것은 비현실적이고 욕동에 지배되는 내용들(공포증과 망상 등)에서 드러나는 바, 일차과정으로 명명될 수 있는 현상들의 내재적인 측면으로 서술된다. 다중적인 동일시들을 갖고 있는 완전한 오이디푸스 군집과 같은 기본적인 무의식적 환상들은, 설령 비현실적이고 갈등적이라고 해도, 이미 콤플렉스라고 불러야 하는 항구적인 체계가 아닐까?

자아심리학과 사고의 자율성

1950년대에 이루어진 자아심리학의 팽창은 프로이트의 사고 이론에 대한 새로운 관심과 함께 시작되었다. 프로이트의 공식들을 체계화하고 확대시키려는 수많은 시도들이 있었는데, 그것은 특히 이차과정 개념과 사고의 적응적 기능이라는 측면에서 이루어졌다(Hartmann, 1964; Rapaport, 1951, 1960, 1967). 여기에서 강조점은 현실 적응을 책임지는 기관으로서의 자아에게 주어졌다. 자아심리학자들은 인간 기능의 "갈등 없는" 측면을 강조하면서 정신분석 이론을 일반 심리학으로 발전시키려고 시도했다. 사고 이론과 관련해서 그들이 제기한 주된 질문들의 일부는 이차과정의 기원과 발달 그리고 사고의 안정적이고 조직화된 측면이 갖는 본성에 대한 것이었다(Holt, 1967). 프로이트는 이차과정을 그것의 욕동 억제적 기능의 측면에서 정의했는데, 그 과정이 언제 그리고 어떻게 발달하는지에 대해서는 구체적으로 밝히지 않았다.

하트만과 라파포트는 이차과정이 발달의 시초부터 존재한다고 가정해야 한다는 것과, 본질적으로 신체적이고 사회적인 환경을 말하는, "평균적으로 기대되는 환경"에 적응하도록 인간 유기체가 이미 생물학적으로 준비되어 있다는 점을 강조했다(Hartmann, 1950). 이러한 예정된 적응은 "일차적 자율성"(운동성, 지각, 기억 등)을 지닌 자아의 장치들에 기초해 있다. 이것들은 최초의 미분화된 자아-원본능 모체의 일부로서, 성숙과 외적 현실의 영향을 통해 분화된 이후에는 자아의 주요한 통제와 수행 기능이 된다. 따라서 이차과정 사고는 단순히 일차과정으로 이루어진 "기억에 대한 욕동의 조직화"에서 파생된 것만이 아니며, "본래적으로 성숙에 따른 억제와 통합의 요소들"을 포함하고 있다. 사고 조직에 있어서 성장과 환경 요인들을 강조하는 한편, 자아심리학자들은 또한 리비도 집중의 성질의 변화라는 측면에서 프로이트의 심리경제적 설명을 유지했다. 묶기(binding), 초과 리비도 집중, 중화 등은 더 높고 안정적이며 구조적인 수준의 이차과정 사고를 위한 자율적 에너지를 공급하는 것으로 간주되었다.

라파포트는 환상에서 신화와 우주론에 이르기까지 일차과정 체계가 갖는 조직화되고, 종합하는, 사회적으로 공유된 측면들에 주목할 것을 요청한다. 그는 또한 다른 저자들(예를 들어, Noy, 1969)과 함께 적응적이고 현실적인 이차과정 사고가 갖는 주관적이고 회화적인(pictorial) 측면들을, 특히 그것들의 창조적인 측면을 강조했다. 라파포트는 "모든 사고 형태들은 일차과정과 이차과정을 모두 포함하는데, 그것들이 참여하는 종합 기능의 종류에 있어서는 서로 다르다는 결론에 도달했다. 즉, 일차과정에 대한 이차과정의 지배 정도가 다르다"고 보았다(1967, p. 843). 이 주장에 담긴 주된 함의는 일차과정과 이차과정을 예리하게 구분하는 것(어떤 것을 하나의 과정으로만 귀속시키는 것)이나, 다양한 수준의 사고 조직들의 기원과 조직화와 집요함을 단순히 욕동-방어 역동의 변동의 측면에서만 설명하는 것이 어렵다는 것이다.

하트만과 라파포트가 프로이트에게서 지배적으로 발견되는, 사고에 대한 심리경제적이고 역동적인 시각(원본능을 "끓어오르는 솥"으로 간주하는)을 주로 다루는 한, 그들은 지각의 일차적 자율성과 무의식적 소망과 환상 체계들이 지닌 고정되고 조직화되어 있으며 집요한 측면들을 과소평가하고 있을 수 있다.

라파포트의 가장 독창적이고 잠재적으로 유익한 임상적 공헌들 중의 하나는 그가 자아의 정상적인 상태와 병리적인 상태들(꿈꾸는 상태와 깨어 있는 상태를 포함해서, 불안, 우울, 정신증적 상태에 이르는)에 대한 개념을 정교화한 것이다. 그러한 상태들 각각은 일차과정과 이차과정의 특정하고, 패턴화되고, 반복되는 조직, 사고와 정동 내용의 통합, 그리고 특별한 종류의 자기 경험, 성찰적 인식, 그리고 자기와 대상의 분화에 의해 특징지어진다.

논점들과 논평들

역사적으로, 이차과정(현실원리, Cs., 또는 자아)을 정상적인 사고로 보고, 병적인 사고를 일차과정(쾌락 원리, 무의식, 또는 원본능)으로의 후퇴로 보는 방식은 차라리 깔끔하고 우아한 것이었다. 하지만 자아심리학의 도래와 함께, 훨씬 더 복잡한 이론적 골격이 세워졌다. 우리는 그것의 주된 구성요소들을 간단히 살펴볼 것이다.

우리는 앞에서 이미 이와 관련된 개념들과 관념들—원본능과 환경에 대한 자아의 상대적인 자율성의 개념과 지각, 기억, 사고와 같은 자아의 기능을 포함하여, 인지의 모든 측면들에 적용될 수 있는—을 다루었다. 중화의 개념은 자아의 내재적인 에너지 자원과 함께, 자아 기능에 "연료를 제공해주는" 중요한 역할을 했다. 하트만이 말하는 "갈등 없는" 영역이 존재한다는 것은 자율적인 자아 개념을 강조한다. 그 자아는 인지를 가능케 하는, 기본적으로 적응적인 성질을 타고난 장치들을 갖고 있으며, 욕동과 갈등의 변천에 대해서는 상대적인 의존성만을 갖고 있다고 간주된다.

비록 가볍게 언급된 것이기는 하지만, 정신분석적 자아심리학의 또 다른 주요 개념은 위계적으로 조직화된 기능의 수준들이 존재한다는 가정이다. 이것은 자아 상태들의 연속체를 강조하는 구조적 개념으로서, 각각의 자아 상태, 층 또는 수준은 자아 과정들 사이의 내적 관계들뿐만 아니라, 소망-방어의 균형과 자아-원본능-초자아의 관계들로 이루어진 복잡한 구성물의 측면에서 정의된다. 이러한 더 큰 개념 안에는 사고 양태 안에 연속적이고 등급화된 혼합물이 존재한다는 가정이 뿌리내리고 있다. 즉, 원시적이고 욕동에 의해 지배되는 비현실적인 일차과정 양태(가장 기초적인 이차과정만을 수반한 채)에서 시작하여, 중간 단계(일차과정과 이차과정이 자유롭게 공존하는)를 거쳐, 일차과정이 일부 도입되기는 하나 주로 이차과정이 지배하는 사고 양태에 이르기까지의 다양한 사고 양태가 존재한다. 이 개념은, 프로이트와 마찬가지로, 일차과정이 평생 유지된다는 가정을 갖고 있다. 일차과정의 현존이 곧 미숙함이나 병리를 뜻하는 것은 아니다. 사실, 환자가 제시하는 것 안에 일차과정을 가리키는 것이 부재하다면, 그것은 신중히 평가되어야 한다. 그것은 지나치게 경직된 방어

구조에 의존하고 있는 심각한 병리를 가리키는 것일 수 있기 때문이다(McDougall 참조).

크리스는 "자아를 위한 퇴행"(1952)이라는 인기 있는 개념을 통해서 그리고 다른 사람들은(예를 들어, Noy, 1969) 그 개념의 다양한 수정판들을 통해서, 일차과정이 삶에 "합리적 기초"보다는 "상상적 기초"를 제공함으로써 창조성과 미적 감상을 촉진하는 중심적인 역할을 수행한다는 점을 강조했다(Rycroft, 1975). 프로이트와, 큐비(1954)는 모든 사고 단계의 이면에는, 심지어 그것이 이차과정인 것처럼 보인다고 해도, 거기에는 전의식적 일차과정적 관념들에 대한 연상적 실마리들이 포함되어 있다고 주장했다(이것은 현대 정보처리 이론에서 말하는 "병렬처리" 개념과도 같다).

사고의 발달과 표상의 양태들

라파포트는 다양한 사고 조직의 다양한 수준들과 그것들의 자율적인 성숙의 측면들을 공식화함에 있어서, 현대의 발달 심리학 특히 워너와 피아제의 발달이론에 의해 크게 영향을 받았다. 워너와 피아제는 부분적으로 정신분석적인 자아심리학을 통해서, 사고와 상징화의 발달에 관한 현대의 정신분석학적 관점에 항구적인 영향을 끼쳐왔다. 우리는 이러한 발달적 이론들이 정신분석적 이슈에 대해 갖는 관련성을 강조하면서 그 이론들을 간략하게 요약할 것이다. 이 이론들은 인지활동의 발달과 개인의 외적 및 내적 현실에 대한 상징적 표상과 구성에 있어서 세 가지 주요 단계들 또는 수준들을 구분한다.

1. 첫 단계는 행동패턴들과 감각운동의 도식들이 형성되는 단계이다. 이 도식들(바라보기, 쥐기, 빨기)은 원래 타고난 반사적 패턴들에 기초한 것으로서, 반복적이고 일반화되어 있다. 그것들은 차츰 환경과의 상호작용을 통해 수정되고 서로 통합된다. 분리된 대상들 사이, 대상과 자기 사이, 그리고 외적 감각운동 자극과 내적 정동적 반응들 사이에 명확한 구분이 없다. 하나의 대상에 대한 경험이 갖는 주관적이고 정동적이며 동기적인 의미는 이전에 등록된 객관적인 지각에 부가된 어떤 것이 아니라, 직접적인 지각이 지닌 내재되고 분리할 수 없는 측면이다. "사고의 최초 형태들은 감각운동적인 행동들이다 … 감각 사건과 운동 반응이 하나의 온전한 단위를 형성한다"(Wolff, 1967, p. 324). 생애 첫해 동안, 행동패턴과 대상을 구별하고, 친숙한 대상들을 인식하며, 그것들을 특정한 행동의 연쇄들(먹여지고, 안기는 등) 안에서 실마리 또는 예비 신호로 사용하는 능력이 커지는 것을 알 수 있다. 과거의 영향은 부재한 대상들의 기억 이미지들에 의해서가 아니라, 반복되는 행동패턴에 의해 계속 유지된다.

환각적인 소망 충족에서 시작하는 프로이트의 발달 모델에는 이러한 단계를 위한 자리가 없다. "행동에 관한 것들"로 이루어진 이러한 전 표상적 세계와, 행동패턴의 점진적인 분화와 통합은, 워너와 피아제에 의하면, 의도적이고 목표지향적인 행동의 기초를 형성하고 후에 성인의 내재화된 사고 패턴의 원천이 된다. 이 수준은 이미지, 말, 개념 등을 중심으로 조직되는 후기 경험을 위한 지시물(일반화된 정동적 반응들이나 몸짓들)로 구성된, 신체에 뿌리를 둔 정신의 하부 층을 구성한다. 하지만 피아제의 이론은 어머니와 같은 특정 대상에게 우선권을 부여하지 않거나, 초기 감각운동 패턴들의 조직자로서 특정한 신체부위나 기능에게 우선권을 부여하지 않는다. 하지만 워너와 카플란(1963)은 자신의 환경에 대한 아동의 탐구는 대부분 일차적 양육자에 의해 공유되고 형태지어지고 매개된다는 점을 강조했다. 이 점은 정신분석에서 특히 로우왈드(1960)에 의해 발전되었다.

2. 둘째 단계는, 기억 이미지와 환상들의 재구성을 통해 부재한 대상을 상징적으로 환기시키는 능력을 가리키는, 진정한 표상의 시작을 포함한다. 이 표상 수준은 표상과 표상된 것 사이의 구체적 유사성을 바탕으로, "상의 형태를 띠는(iconic)" 경향이 있다. 이 유사성은 종종 특정한 이전 경험과 개인의 사적인 참조틀에서 유래한다. 그러한 표상은 부재한 대상을 마음속에서 불러내는 정동적 대체물로서 기능할 수 있으며, 기표(signifier)와 기의(signified) 그리고 생각과 행동(마술적 사고, 사고의 전능성 등) 사이에 다양한 정도의 등가물을 형성할 수 있다.

3. 셋째 단계는 논리적이고 개념적인 사고의 단계로서, 여기에서 표상(예를 들어, 단어)은 표상된 것과 구체적인 유사성이 없다. 이 관계는 "자의적"인 것으로서, 학습되고 사회적으로 공유된 관계 체계와 변형 규칙들(언어들과 다른 기호 체계들)에 기초해 있다. 기의로서의 표상들은 구체적인 경험들보다는 개념들과 범주들을 가리키는데, 이는 다양하게 변화되는 내용들(게슈탈트의 일부로서, 혹은 등식에서의 변수들로서)과의 안정적인 관계 체계로서의 불변의 구조들이 구성되었음을 암시한다. 표상의 개념적 수준에서는 없어서는 안 되지만, 상의 형태를 띠는 수준에서는 그렇지 않을 수도 있는, 자연 언어는 빈번히 양쪽 수준 모두에서 기능한다. 즉, 언어는 문맥에 얽매이고, 환기하고 사적일 수도 있지만, 개인적이지 않고 일반적일 수도 있다. 따라서 모호성, 다중적인 함축들 그리고 암시들이 대부분의 의사소통적 담화를 특징지을 수밖에 없고, 그 결과 다양한 해석을 필요로 하게 된다.

이러한 발달 모델은 라파포트 이래 많은 현대 정신분석 이론가들에 의해 수용되었다. 하지만 이것의 함의, 특히 그것이 프로이트의 기본적 전제들과 일치하지 않는다는 사실은 아주 조금씩만 고려되었다(Schimek, 1975). 이 함축들을 간단히 요약하겠다.

(a) 현실에 대한 개인의 경험은 주관적이든 객관적이든 그리고 사적이든 공통적인 것이든, 객관적으로 주어진 것에 대한 수동적인 기록이 아닌, 능동적이고 선택적인 구성물이다(소망과 갈등에 의해 왜곡됨에도 불구하고). 이 구성물은 최초의 유동적이고 우주적인 경험 수준으로부터 시작해서 주체와 대상에 대한 안정되고 분화된 속성을 지닌 불변의 특징들을 건설하는 것을 포함한다.

(b) 지각은 외부 사건에 대한 모사가 아니며, 기억 이미지들의 구성(첫 2년 동안에만 발달하는 것으로 보이는)은 더욱 그러하다.

(c) 일차과정 사고의 서술적 측면들은 그것 자체의 조직과 분류 체계, 그리고 그것 자체의 논리와 현실의 구성과 더불어, 초기의 상의 형태를 띠는 구체적인 표상 수준에 상응한다. 이러한 사고 형태들은, 그것이 아동의 경험을 특징짓는 한, 본능적 욕동 대상이나 긴장과 갈등 상태와 관련된 사고들에 한정되지 않는다. 그것들은 아동의 세계와 지식 수준에 적응된 것으로 볼 수 있다(아동의 성 이론과, "원시인"의 애니미즘적, 마술적 체계들에 관한 프로이트의 논의를 보라). 이 단계는 감각운동적 반응들의 수준을 넘는 단계이며, 현실에 대한 좀 더 비개인적이고 개념적인 구성을 위해 필수적인 전조(퇴행 왜곡이라기보다는)이다.

하나의 양태에서 또 다른 양태로의 변동과 해석에 있어서, 응축과 전치는 항상 포함된다. 왜냐하면 내용들을 정확하게 번역하거나 옮기는 것이 불가능하기 때문이다(시를 산문으로 옮기거나 그림을 말로 설명하는 것은 한계가 있다). 프로이트는 이미 상징과 언어 사용의 많은 수준들은 일차과정에 의해 창조된 것이 아니라, 위장과 방어에 사용될 수 있는 "원시적인 양태의 표현과 표상"이라고 말했다. 이 관점은 응축과 전치를 포함한 일차과정의 모든 기제들로 확대될 수 있고 또 그럴 필요가 있다. 욕동-방어 역동은 사고 조직의 다양한 수준들을 활용하고 그것들의 상대적인 우세, 통합, 또는 해리(특히 성인에게서)를 조절하지만, 그것들을 발달단계로서 충분히 설명해주지는 않는다(좀 더 상세한 내용을 위해서는 Wolff, 1967을 참조할 것). 표상과 의미의 상이한 수준들 사이의 구별은 일차과정과 이차과정에 대한 전체적이고 서술적인 구분을 보다 예리하게 구체화할 수 있게 해준다. 이것은 또한 퇴행의 차원에 대한 보다 차별화된 시각(단순히 더 앞선 발달 단계가 복원되는 것이 아닌)을 가능하게 해주며, 상호작용 수준의 맥락과 개인의 자아 상태에 대한 고려 없이, 눈앞에 펼쳐진 것들, 구체적인 것들, 원시적인 것들을 단순하게 등식화하지 말 것을 경고한다(Horowitz, 1972).

피아제의 이론을 발달에 관한 정신분석적 시각들과 비교하고 통합하려는 많은 시도들이 있었다. 가장 포괄적인 시도는 그린스팬(1979)에 의한 것이었는데, 그는 이 주제에 대한 이전의 저술들을 자세히 검토했다. 이 시도들의 대부분은 근본적으로 양쪽 이론의 단계들에 대한 서술적인 비교로 이루어졌다. 그것들은 양쪽 이론의 용어들을 사용해서 화해가 불가능한 측면보다는 가능한 측면들을 강조하는 경향이 있었던 반면에, 통합은 거의 이루어내지 못했다. 주된 문제는 정신분석이 일차적으로 공존하는 상이한 사고의 수준들(최고의 수준에 도달한 것들만이 아니라)의 상호작용과 변동을 일으키는 동기적이고 갈등적인 역동에 관심을 가지고 있는 반면, 피아제는 지능의 자율적인 발달 단계들에 초점을 맞추고 있는 데 있다. 정신분석가들에게 있어서 더 낮은 단계들이 계속해서 존재하고 그것들이 더 높은 단계들에 영향을 미치고 또 상호작용하는 것이 중요한 관심사인 반면, 피아제는 하나의 특정 단계를 더 높은 단계를 향해가는 계단으로서만 고려하고 있다. 이러한 맥락에서, 그리고 그것들의 궁극적 공헌에 대한 유보와 함께, 정보처리 개념들(코드화, 탈코드화, 피드백 고리)을 사고, 방어, 동기 등의 정신분석학적 관심사들(Klein, 1970; Peterfreund, 1971; Rosenblatt & Thickstun, 1977; Horowitz, 1988)과 상(imagery)의 역할을 이해하는 데 적용하는 흥미로운 시도들이 있었음을 말할 수 있다.

보다 임상적인 측면에서, 자기 표상 및 대상 표상의 점진적인 구성과 관련된 발달적-인지적 문제들은 자기-대상 경계들과 대상 항상성 및 자기 항상성의 측면에서 많은 현대 정신분석적 접근들(특히, Jacobson, Mahler, Kernberg의 접근법)에서 중심적인 관심사가 되었다. 하지만 이러한 접근들은 피아제의 접근 및 발달적 인지심리학의 접근들과는 달리, 그러한 기본적인 인지구조의 형성, 기능, 손상이 갖는, 대인관계적인 측면과 역동적인 측면을 강조한다. 자기-대상 분화와 항상성을 성취하는 능력의 손상은 심각한 병리와 구조적 자아 결함의 주된 구성 요소로 보인다. 이러한 임상적 이론들은 아동이 부모대상과 갖는 실제적 상호작용의 역할을 강조하는데, 그 상호작용이 아동의 경험에 항상성과 분화를 제공하기도 하고는 방해하기도 한다고 본다. 이러한 상호작용들은 동일시와 내재화들 통해서 영구적인 인지 구조가 되고, 개인의 내적 현실을 구성하는 기본 재료가 된다. 이런 관점에서 볼 때, 환경적 요인들로서의 대상관계들은 프로이트가 인지의 조직자로서의 욕동과 갈등에 부여했던 자리를 대부분 차지한 것으로 보인다. 여기에는 또한 병리와 구조적 결함의 원인을 환경적인,

부모의 결함에서 유래하는 것으로 보는 경향이 존재하는데, 그것은 프로이트의 초기 신경증 이론인 외상 이론을 생각나게 하는 일종의 축적된 외상에서 그 예를 찾을 수 있다.

인지 기능의 발달을 위해서는 최소한의 환경적 지지와 미리 조직된 자극("충분히 좋은 어머니 역할"로 서술된 적절한 자극의 양과 타이밍)이 필요하지만, 그렇다고 이러한 발달이 단순히 환경적인 투입이나 부모의 실제적인 말과 행동이 수동적으로 내재화되었다는 것을 의미하지는 않는다. 아동은 객관적인 성인의 관점에서 정의된 대로 대상을 내재화하지는 않는다. 아동은 대상에 대한 자신의 경험을 내재화하는데, 이것은 욕동과 정동의 요소들을 포함할 뿐만 아니라, 아동 자신이 처해 있는 특정한 발달 단계에서 가질 수 있는 인지 구조에 의존해서 자신의 경험을 선택적으로 구성한다. 다시금, 부분적으로 인지 능력의 자율적인 발달은 이후에 대상관계의 변화들(분리와 지연을 더 잘 견디고, 리비도적 대상 항상성을 획득하는)을 위한 필수 조건이다.

무의식적 의미에 대한 해석과 통찰은 경험이 갖는 보다 직접적이고 구체적인 의미들과 보다 추상적이고 관계적인 의미 사이의 연결과 통합을 반복해서 확립하는 것이라고 공식화 할 수 있다. 이러한 연결은 갈등과 방어과정으로 인해 부재하거나 붕괴되었던 것이다(Rosen, 1969). 마침내, 언어는 개념을 가리킬 수 있고, 이미지를 환기시킬 수 있으며, 신호로 사용되고, 종종 이 세 가지를 동시에 수행한다. 이 점은 일반적으로 그리고 특히 정신분석에서, 말과 언어가 차지하는 중심적인 역할을 다시 한 번 상기시켜 준다.

사고와 언어

 임상적 정신분석의 일차적인 자료는 언어적 의사소통이다. 프로이트는 빈번히 해석을 번역 과정 또는 다른 언어를 자신의 언어로 바꾸는 작업에 비유했다. 분석가의 과제는 원본과 번역본을 비교하는 것을 통해서 그 언어의 특성과 구문 법칙을 발견하는 것이라는 것이다(1900, p. 277). (하지만 만약 우리에게 원본이 없다면, 다만 번역본을 해독하거나 해석하는 것을 통해서만 그 원본에 접근할 수 있다면, 우리는 어떻게 그것의 성격과 구문 법칙을 발견할 수 있단 말인가?) 우리는 꿈 작업이 어떻게 "직유와 은유와 시적인 어법과 닮은 이미지들"을 사용하는지에 대한 프로이트의 견해를 이미 살펴보았다. 응축과 전치는 욕동 집중이 갖는 운동성을 포함하고 있으면서도, 또한 보다 구체적으로는 압축은 의미의 "축약"—한 단어가 많은 다른 단어들을 암시하는—으로, 그리고 전치는 "사고의 언어적인 표현에 생긴 변화"로 서술될 수 있다.

 언어 습득에 대한 프로이트의 일반적인 공식은 특정한 소리들(단어 표상들)에 대한 기억과 대상들의 구체적인 이미지들(사물 표상들)이 서로 연결되어 이루어지는 것으로 보는데, 이것은 현대 언어학적 방법론과 비교할 때 한계를 갖고 있고 뒤져 있다. 프로이트의 공식은 언어의 구문론적 측면을 무시하고 있으며, 기표가 구체적 대상인 지시대상과의 관계를 통해서뿐만 아니라, 관계와 범주로 이루어진 의미 체계의 일부가 됨으로써 의미를 획득한다는 사실을 도외시하고 있다.

 물론 누구나 동의하는 통일된 언어학 이론은 아직 없다. 에델슨(1975)은 촘스키의 변형적 문법을 정신분석적 해석을 위한 모델로 사용하여 심층적인 구문적 구조가 표면적인 구조로 변형되는 것과 잠재적 내용이 드러난 내용으로 변형되는 것 사이에는 유비관계가 있다고 말했다. 에델슨의 접근방법은 정신분석의 해석과 추론에 포함된 언어학적이고 의미론적인 원리들을 명료화할 필요가 있음을 강조한다. 여기에는 해석의 출발점으로서 언어규칙과 용법으로부터 갑자기 이동하거나 "이탈"하는 것(경미한 실언과 같은) 뿐만 아니라, 환자의 말의 내용 그리고 구문론적 스타일까지도 주목하는 것이 포함된다. 하지만 이 모델을 임상적 자료에 구체적으로 적용하는 것은 아직도 미래의 과제로 남아있다.

많은 현대 언어학의 접근방법들은 언어를 기표들로 이루어진 폐쇄적 체계로 인식하고 있으며 기의를 언어 밖의 현실(한 어휘의 의미는 또 다른 어휘임)로서는 거의 고려하지 않고 있다는 점에서 정신분석에의 적용 가능성에는 한계가 있다. 이것은 라캉의 이론(1977)에서 찾아볼 수 있는데, 그것은 "상징들"을 스스로 담겨 있는 규칙 체계로 보면서, 개인적 담화를 기표들이 끝없이 미끄러지고 대체되는 것으로 본다. 여기에서 말하기는 은유, 농담, 암시, 등과 같이 결코 도달할 수 없는 기표("존재의 결핍")에 대한 환상적 근사치들의 게임을 뜻한다. 라캉의 방법론이 어떤 장점과 복잡성과 애매성을 가지고 있든 상관없이, 이것은 일차과정 사고(무의식을 "타자"로서 그리고 "언어로서 구조화된 것"으로 보는)의 조직 안에서 사회적으로 공유된 언어 규칙들이 갖는 중요성을 일깨워준다. 이것은, 비록 한편으로 치우치긴 했지만, 담화의 정신분석적 수준을 위해 심리적 현실과 무의식적 환상이 수행하는 중심적인 역할을 분명히 강조하고 있다. 이 점은 자아심리학과 발달적 대상관계 이론에서 드러나는 환경론자의 생물-사회학적 방향과는 대조를 이룬다.

저명한 언어학자인 로만 야콥슨은 라캉뿐만 아니라 로젠과 에

델슨을 포함한 몇몇 정신분석가들에 의해서도 언급되고 있다. 야콥슨과 할레(1956)는 인지-지시적(cognitive-referential) 기능뿐만 아니라 표현-정동적(expressive-affective) 기능, 능동적 기능(명령을 내리고 요구하는), 정념(pathic) 기능(타인과의 접촉을 유지하기 위해 언어적인 소음을 내는), 시적 기능(단어의 소리에 주목하는) 등과 같은, 언어의 다양한 기능에 대해 언급했다. 보통, 담화는 주된 기능의 변동이 있을 뿐, 이 모든 기능들을 동시에 사용한다. 이 기능들은 명백히 분석가가 피분석가에게 경청하는 방식과, 피분석가가 분석가의 개입을 경청하는 방식에 직접적으로 관련된다. 야콥슨의 또 하나의 중심적인 개념은, 담화 안에서 의미는 두 축의 상호작용 또는 참조틀(조합과 선별의 원리인)의 상호작용에 의해 생성된다는 것이다. 조합은(combination) 순서와 단어의 맥락, 문장, 이야기로서의 말(narrative speech)의 직접적인 접촉 안에 있는 주제들을 포함한다. 반면에, 선별(selection)은 보다 항구적인 부호나 어휘(유사어와 동의어의 체계) 안에서 이루어지는 단어의 선택 및 대체를 포함한다. 이것은 정신분석에서 해석의 과정을 서술하고 구체화하는 데 유용한 모델이 될 수 있다. 조합은 직접적인 맥락과 연쇄(자유연상, 분석상황의 특수한 요소들, 상호작용 등)의 선택 및 사용과 관련되고, 선별은 제한된 수의 기본적 의미들과 해석의 범주들("상징"과 무의식적 환상들)을 바탕으로 한 등가물들의 체계 안에서 대체 및 변환과 관련된다. 구체적인 해석들과 특정 분석가의 해석 방법은 이러한 두 축의 상대적 우세 혹은 통합이라는 측면에서 바라볼 수 있을 것이다.

일차과정과 사고의 병리

일차과정 사고의 출현은 자아-원본능-초자아 균형과 자아 기능들 간의 관계는 물론 오르가즘 상태(흥분, 중독, 발열 수준)와 같은 내적 요인들뿐만 아니라 외적 상황의 요구, 현실의 제약, 또는 특수한 상황들의 기능과 관련되어 있다. 예를 들어(Goldberger, 1961; Goldberger & Holt, 1958), 감각의 박탈을 수반하는 것과 같은 특수한 환경들은 병리와 관계없이도 일차과정 사고를 촉진하는 것으로 밝혀졌다. 분석에서 환자가 일차과정의 분출을 경험하는 것은 일정한 한계 안에서 수용될 수 있는 것으로 간주되지만, 같은 현상이 초기 평가 면담에서는 경계선 혹은 정신증의 전조를 나타내는 것으로 간주될 수 있다. 달리 말해서, 의식(또는 언어화) 안에서 표현되는 일차과정—그것이 스쳐가는 일련의 생각들의 형태이든지, 환각적 이미지이든지, 노골적인 욕동 자료이든지, 혹은 말실수의 형태이든지 간에—은 그것 자체로서 병리적인 함축을 갖는 것은 아니다. 일차과정 사고의 병리를 판단하기 위해서는 전체적인 상황, 맥락, 개인 특유의 방어 체계, 인지 스타일, 오르가즘 상태 등에 대한 포괄적인 평가가 요구된다.

물론 이것은 정신의학적 면담의 필수적 기능인 동시에 심리검사의 핵심이다. 심리학적 진단검사 영역에 정신분석 이론을 적용하기 시작한 것은 중요한 의미를 갖는 것이었다(Rapaport et al., 1946; Schafer, 1948, 1954). 로샤 검사에서 일차과정(정도와 통제방식들과 함께)의 형식 및 내용의 측면들을 확인하기 위한 조작적이고(operationally) 체계적인 시도들로서의 매뉴얼이 홀트와 하벨(1960)에 의해 개발되었다. 프로이트의 일차과정과 이차과정 개념을 조작적인 용어로 "포착하기 위한" 시도에서 만나는 여러 가지 어려움들에 대한 개요를 보려면 Holt, 1967을 보라.

환자의 사고과정의 특성을 포괄적으로 평가함에 있어서, 우리는 지각, 응축, 주의, 판단, 현실검증, 현실감각 등과 같은 모든 인지적 측면들을 주의 깊게 보아야 하며, 그 외에도 환자의 특징적 통제들, 방어들, 그리고 이러한 통제구조들의 긍정적 또는 부정적 효과를 측정해야 한다. 우리는 앞에서 일차과정의 표현은 항상 본능적 소망과 방어들 사이의 타협이라는 점을 지적했다. 이 타협에서, 소망의 강도와 방어의 세기가 결합되는 정도에 따라 상대적인 비중은 달라진다.

방어들이 상당히 견고하고 오랫동안 안정되게 유지되는 신경증들에서, 우리가 임상적으로 발견하는 사고의 특징들은 욕동과 본능적 소망이 상당히 제거된 것으로 드러나는 경향이 있다. 일차과정 파생물은, 그것의 의미는 자아의 의식적인 부분에 의해서 탐지되지는 않지만, 식별이 가능하다. 따라서, 고립, 반동형성, 주지화 등과 같은 방어들에 심하게 의존하는 강박-충동 장애의 경우, 우리는 상황적이고, 아는 체 하며, 경직되고, 양가적이며, 우유부단하고 독단적인, 그리고 특정 상황에서는 일시적으로 가로막히는 사고를 발견한다. 히스테리의 경우, 억압 방어는 우주적이고 모호하며 자기중심적이고 비성찰적이며 정동으로 가득 찬 그리고 진부한 특징을 지닌 사고를 중재한다. 신경증의 유형들(1965)이라는 저서에서, 샤피로는 강박증과 히스테리적 성격 외에도, 편집증적 성격과 충동적인 성격들의 사고와 인지 유형들을 체계적으로 서술했다. 더욱이 그는 스타일과 방어 사이의 차이는 욕동 자극과 욕동 파생물을 통제하는 기능상의 문제라기보다는 긴장과 갈등의 특수한 상황(즉, 강도)의 문제라고 제안한다.

마지막으로 정신분열증에 눈을 돌릴 때, 우리는 그것의 가장 두드러진 증상인 극심한 사고장애의 본질과 병인론에 대한, 과거로부터 계속되고 있는 논쟁에 직면하게 된다. 정신분열증에서 사고장애가 가장 중심적 역할을 한다고 본 블로일러(Bleuler, 1911)—프로이트에게 영향을 받았으며, 자유연상에 기대는 측면이 프로이트와 유사했던—로부터 시작해서 현대의 저자들(Johnston & Holzman, 1979; Frosch, 1982)에 이르기까지, 이러한 사고장애의 본질을 규명하려는 시도는 계속되어 왔다. 우리는 생물학과 심리기능의 영역에서 수많은 이론적 다양성을 지니고 있는 고도로 전문화된 이 분야를 개괄하기보다는, 정신분열증과의 관련에서 새롭게 진전된 정신분석적 사고들의 일부를 요약하는 것으로 만족할 것이다.

가장 초기의 고전적인 공식에 따르면, 정신분열적 현상들은 퇴행적인 것이고, 사고와 언어에 있어서 일차과정이 복귀되는 것으로 간주할 수 있다. 예를 들어, 페니켈의 견해에서, 정신분열적 사고는 신경증 환자들의 무의식이나 어린 아이들, 피곤한 상태에 있는 정상인에게서 발견되는 "원초적이고 마술적인 사고이며, 원시인에게서 볼 수 있는 '원형적' 사고(1945, p. 421)이다. 하지만 이것은 너무 광범위하고 지나치게 포괄적인 공식화이다! 프로이트 자신도 정신분열증 환자의 일상적인 삶을 꿈에 비유했다. 그는 일차과정이 의식을 뚫고 들어온다는 점을 부각시켰을 뿐만 아니라, 욕동의 직접적인 내용보다는 일차과정이 표현되는 보다 형식적인 측면들을 지적했다.

일차과정의 형식적인 측면들(즉, 과정)을 의식(그리고 언어) 안에 노골적으로 나타난 부적절한 욕동의 내용물로부터 구별하는 것은 때로 어려울 수도 있다. 왜냐하면 그 내용물은 직접적인 방출기능에 봉사하고, 따라서 "일차과정" 현상에 해당되기 때문이다(Holt, 1967; Gill, 1967). 그러나 정신분열증 환자의 사고장애에서, 병적인 부분은 분명히 "일차과정"의 형식적 측면으로 드러난다. 따라서 우리는 이러한 일차과정의 표현들을 동떨어진 연상들, 복합음 연상(clang associations), 문장 완성, 마술적 및 자폐적 논리, 사고의 전적 차단 등에서 발견한다. 이것들은 모두 개념적 및 연상적 과정에 심각한 결함이 존재한다는 것에 대한 명백하고 극적인 예이다. 욕동 지배적인 사고로 퇴행하는 경향과 원시적인 사고 양태의 사용은 본래 초기 발달의 리비도적 또는 공격적 갈등의 결과로 간주되던 것들이다. 하지만 최근에 다른 정신분석적 공식들은 욕동과 환경적 자극에 대한 장벽의 결함이나(Hartmann et al., 1964), 자기와 타자 사이의 적절한 경계를 발달시키지 못한 실패(Blatt & Wild, 1976), 특수한 또는 일반적인 자아 결함을 단순히 퇴행을 자극하는 요소로서만이 아니라 정신분열증을 발생시키는 원인으로서 강조하고 있다(Bellak, 1984). 하지만 여기에서 이 공식들을 상세히 설명하는 것은 어렵다. 요약컨대, 정신분열증적 사고에 대한 정신분석적 관점의 핵심 개념과 고유한 공헌은 그러한 사고가 환자의 소망, 갈등, 방어, "내면의 삶" 등에 대한 표현으로서, 내재적이고 심리적인 의미를 갖고 있다고 주장해왔다는 점이다.

참고문헌

Amacher, P. (1965). Freud's Neurological Education and Its Influence on Psychoanalytic Theory. Psychological Issues, monograph 16. New York: Int. Univ. Press.

Arlow, J. A., & Brenner, C. (1964). Psychoanalytic Concepts and the Structural Theory. New York: Int. Univ. Press.

Bellak, L. (1984). Basic aspects of ego function assessment. In The Broad Scope of Ego Function Assessment, ed.. L. Bellak & L. A. Goldsmith, pp. 6-19. New York: Wiley.

Blatt, S., & Wild, C. (1976). Schizophrenia. New York Academic Press.

Bleuler, E. (1911). Dementia Praecox or the Group of Schizophrenias. Rpt. New York: Int. Univ. Press, 1950.

Edelson, M. (1975). Language and Interpretation in Psychoanalysis. New Haven: Yale Univ. Press.

Fenichel, O. (1945). The Psychoanalytic Theory of Neurosis. New York: Norton.

Freud, S. (1895). Project for a scientific psychology. SE, 1:283-387.

_____ (1900). The Interpretation of Dreams. SE, 4 & 5.

_____ (1911). Formulations on the two principles of mental functioning. SE, 12:213-226.

_____ (1913). Totem and Taboo. SE, 13:1-162.

_____ (1914). On the history of the psycho-analytic movement. SE, 14:3-66.

_____ (1915). The unconscious. SE, 14:159-215.

_____ (1923). The Ego and the Id. SE, 19:3-66.

_____ (1924). The loss of reality in neurosis and psychosis. SE, 19:182-187.

_____ (1940). An Outline of Psycho-Analysis. SE, 23:141-207.

Frosch, J. (1982). The Psychotic Process. New York: Int. Univ. Press.

Gill, M. M. (1967). The primary process. In Motives and Thought, Psychological Issues, monograph 18/19, ed. R. R. Holt, pp. 259-298. New York: Int. Univ. Press.

Goldberger, L. (1961). Reactions to perceptual isolation and Rorschach manifestations of the primary process. J. Proj. Techniques, 25:287-302.

Goldberger, L., & Holt, R. R. (1958). Experimental interference with reality contact (perceptual isolation). J. Nerv. Ment. Dis., 127:99-112.

Greenspan, S. I. (1979). Intelligence and Adaption. Psychological Issues, monograhp 47/48. New York: Int. Univ. Press.

Hartmann, H. (1950). Comments on the psycho-analytic theory of the ego. Psychoanal. Study Child, 5:74-97.

_____ (1964). Essays on Ego Psychology. New York: Int. Univ. Press.

Hartmann, H., Kris, E., & Loewenstein, R. M. (1964). Papers on Psychoanalytic Psychology. Psychological Issues, monograph 14. New York: Int. Univ. Press.

Holt, R. R. (1967). The development of the primary process. In Motives and Thought, Psychological Issues, monograph 18/19, ed. Holt, pp. 344-383. New York: Int. Univ. press.

Holt, R. R., & Havel, J. (1960). A method for assessing primary and secondary processes in the Rorschach. In Rorschach Psychology, ed. M. A. Rickers-Ovsiankina. New York: Wiley.

Horowitz, M. J. (1972). Modes of representation of thought. J. Amer. Psychoanal. Assn., 20:793-819.

_____ (1988). Introduction to Psychodynamics. New York: Basic Books.

Jakobson, R. & Halle, M. (1956). Fundamentals of Language. The Hague: Mouton.

Johnston, M., & Holzman, P. (1979). Assessing Schizophrenic Thinking, San Franciscor. Jossey-Bass.

Klein, G. S. (1970). Perception, Motives and personality. New York: Knopf.

Kris, E. (1952). Psychoanalytic Exploration in Art. New York: Int. Univ. Press.

Kubie, L. S. (1954). The fundamental nature of the distinction between normality and neurosis. Psychoanal. Q., 23:167-204.

Lacan, J. (1977). Ecrits. New York: Norton.

Loewald, H. W. (1960). On the therapeutic action of psychoanalysis. Int. J. Psychoanal. 41:16-33.

McDougall, J. (1980). Plea for a Measure of Abnormality. New York: Int. Univ. Press.

Noy, P. (1969). A revision of the psychoanalytic theory of the primary process. Int. J. Psychoanal. 50:155-178.

Peterfreund, E. (1971). Information Systems and Psychoanalysis. Psychological Issues, monograph 25/26. New York: Int. Univ. Press.

Rapaport, D., ed. (1951). Organization and Pathology of Thought. New York: Columbia Univ. Press.

_____ (1960). The Structure of Psychoanalytic Theory. Psychological Issues, monograph 6. New York: Int. Univ. Press.

_____ (1967). The Collected Papers of David Rapaport, ed. M. M. Gill. New York: Basic Books.

Rapaport, D., Gill, M. M., & Schafer, R. (1946). Diagnostic Psychological Testing. Chicago: Year Book Publishers.

Rosen, V. H. (1969). Sign phenomena and their relationship to unconscious meaning. Int. J. Psychoanal., 50:197-202.

Rosenblatt, A. D., & Thickstun, J. T. (1977). Modern Psychoanalytic Concepts in a General Psychology. Psychological Issues, monograph 42/43. New York: Int. Univ. Press.

Rycroft, C. (1975). Fread and the imagination. New York Review, 3 Apr., pp. 26-30.

Schafer, R. (1948). Clinical Applications of Psycho-logical Tests. New York: Int. Univ. Press.

_____ (1954). Psychoanalytic Interpretation in Rorschach Testing. New York: Grune & Stratton.

Schimek, J. G. (1975). A critical re-examination of Freud's concept of unconscious mental representation. Int. Rev. Psychoanal., 2:171-187.

Shapiro, D. (1965). Neurotic Styles. New York: Basic Books.

Wemer, H., & Kaplan, B. (1963). Symbol Formation. New York: Wiley.

Wolff, P. H. (1967). Cognitive considerations for a psychoanalytic theory of language a acquisition. In Motives and Thought, Psychological Issues, mono-graph 18/19, ed. R. R. Holt, pp. 299-343. New York: Int. Univ. Press.

제 9 장

신체화

피터 냅(Peter H. Knapp), M.D.

신체화라는 개념은 정신분석학과 흥미로운 관계를 맺고 있다. 의학적 및 신경학적 영향을 크게 받고 있던 프로이트 당대의 분위기에서 시작된 이 개념은 그 세기의 30~40년대 동안에 의학의 한 분과로 자리 잡았다. 공식적으로 "정신신체 의학"이라는 이름을 부여받은 이 분과는 전적으로는 아니지만, 정신분석 선구자들에 의해 크게 영향을 받았다. 특히 프란츠 알렉산더, 펠릭스 도이치 등의 영향이 컸는데, 이들은 상이한 시각에서 다양한 의학적 장애들을 깊이 있게 살펴보는 것을 통해서 숨겨진 정신역동적 기제들을 발견했다.

하지만, 정신신체 과정에 대한 학제간 연구가 진행되면서, 정신분석적 통찰이나 정신분석적 임상가들의 역할은 더 줄어들었다. 최근에 출간된 와이너(Weiner)의 포괄적 단행본인, 정신생물학과 인간의 질병(1977)은 거의 3000개의 참고문헌을 담고 있는데, 이것들 중에서 일부만이 정신분석적 성향을 띠고 있다. 도이치(L.

Deutsch)는 최근의 논평(1980)에서 정신분석은 앞으로도 신체화라는 주제에 대해서 공헌할 부분이 많이 있다고 지적하면서 이와 같은 사실을 개탄하였다.

정신신체적 모델

프로이트의 초기 언급들은 두 개의 맥을 가지고 있는데, 그것들 모두는 정서와 연결된 에너지 변화 혹은 리비도 집중과 관련되어 있다. 정서는 건강한 방식으로 방출되지 않으면, 신체 안에 축적됨으로 해서 광범위한 병리적 변화로 이끌 수 있는데, 프로이트(1895)가 말한 "실제 신경증"의 발생이 바로 그것이다. 한편, 이것은 상징적인 형태를 갖고 있고 국지적 특성을 띤, 갈등적 환상을 무의식적으로 재연하는 히스테리적 증상을 발생시키는 것일 수 있다. 이 두 종류의 장애는 모두 심리적 요인들(히스테리의 경우, 기억 즉, 학습된 패턴들에 의해 형성된)과 다양한 정도의 신체적 순응 사이의 균형을 나타낸다(1909). 따라서 여기에는 상징적 요소와 체질적인 요소 사이의 많고 적음에 의해 특징지어지는 일련의 보완적 상태들이 존재한다.

프로이트의 사고에서, 일반적인 정서의 동요와 상징적 표현이라는 두 가능성들은 그의 정동 이론으로 이끌었을 뿐만 아니라, 의식적 기억과 의미들이 여러 병리 현상으로 변환되는 것이 유사-언어학적으로 구조화된다는 그의 견해로 이끌었다. 이 두 가닥은 모두 신체화에 대한 후속 연구에 영향을 미쳤다.

프로이트의 초기 추종자들 중 몇 사람은 신체적 기능장애가 지닌 상대적으로 고정된 성격의 측면을 지적했다. 아브라함 (1927)은 구강기, 항문기, 성기기에서 유래하는 성격학적 측면들을 강조했다. 라이히(1933)는 개인의 일종의 성격적 외피 또는 갑옷을 형성하는, 신체적 자세의 특징들에 관한 탁월한 관찰을 제공했다. 후에, 이것들은 신체나 심리적 손상에 의해 왜곡될 수 있는, 신경심리학적 신체 이미지가 생겨나고 지속되는 것에 관한, 폴 쉴더((1936)의 관찰(1936)을 토대로 정교화되었다.

원인이 불확실한 다수의 의학적 장애들에 점점 더 많은 관심이 집중되게 되었다. 던바(Dunbar, 1938)는 그녀의 기념비적 저작인, 정서와 신체적 변화들에서 광범위한 문헌들을 검토했다. 그녀는 많은 질병들을 위해 심리적으로 의미 있는 맥락을 제안하는, 많은 예화들을 보고했다. 좀 더 구체적으로, 그녀는 체질이라는 친숙한 주제를 선택해서 성격 유형에 따라 질병도 다를 수 있다고 제안했다. 그녀의 검토는 학제간 연구의 성격을 띤 것이었는데, 이에 자극을 받아 형성된 집단 역시 그런 성격을 띠었다. 이 집단은 1939년에 미국정신신체학회(1939)를 창설했고, 던바가 편집을 맡은 정신신체 의학이라는 저널을 창간하였다. 이 집단에 속한 정신분석가들로는 프란츠 알렉산더와 그의 시카고 대학 동료들을 꼽을 수 있는데, 특히 T. 프렌치, M. 제라르, G, 햄, A. 존슨, M. 밀러, G. 폴락 등이 그들이다.

평형상태의 붕괴

알렉산더의 지도하에서 이 집단이 개념화한 신체화는 어떤 면에서 프로이트가 말한 실제 신경증의 개정판이었다. 알렉산더는 교감신경과 부교감신경으로 이루어진 자율신경계를 포함하는 윌터 캐논의 정신생리학에서 자신의 생각을 이끌어냈다. 교감신경과 부교감신경은 정서와 통합되어 "평형상태"라고 불리는 최적의 신체기능의 균형을 유지해주는, 중요한 생리학적 과정들을 조절한다. 알렉산더에 의하면, 자율신경계는 밀접하게 관련되어 있는 내분비계의 부분들과 더불어, 원인이 밝혀지지 않은 수많은 만성질환들에 직접적으로 영향을 미친다(1950). 구체적으로, 그의 연구팀은 이런 장애들 중 7가지를 연구했다: 기관지 천식, 신경성 피부염, 위궤양, 궤양성 장염, 류머티스 관절염, 본태성 고혈압, 심장 갑상선 항진증. 각각의 질병에 대한 세부적인 가정들은 알렉산더와 그의 동료들에 의해 수행된 무작위 진단(blind diagnosis)에 의해 부분적으로 증명되었다(1968).

여기서 중요하게 고려된 것은 메카니즘이다. 이 "7가지의 고전적" 장애들은 원칙적으로 막혀있는 정서들(즉, 활성화되었지만 왜곡, 억제, 또는 부분적으로만 표현된)의 산물로 간주되었다. 예를 들어, 천식은 어머니에 대한 고통이나 분노에 대한 "억눌린 눈물"의 산물이고, 위궤양은 구강적 갈망이 위장된 형태로 나타난 것이며, 고혈압은 폭발 직전의 분노를 나타낸다. 1950년에, 알렉산더는 순환 모델을 제안했다. 이 모델에서, 정서들의 군집 하나가 다른 하나를 대체하면서 순환된다. 주장적인 공격성은 공포에 의해 대체되고, 수동적 갈망은 수치심에 의해 대체된다. 어떤 개인들에게는 공격적인 분투가 두드러지는가 하면, 다른 개인들에게는 수동적인 갈망이 우세하게 드러난다. 이것들은 각각 알려지지 않은 체질적이거나 다른 요소들에 의해 질병으로 나타난다고 추측된다.

이 모델이 다른 질병들에도 광범위하게 적용될 수 있는지의 문제는 아직 결론이 내려지지 않은 상태이다. 알렉산더는 이러한 자율 신경증은 "진정한" 의미의 정신신체적 질환으로서 불수의적인 신경계의 표출이므로 상징 과정들에서 생겨나 수의적 신경계에 영향을 미치는 전환 히스테리와는 뚜렷이 구별되어야 하다고 주장했다. 우아하고, 강력하며, 교육적인 가치가 있는 것으로 평가되고 있는 그의 이론은 지금도 신체화에 대한 중심적인 이론으로 남아있는데, 우리는 이 이론을 "평형상태의 붕괴" 모델이라고 부를 수 있다.

학습된 기능장애

일련의 다른 관찰들의 조합은, 결국 신체화에 대한 두 번째 모델로 발달했지만, 프로이트 이론 안에 있는 또 다른 맥락에서 그 기원을 찾을 수 있는 것이다. 게오르그 그로덱(1916)은 광범위한 신체 증상들이 상징적, 히스테리적 기초를 갖고 있다고 제안했고, 펠릭스 도이치(1939)는 그러한 생각을 정교화하였다. 후에 정신분석가가 된 의사들인 두 사람 모두는 신체적인 표현에 대해, 그리고 신체 질환이 갖는 의미에 대해 그리고 갈등 해소에 사용되는 방식에 대해 예리하게 관찰했다. 이들은 자율신경계 혹은 내분비계의 표현을 자동적인 것 또는 전형적인 "방출" 과정으로 인식되는, 정서의 어쩔 수 없는 부산물이라고 보지 않고, 그것들을 원시적 환상이 돌출되어 나온 것이거나 "전성기적 전환" (Fenichel이 사용한 용어, 1945)을 나타낸다고 주장했다.

예를 들어, 엔겔(1968)은 다음과 같이 말했다: "레이노드(Raynaud) 현상은 어머니에게 화를 내기 위해 막 전화를 걸려는 여성의 검지에서 먼저 나타나고, 류마티스 관절염은 자신을 밀어내는 여차 친구 집의 문을 걷어차려는 충동을 느끼는 남성의 발목에서 먼저 나타난다는 것을 발견했다."

혈관부종을 앓고 있는 삼십대 후반의 한 환자는 자신의 부인이 임신했다는 것을 발견한 직후에 분석을 받으러 왔다. 임신 소식을 들은 다음 24시간도 되지 않아, 그의 복부 전체는 부종으로 뒤덮였다. 나중에 이 환자의 어머니가 사망했는데, 이번에는 그의 왼쪽 볼이 부르텄다. 환자가 이 점에 대해 성찰해보았을 때, 그는 볼의 그 부분에다 어머니가 매일 밤 굿나잇 키스를 해주었다는 것을 기억해내고는 무척 슬퍼했다. 두드러기 증세를 갖고 있는 한 환자는 막 심리치료를 시작한 상태였는데, 그녀는 새로운 경험에 도전하기 위해 운전을 배우겠다고 주장하다가 남편과 부부싸움을 했다. 남편의 강력한 반대에도 불구하고, 그녀는 자신의 주장을 굽히지 않았는데, 다음 날 그녀의 오른쪽 발바닥에는 두드러기가 넓게 퍼져있었다.

스펄링(1949, 1953)은 임상적 관찰을 통해 두드러기에는 상징적인 요소가 있다고 제안했다. 그녀는 상징주의가 다른 질병들에서도 중요한 요인이 될 수 있다고 보았다. 그녀는 어머니-유아 쌍의 상호작용을 통해 이러한 상징주의가 발달한다고 보았다. 그녀는 자신의 관찰들의 일부로서 어머니-유아 쌍을 관찰했는데, 그 관찰에서 가족 유대의 강화가 궤양성 장염을 호전시키는 요소가 될 수 있음을 확인했다. 펠릭스 도이치는 자기와 중요한 타자 사이의 신체적 경험에는 초기 융합이 존재하며, 후에 그러한 대상을 상실하게 되면 환상활동을 통해 이 융합을 되찾으려고 시도하게 되는데, 그 과정에서 상실된 대상이 신체적 증상들로 의인화되어 나타난다는 이론을 제시했다. 이 관점은 무샷(Mushatt, 1975)에 의해 정교하게 다듬어졌다. 엔겔(1968)은 상이한 이론들을 사용하여, 신체 변화를 가져오는 전환 과정들이 일부 외상적 혹은 해로운 경험과 연결되어 있는 감각자극들에 대한 일반화된 반응들로 설명될 수 있다고 주장했다.

엔겔의 환자인 24세의 미혼 여성은 여러 가지 전환 증상을 보였다. 그녀는 10세 때부터 특정 금속과 접촉하고 나면 반복적으로 나타나는 습진성 피부염에 시달려왔다. 가장 먼저 나타난 곳은 목과 어깨였는데, 이 부위는 견진성사 때 이모에게 받은 십자가 목걸이 체인에 의해 접촉이 이루어지는 부위였다. 그 당시 그녀는 죄의 문제에 골몰해 있었다. 후에 피부염이 다시 생긴 것은 고등학교 졸업 선물로 아버지에게서 시계를 받았을 때와, 그녀가 법원 속기사로서 강간 사건의 증언을 기록하고 있을 때였다. 그녀의 일상생활과 관련된 것으로는, 그녀가 어머니의 질문을 자신의 성생활에 대한 비난으로 오해했을 때였다. 엔겔은 이것에 대해, 본래 목걸이와 십자가에서 온 감각들이 성적 환상들과 연결되었고, 이 성적 환상들로 인해 처벌의 환상이 활성화되었으며, 결국 정상적인 항발진성 신경기제들의 중재에 의해 생물학적 방어 반응이 생겨난 것이라고 가정했다. 후에는 다음과 같은 일반화가 이루어졌다: 고전적 또는 반응적 조건화와 비슷한 방식으로, 다른 환상들이 동일한 연쇄과정과 연결되고 활성화되게 된 것이다. 이러한 증거가 두 번째 모델의 형성에 기여했는데, 이 모델은 선택적으로 학습된 기능장애의 결과로서 증상이 형성되는 것이라고 보는 모델이다.

심리생리학적 퇴행

이 두 모델들—평형상태의 붕괴와 학습된 기능장애—은 발달 초기 단계에 그 뿌리를 두고 있는 심리생리학적인 과정들을 함축하고 있다. 이것은 세 번째 모델로 인도했는데, 이 모델은 일종의 심리생리학적 퇴행을 가정한다. 이것은 헨드릭(Hendrick, 1953)

이 주장하였고 마골린(Margolin, 1953)에 의해 정교화되었다. 마골린은 정신신체 질환이란 통제되지 않은 다량의 정동적 반응들과 신체생리학적으로 불완전하게 통합된 상태와 함께, 발달 초기에 기능하던 방식으로의 퇴행을 나타낸다고 제안했다. 그는 치료에서 환자로 하여금 어린시절의 의존 수준—그는 이것을 "의존"(anaclitic ~에 기댄다는 의미)이라고 불렀다—을 다시 경험하기 위해서 병리적 반응들이 발생한 것으로 추정되는 시기보다 앞선 단계로 돌아가는, 이런 퇴행이 일어나게 해야 한다고 주장했다. 그렇게 함으로써 보다 적절하고 건강한 발달이 치료 상황에서 재연될 수도 있다는 것이다. 물론 퇴행의 개념은 아직도 유효한 것으로 남아있지만, 이 공식은 지나치게 단순한 것임이 밝혀졌다. 슈르(Schur, 1955)는 이 공식을 매우 세련된 것으로 만들었다. 그는 불안정하고 잘 통제되지 않은 유아의 신체생리적 반응이 "길들여지고" 흔적만 남게 되어 인지과정의 상대적 통제 하에 신호역할을 하게 되는, "탈신체화" 단계가 존재한다고 가정했다. 나중에 갈등의 상황은 "재신체화"와 정신신체 장애에서 특징적으로 발견되는 생리적 과다현상을 불러올 수 있다.

　이 모델은 퇴행뿐만 아니라, 논리상 이전에 이루어진 발달까지도 포함한다. 이 모델은 발달적 모델이다. 여기에는 많은 함축들이 포함되어 있다. 나는 여기서 다만 이 모델이 앞에서 언급된 평형상태 붕괴 모델이나 선택적 기능장애 모델과 상충하지 않는다는 점만을 언급하겠다. 평형상태의 조절은 발달의 여러 단계들을 거치면서 서서히 발달한다. 이 발달에서 다양한 종류의 학습은 매우 중요하다. 발달적 차원은 신체화의 다른 모델들을 확충하고 확장한다고 볼 수 있다.

　과학은 이론의 느린 조류뿐만 아니라 사실의 바람도 만나면서 발전해간다. 사실들은 그 자체의 경험적 논리를 가지고 있다. 사실들은 이전의 사실들이 보여준 길로 가며, 설령 지나친 단순화의 오류를 범한다고 해도, 정밀함을 얻을 수 있을 것 같은 곳으로 간다. 신체화의 경우, 탐구자들은 생리학적인 방향의 연구와 동물을 이용한 실험에 더 많은 관심을 기울였다.

근저의 기제들에 대한 최근의 논의들

정신신체적 복잡성을 다루려는 시도들

평형상태(붕괴든 유지든) 개념은 매우 정교하게 다듬어졌다. 생리학은 대체로 상대적인 항상성을 유지하는 반응들과 적응을 촉진하는 반응들 사이의 복잡한 균형이라고 볼 수 있다. 자극과 반응이라는 캐논(Cannon)의 단순한 분류는 셀리(Selye, 1975)에 의해 더욱 확충되어, "스트레스 반응"이라는 내분비계 요소들까지 포함하게 되었다. 교감신경과 부교감신경계는 수많은 하부 조직을 가지고 있는 복잡한 체계로서, 신경내분비계 및 효소계와 연관되어 있으며, 중추 신경계로부터 간세포 조절 전달체까지 연결되어 있다. 또한 내분비신경계도 이것만큼이나 복잡하다는 것이 밝혀졌다. 그것이 수많은 행동적 과정들과 갖는 관계는 계속해서 밝혀지고 있다. 정신신체 의학에서 이것이 차지하는 중요성은 메이슨(1968)과 그의 동료들에 의한 일련의 논문들에서 요약되었다. 동시에, 행동을 통제하는 중추신경계의 요소들도 정교화되었다. 특히 맥린(MacLean, 1973)은 정서적 행동을 담당하는 주된 해부학적 및 생리학적 요소들인, 대뇌변연계에 대한 탐구의 길을 열었다. 대뇌번연계는 말초적인 정서 반응들의 조절과 관련이 있으며, 정신증의 상태를 이해하는 과정에도 중요한 함의를 가지고 있다. 신경내분비 활동은 최근에 발견된 중추신경계와 면역계 사이의 관계들을 포함해서, 광범위한 신체 기능들에 영향을 미치는 것으로 드러났다(Ader, 1981).

질병이라는 개념도 복잡한 변화를 거치게 되었다. 질병과 건강 사이, 그리고 질병들 사이의 경계들이 생각보다는 분명치 않다는 것이 증명되었다. 정신신체적 관점과 정신분석적 관점에서 연구되었던 "고전적" 장애들은 처음 생각과는 달리 동질적인 것이 아니라는 사실이 드러났다. 예를 들자면, 유전적, 사회적, 대인관계적 요소 등이 다양하게 작용하여 발생하는 고혈압과 기관지 천식의 수많은 유형이 있을 수 있다.

오늘날 생리학, 병리생리학, 심리생리학 분야에서 지식이 폭발적으로 증가되면서, 정신과학 분야 안에서 역설적인 발달이 일어났다. 계량적인 학문들과 보조를 맞추고, 실험을 용이하게 하기 위해, 점점 더 단순한 심리학적 모델에 의지하게 된 것이다. 하나의 예로 "스트레스"를 들 수 있다. 이 용어는 여러 가지 심리사회적 혼란들을 가리키는 색인어가 되었다. "삶의 사건들"(life events)도 스트레스와 같이 인간들이 경험하는 다양한 변화들에 획일적인 무게를 부여하는, 지나치게 단순화된 측정기준이 되었다.

몇몇 연구자들은 인간 행동이라는 복잡한 현상에 대한 정신분석적 연구의 타당성을 주장하면서, 계속해서 정신분석 개념들을 사용했다. 예를 들어, 혹독한 신병훈련에 임한 이천 명 이상의 병사들을 예측하기 위해, 와이너와 그의 동료들(Weiner, et al., 1957)은 구강적 좌절에 대한 알렉산더의 공식을 신체적인 경향성(위산의 수준에 의해 측정되는)과 연계해서 사용했다. 연구자들은 위궤양을 일으킨 사람들을 확인할 수 있었다. 우울과 상호작용하는, 환경적 사건들의 충격이 다양한 병사집단—정상집단(Wolff et al., 1964)과 우울집단(Sachar et al., 1968) 모두—에게서 내분비계 기능의 변화들을 예측하는 데 사용되었다. 이 연구자들은 정서뿐만 아니라 그에 따른 방어적 조작까지도 살펴보아야 한다고 강조했는데, 크냅과 그의 동료들(Knapp et al., 1970) 역시 이점을 강조했다.

엔겔은 1954년에 캐논과 셀리(Selye)가 약술했던 반응들과는 다른 반응들을 대상으로 새로운 생리학을 주창하였다. 그와 그의 동료들은 상실에 대한 반응들을 살펴보고 "포기" 반응(다른 도리가 없거나 희망이 없는 데서 오는)이라는 개념을 발달시켰다. 이들은 이 포기 반응이 다양한 질병의 전조가 된다고 느꼈다. 슈메일과 아이커(Schmale and Iker 1966)는 이러한 가정을 바탕으로, 원추생체검사(cone biopsy)를 받으러 오는 여성들(이들의 일부는 암이나 자궁경관 질환을 가지고 있었다)을 대상으로 실험을 했다. 이들은 병리보고를 전혀 듣지 않은 상태에서, 두 개의 집단으로 구별할 수 있었는데, 이는 통계에 의해서도 뒷받침되었다. 이러한 관찰들은 정서의 어긋남, 우울, 또는 심리적 요소들이 면역체계를 손상시킴으로써 악성 질환의 발생에 중대한 역할을 할 수도 있다는 추측으로 인도했다.

평형상태에 영향을 미치는 학습 유형들

학습은 전체적인 생리적 평형 체계가 출현하는 데 본질적인 요소이다. 유기체는 정해진 유전적 패턴들에 의해 이미 정해져 있고, 외부의 힘들에 의해 자동적으로 유발되는 고정된 반응들만 한다는 개념은 이제 낡은 개념이 되었다. 그것은 유기체가 환경과 계속해서 상호작용하는 관계에 있다는 관점으로 바뀌었다. 유기체의 반응들과 구조들의 틀은 모든 영역과 수준에서의 이전 경험에 의해 형성되며, 이것은 세포의 수준에까지 영향을 미친다. 이것은 캔델과 스펜서(Kandel and Spencer, 1968)의 훌륭한 연구에서 잘 설명되었다. 이전 경험은 단순히 수동적으로 견디는 것이 아니다. 유기체는 능동적으로 과거의 경험을 찾고 그것에 형태를 부여한다. 조건화라는 익숙한 언어로 설명하자면, 반응학습(환경적인 자극들이 예측 가능한 반응을 가져오는)은 조작학습에 의해서 크게 증가된다. 이러한 학습 과정에서 유기체는 바라는 강화들을 얻기 위해 환경에 영향을 미친다.

임상가들이 관심을 갖고 있는, 이 두 가지 유형의 학습(이 두 가지의 정도 및 혼합과 함께)이 신체화 증상들에 영향을 미치는 정도에 관한 문제는 아직도 논쟁의 대상이 되고 있다. 이 점에 대해서 동물 실험은 몇 가지 증거들을 제공한다. 갠트(Gantt, 1958)는 개들을 대상으로 심장혈관 반응과 공포 반응에 대한 연구를 통해서, 지속적으로 감응하는 조건화(또는 "고전적인")를 입증했고, 브래디(1974)는 비비들을 대상으로 지속적으로 고혈압을 일으키는, 조작적 조건화를 증명했다.

인간을 대상으로 한 연구에서 증상을 실험적으로 연구하기란 매우 어렵다. 이 연구분야에서의 관심은 앞서 언급한 예들에서와 같이, 증상의 표현, 재발, 유지, 중지 등에 집중되었다. 정신분석 상황은 다른 방식으로는 불가능한 종류의 관찰들을 가능하게 한다.

보다 본격적인 연구는 증상을 완화하기 위한 유사-실험적 시도들에 집중되었다. 이런 연구들도 처음에는 단순한 모델들을 추구하는 것들이었다. 그 결과, 1970년대에는 "행동 의학"이는 새로운 운동이 전개되었다. 이것은 학제간 협동연구의 중요성과, 다중적인 요인들을 포함하는 병인론의 필요성 등과 같은, 정신신체를 연구하는 이론가들이 제안한 관점들을 대폭 수용하는 것이었다.

하지만 이 행동 의학은 심리생리학적 질병들에 내포된 심리학적 복잡성을 배제한 채 그것들을 직접적으로 공략하려고 시도했다. 그것은 조건화된 학습 이론에 크게 의존했다. 그 중에서 가장 유명한 기법 두 가지는 체계적 이완(systematic relaxation) 기법과 생체피드백(biofeedback) 기법이다. 생체피드백은 사실상 조작적 학습의 한 변형으로서, 여기에서 보통 의지에 의해 통제되지 않는 생물학적인 반응이 개인에게 나타나는데, 이때 개인은 이러한 반응을 바람직한 방향으로 변화시키도록 "학습"하는 것을 통해서 다시 강화받는다.

고혈압, 기관지 천식, 편두통, 다른 형태의 두통들, 다양한 유형의 통증, 섭식 또는 중독 장애들의 경우, 이러한 개입들이 갖는 효력은 아직도 생리학적 연구와 심리치료적인 연구를 통해 해결되어야 할 문제로 남아있다. 가장 중요한 문제는 메카니즘의 문제이다. 증상의 변화가 발생한다면, 이는 행동적 개입의 결과인가, 아니면 치료관계 안에 있는 보다 미묘한 대인관계적 요소들로 인한 결과인가? 이 후자의 측면에 대한 평가는 암시와 전이에 대한 정신분석적 지식을 요구한다.

외부의 심리생물학적 조절자로서의 모성적 및 사회적 관계들

세 번째 모델에서, 즉 심리생리학적 진보와 "퇴행"(혹은 상대적 실패와 "고착")의 영역에서 많은 중요한 증거들이 축적되었다. 이 영역에서 이루어진 연구는 애착과 유대(bonding), 모성적 돌봄이 성숙과 생리적 기능에 미치는 영향, 붕괴된 유대의 결과에 주로 초점이 맞추어졌다. 예를 들어, 새끼 쥐에 대한 호퍼와

라이저(Hofer and Reise, 1969)의 꼼꼼한 연구는 어머니의 젖과 냄새와 감촉과 시각적인 현존이, 비록 각 단계마다 중요성에서 차이가 있지만, 아기의 심장, 호흡수, 체온조절, 목소리, 움직임, 소화활동 등을 통합하는 효과가 있다는 사실을 보여주었다. 호퍼의 동료였던 와이너(Weiner, 1982)는 다음과 같이 말했다.

> 유아의 행동과 생리작용을 조절해주는, 외부의 정신생물학적 조절자로서 행동하는 어머니는 유아의 성숙과 발달에 매우 중요하다. 삶의 어떤 시점에서, 어머니는 유아의 정신생물학적 기능에 더 이상 필수적이지 않게 된다. 이제 행동과 신체적 기능은 자율적으로 조절된다. 이제는 내면의 자율적 메카니즘들이 어머니의 기능을 이어받아 심장박동을 조절하게 된다. 만약 그렇지 않다면, 어떨까? 기관 체계들의 기능과 행동이 계속해서 사회적 관계에 의존해 있다면, 어떻게 될까? 질병은 사회적 관계들이 붕괴될 때 나타나는 것일까? 이것이 바로 "의존"의 의미일까? 자신이 위치해 있는 발달 단계에 심리적으로 고착되어 있는 수많은 환자들이 병을 앓고 있는 이유는 자신이 전적으로 떠맡아야 할 기능을 다른 사람에게 의존하고 있기 때문일까?

이러한 질문들은 동물 연구의 모델을 넘어 인간의 임상적인 문제들의 핵심을 건드린다. 조금만 확장해서 말한다면, 우리는 베네덱(1952)과 말러와 맥데빗(1982)이 가정했던 것처럼, 신체는 물론 정신적으로도 자율성을 갖는 자기의 출현과정 전체에 이 질문들을 적용해볼 수 있을 것이다. 정신분석적 지식을 토대로 인간 발달을 탐구하는 것은 신체화의 이러한 측면을 이해하는 데 명백한 타당성을 갖고 있다.

정신신체학적 모델의 현 위치

정신신체의학 분야에서 이루어진 발전들은 신체화에 관한 초기 정신분석적 모델들을 일부 수정했지만 그것들을 무효화시키는 것과는 거리가 멀었다. 오히려 어떤 면에서는 정신분석적 모델들에 새로운 활력을 불어넣었다. 이것은 정신분석 분야에서도 마찬가지였다. 정신분석학의 진보가 정신신체의학에 중요하게 기여했기 때문이다. 이러한 상호작용은 다음의 몇 가지 예들에서 드러난다.

평형상태와 정서

평형상태라는 개념(그것의 유지든 붕괴든)은 정서에 관한 정신분석이론들과 밀접히 연관되어 있다. 정서는 정신분석에서 중심적인 위치를 차지하고 있으면서도, 라파포트(1953)가 몇 년 전에 지적했듯이, 정신분석 이론에 의해 충분한 관심 대상이 된 적이 없다.

"정서"라는 용어는 넓은 의미로 사용될 필요가 있다. 이것은 정동적 경험의 전체 범위를 포함하며, 여기에는 환자가 마음껏 표현할 수 있는 임상적 상황에서, 특히 정신분석적 만남이라는 강렬하고도 의미 깊은 순간에 갖게 되는, 온갖 미묘한 정서의 변화와 혼합물까지도 포함된다. 정서는 본능적 행동들과 이것들의 신경해부학적 기질들과도 관련되어 있다. 게다가 우리는 정서의 맥락과, 정서를 담아내고 표출하고 때로는 정서에 의해 붕괴되는 방어조직을 고려하지 않고서는 정서의 본능적 뿌리를 생각할 수 없다. 적응적인 평형상태 안에 존재하는 이 모든 요소들은 항구적인 경향이 있지만, 그렇다고 해서 변화가 불가능한 것은 아니다. 정신분석적 관점은 정서의 복잡한 표면적 표현들과, 의식 바깥에 존재하면서 그러한 표현들을 가능케 하는 근저의 요소들을 연구하는 데 이상적인 방법이다.

최근에는 느껴지는 정서에 이름을 붙이거나 그것을 인지하거나 경험할 수 없는 무능력에 의해 특징지어지는 성격 패턴에 관심이 모아지고 있다. 시프너스(Sifneos, 1973)는 이것을 감정표현 불능증(alexithymia, 문자 그대로 "감정에 대해 말을 찾지 못하는 상태")이라고 불렀다. 그는 프랑스 학자들인 마르티와 뮈잔(Marty and de M'Uzan)의 뒤를 이어, 이러한 증상이 정신신체 질환을 가진 환자에게서 전형적으로 나타난다고 가정했고, 또 실제로 이들이 감정과 환상을 경험할 수 없는 체질을 타고났을 수 있다고 가정했다. 다른 사람들은 이 증상이 어느 정도로 정신신체적인 환자들과 관련되는지에 의문을 던지면서, 이 증상이 부인과 회피, 또는 전환으로 알려진 복잡한 과정과 같은 원시적 방어들과 관련이 적을 수 있다고 생각했다.

우리가 해야 할 일은, 개인들이 나타내는 실제적이거나 잠재적인 감정들의 수준을 구체적으로 확인하는 것이다. 정서의 시각적 및 운동감각적 표현에 대한 묘사는 엄청난 발전을 이루었다(Ekman et al., 1972); 하지만 표면 아래를 들여다보는 것도 중요하다. 숨겨진 정서적 흐름들이 질병을 결정하는 데 중요한 역할을 하기 때문이다. 예를 들어, 로우왈드(1972)는 이렇게 말한다: "고통, 내적 갈등, 질병, 불행(어떤 형태로든) 등을 필연이라고 보는 환자에게 죄책감에 대해 말한다면, 그는 그것을 이해하지 못할 것이다. 우리가 '풀려난' 죽음본능을 죄책감으로 즉, 심리치료에 그리고 이성에 접근이 가능한, 더 높은 수준의 정신 형태로 변형시킬 수 있다면, 그래서 세력의 균형을 바꿀 수 있는 새로운 방법이 있다면, 우리는 이런 노력에서 성공할 수 있을 것이다."

학습은 어떻게 일어나는가?

라파포트(1953)가 지적했듯이, 학습 또한 정신분석에서는 미개척 분야이다. 무엇이 깊이 뿌리박힌 패턴들을 학습하고, 학습된 것들을 해체하고, 새롭게 학습하게 만드는가가 중심적인 탐구 주제로 남아있다. 우리가 신체적인 영역에 대한 고려를 포함한다면, 문제는 훨씬 더 도전적인 것이 된다. 어떻게 상징적 활동이 전적으로 의지의 영역 바깥에 있는 것으로 보이는 신체과정들의 형태를 결정할 수 있는 것일까? 반응과, 조작 학습(또는 조건화)이라는 단순한 모델들은 기껏해야 출발점을 제공할 뿐이다. 우리는 특정 기관의 기능 장애를 통해 부과되는 상징적 처벌을 생각하거나, 또 다른 형태의 기관 반응을 통해 표현되는 융합 환상을 가정하거나, 또는 자신 안에서 다른 손상 과정들을 활성화시킴으로써 전혀 다른 사람이 되는 개인들을 생각해볼 수 있다. 이러한 현상들은 모두 "더 높은 수준"의 학습 형태, 즉 인지적 일치에 기초하거나 "피드 포워드 플랜"(feed forward plan)에 기초해서, 단 한번의 시도에서 학습이 발생할 수도 있는 보다 복잡한 모델을 필요로 한다.

자아는 원래 신체 자아라는 것—프로이트의 언명—과 자기란 원래 중요한 타인들과는 막연하게만 구별되는 타자기(otherself)라는 점을 회상할 필요가 있다. 게다가 발달하는 유아의 가장 초기의 반응들은 모방을 수반하는 반응들로서, 이 점에 대해서는 피아제(1951)가 명쾌하게 서술한 바 있다. 모방된 것이 매우 엄선되고 철저한 동일시의 유형들로 변형되는 과정은 아직도 충분히 탐구되지 않은 영역이다. 특히, 우리는 동일시(그것이 유전적으로 주어진 것이든 아니든)가 신체기능에 영향을 미치는 정도에 대해 탐구할 필요가 있다.

퇴행 연구에 대한 전망

마지막으로, 우리는 전진과 퇴행이라는 세 번째 모델을 만난다. 우리는 발달심리학이 신체적 패턴들의 조직과 전반적으로 관련되어 있다는 점을 지적한 바 있다. 초기 정서들의 성질, 강도, 연속성에 관한 질문에 답하고, 자아 기제들과 안정적인 자기의 발달에 포함된 위계적이고 연속적인 단계들에 관한 질문에 답하기 위해서는, 정신분석적 지식에 기초해서 이루어진 관찰결과들과 재구성들―서로 상호 작용하는―을 생리학적 자료들과 함께 사용해야 한다. 모성의 혹은 가족의 불안, 공격성, 공감의 결핍 등이 신체에 미치는 영향은 어떤 것인가? 하나의 또는 다른 하나의 결정적인 시기에 발생하는 실패의 타이밍이 이후의 신체적 능력을 결정하는 데 어떤 역할을 하는가? 임상적 자료에 의하면, 여러 기관체계들과 관련된 신체화는 가족 안에서 일어나는 경향이 있다. 이것은 과연 어느 정도까지 일반화된 유전적 장애들을 나타내는가? 이것은, 라이저(1966)가 주장하듯이, 어느 정도까지 비의지적인 통로들을 따라 흘러넘치는 강렬하고, 조절되지 않고, 제어되지 않은 정서의 동요를 가리키는 것인가? 다른 한편, 방어와 숙달을 목적으로 구체적으로 "학습된" 행동의 형태들은 어느 정도까지 병적인 패턴들의 확립에 관련되는가?

결론

  이 질문들은 임상적이고 예비적인 것이지만, 치료를 위해 중요한 함축을 가지며, 그것은 다시금 그 질문들에 대한 대답의 일부를 제공한다. 임상에서 얻은 경험에 의하면, 심각한 신체화를 보이는 환자들—심리적 장애들이 잘 기능하는 영역들로 인해 국지화되거나 은폐되어 있는—은 여러 가지 면에서 심한 자기애적 환자나 경계선 환자와 유사하다. 린더만(Lindemann, 1945)은 일찍이 궤양성 대장염의 심리치료에 관한 논의에서, 전형적으로 다른 주요 인물들의 전조들이 뒤섞여 있는, 환자의 불완전한 정신 구조를 존중하면서 민감하고 공감적이며 추궁하지 않는, 지지적인 접근이 필요하다고 주장했는데, 20년 뒤에 코헛은 이것이 자기애적 환자들과의 작업에서 필수적인 요소라고 보았다(1971). 브룩(Bruch, 1982)은 정체감과 자율성에 대한 느낌이 취약한 거식증 환자들에게 수정되지 않은 정신분석적 접근법을 사용하는 것의 한계를 지적하면서, 그런 환자들의 병적인 가족 구조를 변화시킬 필요성을 역설했다. 이러한 조심성이 정신분석적 치료에 항구적인 제약을 가하는가의 문제와, 몇몇 저자들이 주장하듯이, 지지적인 예비기간과 굳건한 애착형성이 이루어진 다음에는 깊은 정신적, 신체적 변화에 이르게 하는 해석과 통찰로 나아가야 하는가의 문제는, 미래의 연구를 위해 남아 있는 부분이다. 어쨌거나, 신체화와 관련된 장애들의 경우, 정신분석은 이론과 실천 모두의 측면에서 계속해서 중요한 역할을 하고 있다.

참고문헌

Abraham, K. (1927). A short study of the development of the libido, viewed in the light of mental disorders. In Selected Papers on Psycho-Analysis, pp. 418-501. London: Hogarth Press.

Ader, R., ed. (1981). Psychoimmunology. New York: Academic Press.

Alexander, F. (1950). Psychosomatic Medicine. New York: Norton.

Alexander, F., French, T. M., & Pollock, G. H., eds. (1968). Psychosomatic Specificity. Chicago: Univ. Chicago Press.

Benedek, T. (1952). The psychosomatic implications of the primary unit: mother-child. Rpt. in Psycho-sexual Functions in Women, pp. 419-423. New York: Ronald Press.

Brady, J. V. (1974). Learning to have high blood pressure. Med. World News, Oct.

Bruch, H. (1982). Anorexia nervosa. Amer. J. Psychiat., 139:1531-1538.

Deutsch, F. (1939). The choice of organ in organ neurosis. Int. J. Psychoanal., 20:252-262.

Deutsch, L. (1980). Psychosomatic medicine from a psychoanalytic viewpoint. J. Amer. Psychoanal Assn., 28-651-702.

Dunbar, H. F. (1938). Emotions and Bodily Changer. New York: Columbia Univ. Press..

Ekman, P., Freisen, W. V., & Ellsworth, P. (1972). Emotion in the Human Face. New York: Pergamon.

Engel, G. L. (1954). Selection of clinical material in psychosomatic medicine. Psychosom. Med., 16:368-373.

_____ (1968). A reconsideration of the role of conversion in somatic disease. Comprehensive Psychiat., 9:316-326.

Fenichel, O. (1945). The Psychoanalytic Theory of Neurosis. New York: Norton.

Freud, S. (1895). On the grounds for detaching a particular syndrome from under the description "anxiety neurosis." SE, 3:87-117.

_____ (1909). Some general remarks on hysterical attacks. SE, 9:227-234.

Gantt, W. H., ed. (1958). Physiologic Bases of Psychiatry. Springfield, Ill.: Thomas.

Groddeck, G. (1916). The Book of the "It." New York: Nervous and Mental Disease Publications, 1928.

Hendrick, I. (1953). Somatic regression and fixation. In Psychosomatic Concept in Psychoanalysis, ed. F. Deutsch, pp. 139-140. New York: Int. Univ. Press.

Hofer, M, & Reiser, M. F. (1969). The development of cardiac regulation in pre-weaning rats. Psychosom. Med,., 31-372-388.

Kandel, E. R., & Spencer, W. A. (1968). Cellular neurophysiologic approaches in the study of learning. Physiol. Rev., 48:65-134.

Knapp, P. H., Mushatt, C., & Nemetz, S. J. (1970). The context of reporter asthma during psycho-analysis. Psychosom. Med., 32:167-187.

Kohut, H. (1971). The Analysis of the Self. New York: Int. Univ. Press.

Lindemann, E. (1945). Psychiatric problems in conservative

treatment of ulcerative clitis. Arch. Neurol. & Psychiat., 53:322.

Loewald, H. W. (1972). Freud's conception of the negative therapeutic reaction with comments on instinct theory. J. Amer. Psychoanal. Assn., 20:237-245.

MacLean, P. D. (1973). A triune concept of the brain and behavior. In The Clarence M. Hincks Memorial Lectures, ed. T. J. Boag & D. Campbell, pp. 4-66. Toronto: Univ. Toronto Press.

Mahler, M. S., & McDevitt, J. B. (1982). Thoughts on the emergence of the sense of self, with particular emphasis on the body self. J. Amer. Psychoanal. Assn., 30:827-848.

Margolin, S. G. (1953). Genetic and dynamic psychophysiologic determinants of pathophysiologic processes. In Psychosomatic Concept in Psychoanalysis, ed. F. Deutsch, pp. 3-36. New York: Int. Univ. Press.

Mason, J. W. (1968). Organization of psychoendocrine mechanisms. Psychosom. Med., 30:565-575. Issue 5 supplement.

Mushatt, C. (1975). Mind-body environment. Psychoanal. Q., 44:81-106.

Piaget, J. (1951). Play, Dreams and Imitation in Childhood. New York: Norton.

Rangell, L. (1959). The nature of conversion. J. Amer. Psychoanal. Assn., 7:632-662.

Rapaport, D. (1953). on the psychoanalytic theory of affects. Rpt. in the Collected Papers of David Rapaport, ed. M. M. Gill, pp. 476-512. New York: Basic Books, 1967.

Reich, W. (1933). Character Analysis. 3d ed. New York: Orgone Institute, 1949.

Reiser, M. F. (1966). Toward an integrated psychoanalytic physiologic theory of psychosomatic disorders. In Psychoanalysis—A General Psychology, ed. R. M. Loewenstein et al., pp. 570-582. New York: Int. Univ. Press.

Sachar, E. J., et al. (1968). Corticosteroid responses to the psychotherapy of reactive depression. Psychosom. Med., 30:23-44.

Schilder, P. C. (1936). The Image and Appearance of the Human Body. New York: Int. Univ. Press, 1950.

Schmale, A. H., & Iker, H. (1966). The affect of hopelessness and the development of cancer. Psychosom. Med., 5:714-721.

Schur, M. (1955). Comments on the metapsychology of somatization. Psychoanal study Child, 10:119-195.

Selye, H. (1975). The Physiology and Pathology of Exposure to stress. Monteal: Acta.

Sifneos, P. (1973). The prevalence of "alexithymia" characteristics in psychosomatic patients. Psychother. & Psychosom., 26:65-70.

Sperling, M. (1949). The role of the mother in psychosomatic disorders in children. Psychosom. Med., 11:377-385.

_____ (1953). Food allergies and conversion hysteria. Psychoanal. Q., 22:525-538.

Weiner, H. (1977). Psychobiology and Human Disease. New York: Elsevier.

_____ (1982). The prospects for psychosomatic disease. Psychosom. Med., 44:491-518.

Weiner, H., Thaler, M. W., et al. (1957). Etiology of duodenal ulcer. Psychosom. Med., 10:1-10.

Wolff, C. T., Friedman, S. B., Hofer, M. A., & Mason, J. W. (1964).

Relationship between psychological defenses and mean urinary 17-hydroxy-corticosteroid excretion rates. Psychosom. Med., 26:576-609.

제 10 장

자기애(narcissism)

버네스 무어(Burness E. Moore), M.D.

프로이트의 가장 독창적인 개념들 중의 하나로 간주되는 자기애 개념은 오늘날 정신분석 이론과 실천에서 가장 중요한 관심 대상이 되고 있다. 자기애적인 문화(Lasch, 1979; Morganthau & Person, 1978; Cooper, 1986) 안에서 더 많은 자기애적인 장애들이 발생함에 따라 이 개념의 다양한 측면들을 다루는 많은 문헌들이 생겨났다. 처음에는 서술상의 유비로 사용되던 자기애는 차츰 원본능의 목표, 발달의 단계, 대상 선택의 유형, 원본능 욕동에 비교되는 그 자체의 권리를 지닌 힘, 특별한 행위자(agency), 자기를 응집된 상태로 유지시켜주는 접착제, 새로운 정신분석적 심리학을 위한 기초 등의 의미를 갖게 되었다. 그런 과정에서 자기애는 다른 여러 주요 개념들의 발달에도 기여했다.

이 중요한 개념에 대해서 많은 저술이 이루어졌음에도 불구하고, 자기애는 처음부터 개념적 불명확성에 의해 시달렸다. 그 이유는 아마도 자기애라는 주제가 다른 어떤 주제보다도 정신분석 이론 전체를 포괄하고 있기 때문일 것이다. 따라서 여기서 거론

되는 문헌들은 선별된 것이고, 특정한 논제들을 명료화하기 위한 것에 지나지 않는다. 이와 관련된 주제들에 관해서는 이 책의 다른 장들을 참고해야 할 것이다.「정신분석 용어사전」(Moore & Fine, eds., 1990)은 정신분석 용어에 대한 정의들과 주요 개념들을 설명하고 있다. 나는 여기에서 20년 전의 저서(Moore, 1975)에서 제시했던 이 주제에 대한 나 자신의 고찰을 부분적으로 요약한 다음, 당시 다루지 않았던 측면들을 다룰 것이다. 그리고 이어서 사례 하나를 소개할 것이다.

자기애에 관한 프로이트의 사고

프로이트의 논문인 "자기애에 관하여: 개론"(1914)이 발표되기 이전에 나온 자기애에 관한 저술들은 오늘날 타당성이 거의 없다. 그리고 그것들은 이미 다른 곳(Pulver, 1970; Moore, 1975; Cooper, 1986)에서 소개된 상태이다. 자기애에 대한 프로이트의 사고는 그의 1914년 논문에서 완성되었고, 이후 거의 변화되지 않았다. 그 논문에서 그는 처음에 자아에 부착되는 미분화된 정신 에너지[1](그가 "일차적 자기애"라고 부른)를 개념화했다. 이 에너지의 일부는 나중에 대상들(대상 리비도)에게로 향하지만,

---

1. 하트만(1950)과 스트레이치(1957)는 프로이트가 말하는 "자아"라는 용어가 전체(심리내적 표상과 신체를 포함하는)로서 한 사람의 자기와, 후에 삼중구조 이론의 일부가 되는 정신적 기능 체계를 가리킨다는 것을 이해하기 위해서는 이 논문을 이해할 필요가 있다고 말한다. 지금은 자기로서의 자아와 정신체계로서의 자아를 구분하는 것이 일반적으로 받아들여지는 것처럼 보이지만, 이 점에 대해서는 반론들(Weiss, 1957; Kardiner et al., 1959; Balint, 1960)이 있어 왔다.

그것은 다시 자아에게로 후퇴할 수도 있다("이차적 자기애"). 이런 식으로 자아 리비도와 대상 리비도 사이에 정반대 구도가 형성되어, 리비도가 자아에게로 기울어지면 그 만큼 대상에게서 멀어지는 형국이 된다. 일차적 자기애의 에너지가 어떤 대상에게 집중될 때, 그것은 성적인 에너지가 된다. "리비도"라는 용어는 에너지의 두 형태 모두에 적용된다: 첫 번째는 "자아 리비도"(때로는 단순히 "자기애"로 불리는)이고, 두 번째는 "대상 리비도"이다.

프로이트는 "자체 성애적인 최초의 성적만족들은 자기 보존 목적에 사용되는 생명 기능들과의 연관 속에서 경험된다"(p. 87)고 보았다. 그러므로 어머니(혹은 육아에 일차적으로 관심을 쏟는 사람)에게 리비도가 부착되고, 어머니는 최초의 성적 대상이 된다. 프로이트는 이것을 "의존적"(기대는) 혹은 "애착" 유형의 대상 선택이라고 불렀는데, 어떤 사람들에게는 이것이 성인기까지 지속된다. 또 어떤 사람들(예를 들어, 일부 동성애자들)은 본인 스스로를 사랑 대상의 모델로 삼는데, 이것은 "자기애적" 유형의 대상 선택에 속한다. 프로이트는 일차적 자기애는 모두에게 존재하며, 그것이 때로는 대상 선택을 지배할 수 있다고 가정했다. 하지만 그는 모든 사람이 양쪽 유형의 대상 선택을 할 수 있다고 보았다. 대상 사랑을 얻기 위해 자신의 자기애를 일부 포기한 사람들에게는, 타인의 자기애가 무척 매력적으로 보일 수 있다. 자기애적인 여성은 자신이 임신한 아기나 자기 자신의 신체 일부에서 대상 사랑을 완성할 수 있고, 사춘기 이전에 소년 같은 성향을 보였던 여성들은 대상 사랑 안에서 남성적 이상에 대한 그들의 동경을 충족시킬 수 있다. 프로이트는 다음과 같이 요약한다: 자기애적 유형의 개인은 현재나 과거 또는 미래의 자신과 닮은 사람이나 한때 자신의 일부였던 사람을 사랑한다. 그리고 의존적인 유형은 자신을 먹여주는 여성이나 보호해주는 남성, 그리고 이들의 자리를 계승하는 다른 사람들을 사랑한다. 프로이트는 부모의 자녀 사랑에 대해, 그것은 "부모의 자기애가 다시 태어난 것에 불과하며, 그것이 대상 사랑으로 변형된다 해도, 원래의 성격을 여지없이 드러내고 만다"(p. 91)고 결론을 내린다.

프로이트는 모든 자아 리비도(자기 또는 자기애적 리비도)가 대상 리비도로 변하는 것은 아니라고 보았다. 개인이 성숙해감에 따라서, 어린 시절(자신이 스스로의 이상이었던)에 가졌던 전능과 완벽에 대한 자기애적 환상은 더 이상 유지되지 못한다. 그 환상을 완전히 포기하기를 원치 않는 개인은 자아 이상—"유아적 자아처럼, 자체 안에 모든 가치 있는 것을 완벽하게 소유하고"(p. 94) 있고, 잃어버린 어린 시절의 자기애를 대체하고 있는—이라는 새로운 형태 안에서 이것을 복원해내려고 한다. 또한 주체의 문화적, 윤리적 사고들을 포함하고 있는 새로운 이상은 주체가 자신의 실제 자아를 가늠하는 수단이다. 그리고 그것의 형성은 그것과 조화되지 않는 생각들의 억압을 위한 기초가 된다. 이 시기에 프로이트는 또한 "자아 이상으로부터 자기애적인 만족을 얻도록 보장하는 임무를 수행하는, 그리고 그런 목적으로 실제 자아를 계속해서 주시하고 그 실제 자아를 이상에 견주어 측정하는, 특별한 정신적 행위자"(p. 95)에 대한 생각을 제시했다. 그는 나중에(1921, 1923a) 이 행위자와 자아 이상을 결합하여 초자아 개념을 완성했다.

자존감은, 프로이트(1914)에 의하면, 자기애적 리비도와 밀접하게 연관되어있다. 리비도가 부착된 사랑 대상에의 의존은, 자신이 대상을 사랑할 수 없다는 인식이 그러하듯이, 자존감을 저하시킨다. "사랑하는 것 자체는, 그것이 갈망과 박탈을 가져오는 한, 자존감을 낮춘다. 반면에 사랑받는 것은 자신의 사랑이 보답받는 것이고 사랑하는 대상을 소유하는 것이라는 점에서 자존감을 한

번 더 높여준다"(p. 99). 그는 "자존감의 첫 부분은 일차적인 것—유아기적 자기애의 잉여분—이고, 두 번째 부분은 경험(자아 이상의 충족)에 의해 확증된 전능감에서 나오는 것이며, 세 번째 부분은 대상 리비도의 만족으로부터 나오는 것"(p. 100)이라고 결론짓는다.

논문의 마지막 부분에서, 프로이트는 자아 이상은 또한 사회적인 측면을 갖는다고 말한다. 그것은 한 가족, 계층, 국가의 공동 이상이 될 수 있기 때문이다. 이렇게 해서 그는 집단 심리를 이해하기 위한 중요한 길을 열었는데, 이런 생각은 1921년에 집단 심리에 대한 그의 이론에서 확장되었다. 타인들 안에 있는 자신과 다른 점들은 자기애적 인간들을 불쾌하게 만든다. 하지만 구성원들의 공통적인 요소를 바탕으로 집단이 형성됨으로 인해 구성원들이 서로 동일시하게 되면, 이러한 불관용(intolerance)은 사라진다. 존경받는 지도자, 사상, 추상적 개념이나 특정한 열망은 공유된 이상의 한 요소로서, 집단을 응집시켜주는 힘으로 작용한다.

프로이트의 논문 "자기애에 관하여"에 내재된 문제들

프로이트의 "자기애에 관하여"는 획기적인 논문이었다. 이것의 중요성은 국제 정신분석 학회가 "현대적 프로이트: 전환점들과 주요 문제들"이라는 시리즈의 두 번째 책으로 이 논문을 선정한 것에서도 확인할 수 있다. 이 시리즈에서는 프로이트의 고전적인 논문들 중의 하나가 제시된 다음에, 이론적으로나 지리적으로 다양한 배경을 가진, 정신분석의 저명한 저자들의 논고들이 제시되고 있다(Sandler et al., eds., 1991). 컨버그(1991)는 자신이 맡은 장에서 프로이트의 1914년 논고에는 자기애에 관한 현대적 이슈들 중 두 개—"특수한 형태 또는 성격병리의 범주에 속하는 것으로 간주되는 병적 자기애와, 정신분석 기법에서 주된 요소가 되는 자기애적 저항"—만이 빠져있다고 지적했다(p. 131).

하지만, 프로이트는 자신의 논문(1914)에 만족하지 않았는데, 정신분석의 역사를 돌이켜 보면, 그 이유는 분명하다. 이 시기에 그는 감정적인 혼란을 겪고 있었을 뿐만 아니라, 이론적 개념화도 변화 과정을 겪고 있었기 때문이다(Waelder, 1960). 그의 논문 "자기애에 관하여"는 과도기적 성격을 띠고 있다. 이 논문은 후일 전개될 것들로 가득하지만, 초기의 용어들로 표현되었기 때문에 곧 낡은 것이 되고 말았다. 그것은 비록 리비도 개념과 프로이트의 첫 번째 본능이론을 넘어서는 것이지만, 그러한 용어로 서술되었다. 리비도 이론의 발달에 대한 몇몇 고찰들에서, 프로이트(1920, pp. 50ff., 61; 1923b, p. 255; 1930, pp. 117-120; 1933, pp.132ff.)는 자기애라는 개념이 그의 두 번째 이중 본능이론을 형성하는 데 중요한 역할을 한다는 점을 언급한다(Moore, 1975, p. 247 참고).

프로이트는 원본능 요소와 자아의 요소들이 뒤섞여있는, 그의 이론적 개념화에 있어서 소위 미분화 단계 동안에 자기애라는 개념을 도입했다. 그렇다하더라도, 1914년의 논문(pp. 76, 79)과 이후의 논문들(1920, p. 57; 1930, p. 119; 1940, p. 149)에는 하트만(1939)의 개념—구조들과 욕동들이 분리되지 않은 미분화된 발달 단계에 관한—에 전조가 되는 진술들이 포함되어 있다. 프로이트가 1914년 논문이 이후의 이론에 기여했음을 인식했다는 명백한 증거에도 불구하고, 그는 심지어 「개요」(1940)에서조차도 공격성을 자기애와 직접적으로 연결시킨 적이 없는데, 이점은 소수를 제외하고는 그의 계승자들도 마찬가지다(Moore, 1975, pp. 254-257).

자기애에 대한 자신의 생각들을 수정하지 않음으로써, 프로이트는 이러한 생각들을 후기 구조 이론과 통합하지 못했다. 하트만(1950)은 바로 이 부분에 대해 어느 정도의 명료화를 시도했다. 일차적 대상 사랑, 일차적 자체성애, 일차적 자기애에 대한 프로이트의 모순적인 진술들로 인해 커다란 혼동이 발생했다 (Balint, 1960). 처음에 그는 일차적 자체성애와 일차적 자기애를 리비도의 초기 상태로 서술했다. 나중에 프로이트와 다른 사람들은 이 용어들을 구분하려고 시도했지만(Freud, 1914, p. 77; 1915, p. 134; Bing et al., 1959; Kanzer, 1964; Moore, 1975), 코헛(1971)이 이 용어들을 그대로 사용함으로써 초기 혼동을 가중시켰다. 유아의 발달에 대한 관찰을 토대로 지식이 들어남에 따라, 이 용어들은 리비도의 "아주 초기 단계"라는 정도의 의미만을 갖게 되었고, 그나마도 지금은 자주 쓰이지 않고 있다. 더욱이 프로이트가 "자기애적 리비도," "대상 리비도," "동성애적 리비도" 등과 같은 용어들을 그것들이 리비도 집중의 방향을 뜻하는지 아니면 리비도 유형의 질적인 차이를 뜻하는지를 알 수 없을 만큼 애매하게 사용함으로써 의미의 혼동은 더욱 심해졌다. "본능들과 그것들의 변천과정"(1915)에서, 프로이트는 본능에는 질적인 차이가 없다고 주장했음에도 불구하고, 그는 본능의 변형들을 언급했고, 슈르(1966)가 그랬던 것처럼 본능의 발달에 대해서도 언급했다. 프로이트는 또한 그의 저술들에서 "자기애"라는 용어를 느슨하게 사용했다. 그는 그 용어를 저당 잡힌 에너지, 자기-사랑(그것의 방향이나 애착), 어린 시절의 전능감과 완전감 등을 지칭하는 데에 사용했다.

프로이트의 자기애 공식에 대한 가장 강력한 반대 논리는 이 공식들이 본능 에너지들이나 욕동들의 운명과 관련된 경제학적 개념들인, 리비도 이론의 일부라는 사실에 근거해 있다. 경제학적 개념의 타당성은 계속해서 강력한 공격(Kardiner et al., 1959; Apfelbaum, 1965; Holt, 1967)을 받았고, 욕동 이론도(중화된 에너지나 승화와 같이 에너지 변경이 가능한 것으로 정교화 되었음에도 불구하고) 오늘에 와서는 그 이론이 제안되었던 때만큼은 받아들여지지 않는 것 같다.2) 더욱이 자기애를 자아(자기)에 대한 리비도의 투자를 지칭하는 것으로 보았던 프로이트의 생각은 구체성이 너무 없는 것이어서 "임상적으로 관찰이 가능한 인간 행동의 측면들이나 특성들(심리적, 생물학적, 개인적, 사회적, 정상적, 병리적인 것), 병리적 증상들, 추상개념들―경제학적, 유전적, 구조적, 역동적, 적응적 의미를 가진 이론적 개념들"(Moore, 1975, p. 251)―을 포함하는 매우 다양한 현상들에 적용되게 되었다. 풀버(1970)가 지적하듯이, "너무 많은 것들에 적용되는 이론적 구조물이라고 해서 무의미한 것은 아니지만, 그것의 설명적 가치는 확실히 줄어든다"(p. 325). 게다가, 자기애에 대한 프로이트의 공식들은 이러한 주제들의 어떤 측면들에 대해서는 설명적 가치가 있는 것처럼 보이는 반면에―적어도 당시의 지식에 비추어보았을 때―, 그러한 현상들과 이론적 개념들은 오늘날 지나치게 복잡한 것으로 여겨지고 있고, 본능적 욕동만을 기초해서는 이해할 수 없는 것으로 간주되고 있다.

---

2. 하지만 "본능적 욕동이라는 정신분석의 개념은 현재, 심리적 과정들, 주관적 경험, 행동주의적인 접근으로 얻어질 수 있는 자료들과의 어떤 뚜렷한 연결도 초월해 있다"(Hartmann et al., 1949, p. 15). 본 장의 나머지 부분에서 볼 수 있듯이, 욕동 이론은 이후의 이론들과 역사적으로 끊을 수 없는 연속성을 가지고 있으며, 특히 자기애적 장애들과 같은 임상적 현상들을 이해하는 데 교육적으로 중요한 해석적 기초를 제공해왔다.

개념을 개정하려는 시도

오늘날, "자기애"라는 용어는 흔히 자존감의 현상을 가리키는 말로 사용되고 있으며, 종종 높은 자존감은 자기에 대한 긍정적 투자에 따른 결과라는 생각을 내포하고 있다. 하지만 풀버가 지적하듯이, 자존감은 유쾌나 불쾌와 같은 정동적 상태와 연결된 자기 표상들로 이루어져 있으며, 의식적, 전의식적, 또는 무의식적일 수 있는 응집력있는 자기에 대한 정동적 그림으로 조직화된다. 구조이론에서, 원본능, 자아, 초자아의 힘들이 자존감에 영향을 미치지만, 외부 대상들(특히, 어머니)의 반응 또한 중요하게 작용한다. 따라서 이러한 자아의 상태들은 욕동으로만은 설명될 수 없는, 복잡한 기원들과 방어적 및 적응적 기능들을 가지고 있다. "자기애"라는 용어는 우월감이나 과대망상과 같은 방어적이고 팽창된 자존감뿐만 아니라, 현실적이고 비방어적인 토대에 근거한 높은 자존감을 가리키기도 하는데, 후자의 경우는 모순어법에 해당된다. 그런가 하면 자기애적 장애들은 낮은 자존감으로 인해 의식적으로 시달리는 사람들도 포함한다.

이런 이유들 외에도 다른 이유들로 인해, 자기애를 재정의하려는 시도들이 있었다. 제이콥슨(1964)은 "자기애"는, 프로이트(1914)가 원래 가정했듯이, 자기 혹은 기능들을 갖춘 체계 자아보다는 자기 표상들에 리비도가 집중된 상태를 가리킨다고 말했다. 호나이(1939)는 자기애라는 용어를 방어적이고 비현실적인 자기 과장에만 한정시켜 사용해야 한다고 주장했다. 조페와 샌들러(1967)는 "자기애와 자기애적 장애들에 대한 임상적 이해는 욕동들의 상태나 에너지 집중의 가상적인 분포의 측면보다는 정동, 태도, 가치 그리고 이것들과 관련된 관념 내용의 초심리학적인 측면에서 개념화하는 쪽으로 방향을 잡아야 한다"(p. 63)고 제안했다. 그들은 자아의 기능들은 자아가 이상적인 상태인, 건강한 정동 상태와 관련되어 있을 때 최상으로 기능하며, "실제 자기에 대한 정신적 표상과 이상적인 자기의 모습 사이에 상당한 괴리"(p. 65)가 있을 때, "정신적인 고통"이 있게 된다고 추정했다. 이 고통은 자존감의 결핍, 열등감, 무가치감, 수치감, 죄책감 등으로 드러난다. 조페와 샌들러는 환자가 계속해서 방어적이고 적응적인 책략들을 사용하여 다루어야만 하는(때로는 병적일 정도로 지나치게) 그러한 고통의 명시적이거나 잠재적인 존재 여부를 사용하여 자기애적 장애를 정의한다. 한편 풀버(1970)는 행복한 존재에 대한 느낌을 근본적으로 자존감과 동일한 것으로 보면서, "자기애"를 "자기애적 대상 선택"이나, 자기 이미지와 대상 이미지를 혼돈하는 환상이나 경험으로 특징지어지는 원시적인 형태의 정신 기능에 적용하는 설명은 적절하지 않다고 주장했다. 그는 "소위 이 모든 자기애적 현상들에서 공통된 요인은 대상들에 대한 것과 대조되는 자기와의 관계이며… 따라서, 이 모든 것들을 하나로 묶어주는 개념은 어느 한 수준에서 자기의 어떤 측면에 초점을 맞추는 것"(p. 337)이라는 점을 주목한다. 그런 의미에서 그는 미국 정신분석 학회의 「정신분석 용어사전」(Moore & Fine, eds., 1968)이 제안하는 자기애에 대한 정의—"심리적인 관심이 자기에게 집중되어 있는 상태"(p. 57)—를 선호한다. 풀버에 따르면, 이 용어는 더 이상 어떤 발달단계나 미숙한 대상관계를 서술하는 데 사용되어서는 안 되며, "어떤 식으로든 자기와 관련된 현상들을 서술하는 넓고도 비특정적인 개념"(p. 339)으로 남아야 한다.

조페와 샌들러에 대해 풀버가 이의를 제기한 것과 관련해서, 자존감에 대한 풀버 자신의 정의(본장 초반에 제시된)는 건강한 것으로 볼 수 없는 불쾌한 정동 상태들을 포함한다. 게다가, 조페와 샌들러는 인과적인 설명을 제시하는 것이 아니라 자기애적 장애의 초심리학적 정의를 위해 필요한 요건들을 밝히고 있다. 내가 보기에는, 어떤 사람들에게는 자기애적 대상 선택이 행복감을 느끼는 데 필수적일 수 있으며, 자기 이미지와 대상 이미지가 혼합되는 무의식적 환상은 소망하는 것이면서도 위협적인 상태일 수 있다.

데어와 홀더(1981)는 자기애를 "자기 표상(자기-경험에서 파생되는)의 핵심적인 부분을 구성하는 자기-경험과 관련된, 긍정적인 색깔을 지닌 정동적 자질"(p. 329)이라고 정의한다. 이것은 소위 "건강한" 혹은 "정상적인" 자기애에는 적용되지만, 마찬가지로 "자기애"라고 불리는 부정적인 색깔을 지닌 정동적 자질들(이는 소위 "반자기애적 영향들"의 결과로, 종종 방어적 자질들로 표현되는)에는 적용되지 않는 것처럼 보인다.

자기애를 가장 설득력 있게 재정의한 사람들 중의 하나는 스톨로로우이다. 그는 "정신활동은 그것의 기능이 구조적 응집성, 시간적 안정성, 자기 표상을 긍정적 정동으로 채색하는 것인 한 자기애적이다"(p. 180)라고 말한다. 그는 자기애적 장애와 관련된 많은 기능들을 역사적으로 검토하면서, 자기애에 대한 정의를 통해 자기애의 문제를 명료화했다. 이것은 성도착, 대상관계의 양태, 발달 단계, 자존감, 건강한 자기애 대 불건강한 자기애 등에 대한 프로이트의 리비도적 욕동에 의한 설명이 만족스럽지 못하다는 그의 인식이 가져온 결과였다. 나는 "탈개인화되고, 추상적인, 충분히 내재화되고 현실에 의해 길들여진 초자아-자아 이상 체계를 통해 자존감이 조절되는 것은 매우 성공적인 자기애적 기능의 실행을 나타낸다"는 그의 결론에 동의한다. 나 자신의 의견은 본장의 요약과 결론 부분에 제시되고 있다.

1975년 논문에서, 나는 우리가 자기애의 개념을 낡았다고 포기

해버리거나 적용의 범위를 제한하고 싶은 유혹도 느낄 수 있겠지만, 약간의 변형에도 불구하고 공통된 특징을 갖고 있는 상황에서 쉽게 눈에 띄는 것들의 복잡한 의미를 간명하게 담아내는 데 여전히 그 개념이 유용하다고 언급한 바 있다. 리히텐슈타인(1964)은 자기애를 "어떤 추상 개념이기보다는 일종의 표의문자(즉, 그림같은 상징 또는 '눈으로 따라가기만 해도 그 단어가 담고 있는 사고와 개념들이 상기되는, 소리가 아닌 시각의 형태로 존재하는 단어' [Etiemble, 1954])"에 해당한다는 점에서 위와 같은 결론을 내린다(p. 49).

자기애가 낡은 개념임에도 불구하고, 그것이 유지되는 또 하나의 이유는 프로이트에게 있어서 자기애 개념은 오늘날까지 비교적 잘 보존되어온 정신분석이론의 몸체를 구성하는 조직화하는 모체였기 때문이다. 간단히 말해서, 비록 처음에는 자기애 개념이 리비도 이론이 연장된 것으로서 제시되었지만, 그것은 또한 꿈에 적용한 최초의 초심리학을 형성하는 데도 기여했다. 그것은 우울증과의 관련에서 동일시 기제에 대한 심도 깊은 이해를 가져왔고, 두 번째 이중 본능이론을 위한 길을 열어 주었으며, 구조이론의 발달에도 중추적인 역할을 했다. 1914년 논문 이후, 프로이트와 그의 추종자들에 의한 구조이론의 계속된 발달은 자기애적 장애를 이해하는 데 핵심적인 중요성을 갖고 있다.

자기애와 구조이론

자아, 자기, 정체성

자기애에 대한 프로이트의 생각들은 자기와 체계(또는 행위자) 모두로서의 자아(앞서 언급한 자아의 이중적 함의)의 발달과 관련성을 갖고 있다. 비록 처음부터 그가 내적 대상과 외적 대상, 그리고 전체 대상과 부분 대상을 명시적으로는 구별하지는 않았지만, 이러한 구별은 다음과 같은 말 속에 암시되어 있다: "대상들에 대한 의존에서 비롯되는 일차적 자기애 상태의 장애로 인해, 자아는 쾌락을 주는 대상들을 안으로 들이고, 불쾌를 주는 대상들을 바깥으로 내보낸다"(1915, p. 136). 우리는 프로이트가 생각한 동일시의 두 단계 중에 첫 번째 단계의 결과로서 대상에 대한 기억 흔적 또는 정신적 표상이 확립된다고 가정할 수 있다. 정신적 표상들을 심리적으로 사용하는 데 필요한 에너지를 제공해주는 동일시의 두 번째 단계는 "애도와 우울증"(1917)이라는 그의 논문에서 발견된다. 그는 성적 대상이 자아 안에 확립되어 있을 경우, 그 대상의 상실은 더 쉽게 수용될 수 있다고 말한다. 왜냐하면, 자아(자기 표상들)의 항구적인 변화가 발생하고, 따라서 자아가 대상만큼이나 사랑할 수 있는 것으로 수용되기 때문이다(1923a). 이처럼 그는 상실된 대상이 자아 안에 다시 확립된다는 가정을 바탕으로 우울증을 설명했다. 그는 또한 대상에 대한 리비도 집중이 동일시에 의해 대체될 수 있고, 그럼으로써 자기애로 퇴행할 수 있다는 결론을 이끌어냈다. 게다가 동일시로 인해 대상 리비도가 자기애적 리비도로 변형되는 것은 "성적 목표들 포기되는 것, 즉 탈성화, 또는 일종의 승화"(p. 30)를 의미한다. 자아(자기와 체계로서의)의 성격은 포기된 대상 리비도의 침전물이며… 대상 선택들의 역사를 담고 있는 것으로 볼 수 있다"(p. 29). 따라서 자아 안에 확립된, 상실된 대상들의 침전물에 이차적 자기애가 부착되어 있는 경우, 이것은 자아에게 발달과 작동에 필요한 에너지를 공급할 것이다.

하지만 제이콥슨(1954, 1964)이 지적하듯이, 자아의 형성과 강화에는 자기애적 리비도 이상의 것이 포함되어 있다. 자율적인 자아 기능들—지각, 기억, 대상과의 분리 이후에 만족을 주는 대상 전체를 합입하는 환상 능력—의 성숙이 동일시와 리비도의 상호교환에 앞서 준비되어 있어야 한다. 승화와 관련해서, 제이콥슨은 정서적 및 성적 관심이 자기와 대상 사이에서 앞뒤로 이동하는 것은 관심의 성적 특질을 감소시키며, 그때 그것은 다른 대상들과 관심들에로 옮겨간다. 다른 대상들과의 동일시는 리비도(관심)를 자기에게로 되가져옴으로써 체계 자아의 수행 기능을 확대시키며 자기 표상들을 건설한다. 새로운 자아(자기) 관심들이 발달함에 따라, 사랑 대상으로부터 리비도뿐만 아니라 공격성도, 융합이 끝이 난 후에, 철수되어 새로운 대상들이나 관심들에게로 투자된다. 방금 서술한 수동적으로 경험된 변화들이 있은 후에 능동적인 모방을 통해 진정한 자아 동일시의 전조가 발달하는데, 먼저는 정동 영역에서 그리고 다음에는 운동 영역에서 이루어진다.

이 단계들은 일시적이지만 최초의 원시적 자아 이상의 핵을 형성하고, 사랑 대상에 대한 전체적인 합입 소망이 부분적인 합입 소망으로 발전해가는 것을 나타낸다. 이 동일시와 함께, 대상과 자기 사이에서 리비도 집중의 계속적인 변동들과 변화들이 발생하는 데, 여기에는 양가감정이 수용될 수 있기 전까지는 리비도가 하나의 복합적인 이미지 단위에만 집중되고, 다른 이미지에는 공격성이 집중되는 경향성이 존재한다. 이러한 공식화는 멜라니 클라인이 서술했던 초기의 분열기제의 작용을 암시하고 있다. 스피겔(1959)은 상황을 복잡하게 하는 또 하나의 요소에 대해 말하는데, 그것은 지각된 것과, 특히 리비도가 강하게 집중된 것은, 그것이 자기의 외부에 있든 자기의 일부이든 관계없이, 대상의 자질을 갖는 경향이 있다는 것이다. 따라서 외부 대상으로부터 강렬하게 집중된 자기의 부분을 구별해내는 데 갈등이 발생할 수 있다(강력한 리비도 집중으로부터 대상의 자질이 발생하기 때문에).

엘키쉬(1957), 그리네이커(1958), 말러(1958, 패널로 참여) 등을 따라, 리히텐슈타인(1964)은 "어머니의 리비도적 애착에 대해 유아 편에서 보이는 감각적 반응(감촉, 냄새, 그리고 다른 원시적 감각들을 통한)을 반영하는 것으로서의 성격"을 강조했다(p. 53). 이 반영은 어렴풋하게 드러나는 유아 자신의 이미지 윤곽을 제공한다. 리히텐슈타인은 이 최초의 원초적 반영 경험을 자기애적인 일차적 정체성으로 간주했다. 이것은 의식을 전제로 하는 정체성의 감각이 아닌, 그리고 그것 없이는 발달적 분화 과정이 시작될 수 없는 "일차적 조직 원리"이다(앞의 책). 그는 이러한 일차적 정체성이 스피츠(1959)가 말한 정신의 조직자 개념이나, 스피겔(1959)의 자기 개념에 비교할만한 것이라고 보았다.

그러므로 일차적 정체성과 자기의 개념들은, 구별이 안 될 정도는 아니지만, 초기 발달단계에서 서로 밀접하게 연관되어 있음이 분명하다. 그리고 이 둘 모두는 자기애적 장애들을 이해하는 데 특별한 중요성을 갖고 있다. 다른 구성요소들처럼, 이것들도 삶이 진전되고 기능들이 분화됨에 따라 점점 더 복잡성을 띠게 된다. 스피겔(1959)은 각각의 이어지는 리비도 단계는 자아 발달에 나름대로 기여하지만, 가장 많은 리비도 집중이 이루어지는 것은 성기이며, 자기준거의 항상성과 성(강렬한 자기-감정과 위험한 동요 모두에 동시적으로 기여하는) 사이에는 긴밀한 관련성이 있다는 사실을 주목했다. 스피겔처럼 제이콥슨(1964)도 자기표상들을 자기와 구별하면서, 자기를 "정신의 조직과 그 부분들은 물론 신체와 신체부분들을 모두 포함하는 한 개인 전체"(p. 6)라고 정의했다. 코헛과 울프(1978)는 "자기"를 인격의 핵으로 정의했다. 이들에 의하면, 인격은 아동기 초기에 자기대상들로서 경험된 사람들과의 상호작용을 통해서 얻어진, 두 개의 중요한 축으로 이루어져 있다: 한 축에서는 힘과 성공을 위한 기본적 분투들이 나오고, 또 다른 축에서는 기본적인 이상화된 목표들이 나온다. 이들은 또한 "포부와 이상 사이에 존재하는 긴장의 호에 의해 활성화되는, 기초적 재능들과 기술들로 이루어진 중간지대"(p. 414)가 있다고 설명했다. 이처럼 두 개의 극을 가진 자기 개념은 자기심리학 이론의 주된 내용을 구성하고 있다.

다른 많은 사람들 중에서도 특히, 에릭슨(1956)과 제이콥슨(1964)은 정체성 개념을 확립하는 데에 중요한 기여를 했다. 이 주제에 대해서 더 상세히 다루지는 않을 것이고, 자기와 정체성의 개념들은 아직까지 분명하게 구분된 적이 없다는 사실을 지적하는 것으로 만족할 것이다. 여기서는 본장의 주제와 관련해서만 자기를 다룰 것이다. 타이콜즈(1978)는 자기, 대상, 정신 구조(원본능, 자아, 초자아)의 개념이 정교화되는 단계들을 유용하게 열거했다(pp. 833-834).

자아 이상과 초자아

「자아와 원본능」(1923a)에서, 프로이트는 자아 이상과 초자아의 형성에 대한 자신의 견해를 확장시켰다. 아동기 초기에 처음으로 발생하는 동일시들은 자아 이상의 기원과 관련이 있는데, 이것은 대상에 리비도가 집중되기 전에 일어난다. 나중에 아동은 부모가 자신이 갖지 않은 전능함을 가졌다고 생각하고, 그들에게 대상 리비도와 자기애적 리비도를 부착시킨다. 하지만 부모들의 오류가능성이 드러나면서, 아동의 자기애적 리비도는 자기에게로 철회되고, 대상들과 자기의 측면들을 본받아 만들어진 자아 이상에 투자된다. 자아 이상의 형성에 미치는 이 두 번째 영향에는 어떤 저항이 있을 수 있지만, 초기 아동기에 발생하는 동일시들의 영향은 일반적이고 지속적이며, 이것은 특히 같은 성을 가진 부모와의 관계에서 매우 중요하다. 프로이트는 부모에 대한 양가감정은 오이디푸스 콤플렉스가 강할 때만 발생하며, 그 양가감정으로 인해 양쪽 부모에 대한 동일시가 발생하고, 그 결과 개인은 누구나 어느 정도 남성성과 여성성을 갖게 된다고 가정했다. 프로이트는 이 두 가지 동일시가 자아 안에서 특별한 위치를 차지하는 어떤 "침전물"을 형성하는데, 그것이 자아 이상이나 초자아와 같은 자아의 다른 내용물들과 만난다고 말했다.

이 단계에서 프로이트는 자아 이상과 초자아를 분명하게 구별하지 않았다. 그후로 그는 「새로운 정신분석 강의」(1933)에서 간단하게 언급한 것을 제외하고는, "자아 이상"이라는 용어를 더 이상 사용하지 않았다. 하지만 프로이트는 명백히 자아 이상과 초자아 모두가 가장 강력한 충동들과 원본능의 가장 중요한 변천, 즉 자기애 변형들 중 하나의 표현인, 오이디푸스 콤플렉스의 후예로 보고 있다. 하지만 그는 "초자아란 원본능에 의한 초기 대상 선택의 잔여물 이상이다. 왜냐하면 초자아는 또한 이러한 선택들에 대한 강력한 반동형성을 나타내기 때문이다"(1923a, p. 34)라고 덧붙인다. 초자아는 자아에게 아버지를 닮으라고 가르칠 뿐만 아니라 그것을 금하기도 한다. 왜냐하면 "어떤 것들은 아버지의 특권에 속한 것이기 때문이다"(같은 책). 자아의 경우처럼, 이러한 동일시들의 침전물은 정신 장치들에 정신적 표상들과 그러한 장치들이 기능하는 데 필요한 에너지를 제공한다.

프로이트의 이러한 견해들은 소위 "구조이론"이라는 것을 구성한다. 프로이트는 우리가 구조라고 부르는 것들이 정신적 표상들 사이에서 이루어지는 계속되는 정신 에너지의 교류의 산물이라고 생각했다. 이러한 개념은 물질과 에너지의 상호교환성이라는 물리학적 개념과 비교될 수 있다.

프로이트 이후, 자아 이상과 초자아의 발달

프로이트의 시대 이후로, 자기애적 장애와 관련된 정신구조의 발달에 관한 지식이 크게 진보하면서 리비도 투자에 대한 강조는 점차 줄어들었다. 프로이트 이후에 자아 이상과 초자아의 형성 이론에 기여한 주목할 만한 사람들은 라이히(A. Reich, 1953, 1954, 1960), 제이콥슨(1954, 1964), 하트만과 로웬슈타인(1962), 머레이(1964), 블로스(1974) 등이다. 이들은 자아 이상이 어머니와의 초기 동일시에 바탕을 둔, 초자아보다 더 일찍 발달하는 자기애적 구조물인 반면, 초자아는 자아 이상보다 늦게 발달하는 현실-동조적인 구조물로서, 거세 불안에서 시작되는 것이고, 오이디푸스 콤플렉스가 해소될 즈음 아버지와의 동일시를 포함한다는 프로이트의 견해에 일반적으로 동의한다. 하지만 자아 이상과 초자아는 양쪽 부모와의 동일시를 모두 포함한다. 이 두 구조물과 관련된 초기 현상들은 후에 오이디푸스 단계의 갈등 해소와 관련된 구조화와 유전적으로 연결되어 있다. 로우왈드(1951)가 말하듯이, 어머니와의 최초의 동일시는 현실을 위한, 그리고 통일과 종합으로의 분투를 위한 무의식적인 구조적 기초를 제공하지만, 이것은 또한 가장 깊은 공포의 원천이기도 하다. 아버지는 삼켜 버릴 것만 같은 어머니의 위협을, 즉 그곳으로부터 자아가 출현해 나온 체계 없는 통일성 속으로 다시 침몰하는 것을 막아주는 강력한 세력이 된다. 이처럼 보호해주는 아버지의 힘은 소년으로 하여금 아버지와의 초기 동일시—오이디푸스 콤플렉스를 예비하는—에로 이끄는데, 이 동일시는 자아와 현실의 분화와 구조화에 본질적인 요소이다. 따라서 소년이 오이디푸스 콤플렉스를 거쳐 아버지와 동일시하는 것은 두 가지 요소들로 이루어져 있다: 하나는 유전적으로 더 뒤에 나타나는, 적대적(거세)인 위협에 기초한 것이고, 다른 하나는 더 빨리 나타나는, 어떤 이상과의 능동적이고 긍정적인 동일시에 기초한 것이다(p. 17).

타이콜쯔(1978)에 의하면, 코헛과 머레이는 자기애를 공식화함에 있어서, 다른 사람들보다도 자아 이상의 역할에 많은 주의를 기울였는데, 이들은 자기애적 장애를 가진 환자들 중의 일부는 정상적으로 자아 이상에 의해 수행되는 정신적인 기능들을 자신의 대상들에게 떠맡긴다고 제안했다. 하지만 그녀는 또한 "초기 자아 이상의 발달과 성인의 자기애적 병리의 관계는 아직 명확히 밝혀지지 않은 상태"(p. 839)라고 말한다. 하지만 자아와 자아 이상의 발달의 중간 단계들에 주의를 기울이지 않는다면, 이러한 명료화는 이루어질 수 없다. 상상속의 소망충족이나 자위 환상들에서 표현되는, 또는 실제적인 변화를 가져오는 성격의 영속적인 부분으로서의 초기 동일시들은 자기애적 상처를 해제시킬 수도 있다. 자아 이상은 그것의 전조들 중에 마술적인 사고를 포함하고 있으며, 도덕적 행동이 갖는 힘이 형성되기 이전에 힘에 대한 이상화를 구체화한다. 성숙한 자아 이상은 전성기기 시대의 자기애적인 자격감과는 대조적으로 기능하는 경향이 있다. 심각한 신경증들에서 드러나는 발달의 실패는 전성기기적 특징들이 끈질기게 남아있는 현상에서 반영된다. 대부분의 전성기적 성적 목표는 자기애적이며(불완전한 구조 형성의 결과라는 의미에서), 자기애적 상처들(거절, 치욕 등)과 좌절들은 성숙한 자아 이상(예를 들어, 부모 또는 힘이나 전성기적 성적 만족을 나타내는 다른 사람들의 이미지와의 동일시)의 전조들에 보상적으로 리비도를 부착하게 만들 수 있으며, 그 결과 과시적이거나 가피학적인 성질의 전성기적 성적 행동화를 포함하는 퇴행으로 인도할 수 있다.

자기-이상화와 부모에 대한 이상화는 모두 자아 이상의 발달에 어떤 역할을 하는 것이 사실이지만, 이상들의 획득이 자아 이상의 구조화와 일치하는 것은 아니다. 발달의 특별한 단계에서, 자아 이상은 건강한 리비도적 만족에 필수적인 실제 사람에 의해 대표될 수 있다(Murray, 1964). 이것은 코헛이 말하는 "자기대상"을 생각나게 한다. 헨드릭(1964)은 이 단계를 사춘기 직전의 자아 이상을 가리키는 것으로 간주했다. 왜냐하면 청소년기에 흔히 발생하는, 이상화된 사람에 대한 사랑을 다른 대상에게도 전치하는 일이 아직 발생하지 않고 있기 때문이다. 좀 더 후기에, 자기-이상화는 전형적인 현상이 되는데, 그것이 자기애의 원천이 되고 자존감의 조절자로 기능한다는 사실은 의심의 여지가 없다. 이상을 나타내는 사람을 상실한 뒤에도 계속 유지될 수 있는 추상적인 이상을 형성하는 것은 자아 이상의 발달에서 필수적인 단계이다. 이것은 오이디푸스 시기를 거친 다음, 자아 이상의 전조들이 변형되고 발달하는 초자아의 다른 측면들과 융합되면서 발생한다. 자아 이상이 초자아의 기능인지 아니면 독립적인 구조인지에 대한 견해는 다양하다. 어쨌든, 제이콥슨, 하트만, 로웬슈타인 등은 자존감의 정도가, 자기 표상들과 자아 이상 안의 소망적 자기 개념 사이의 조화나 불일치의 정도를 반영하며, 나중에 이것은 자아와 초자아의 거리를 반영한다는 생각에 동의한다.

보다 최근에, 필리스와 로버트 타이슨(1984)은 초자아와 자기애에 대한 그것의 관계를 위한 발달적 틀을 마련하기 위해, 코헛, 컨버그, 일부 자아심리학자들의 이론들은 물론 프로이트의 견해들까지 포함하는 탁월한 개요를 제시했다. 이들이 지적하듯이, 초자아(자아 이상을 포함해서)의 점진적인 발달은 "동시적으로 작용하는 욕동 활동, 자아 기능들, 출현하는 대상관계들에 깊은 영향을 받는다. 그리고 자아의 통합 기능을 통해서(Nunberg, 1931), 다중의 핵을 지닌 원초적 초자아 구조(Glover, 1943)는 궁극적으로 통합된다"(p. 81). 이들의 논문에서 제시된 이러한 발달적 영향들의 풍부하고 세밀한 상호작용들을 여기에서 충분히 다루는 것은 불가능하다. 하지만 이러한 발달적 영향들이 소년의 성적 정체성에 미치는 효과들에 대한 로우왈드의 견해를 이미 언급했기 때문에, 동성 부모와의 동일시에 바탕을 둔 자아 이상의 형성(이상적인 것으로 여겨지는)이 남자아이보다 여자아이에게서 더 일찍 시작된다는 타이슨의 결론을 소개하는 것이 적절해 보인다. 자아 이상의 핵심에는 어머니-아이 쌍이 초기에 가졌던 밀접한 관계가 담겨 있다. 이 쌍은 성 정체성의 확립과 이후의 긍정적인 오이디푸스의 발달을 위한 안내자의 역할을 한다. 그러나 성에 대한 해부학적 차이의 발견은 복잡한 어려움을 발생시킬 수 있다. 특히 여자 아이가 성의 차이를 발견하면서 자기애적인 상처를 입거나 어머니에게 분노나 실망을 느낄 때 그럴 수 있다. 이때 자기에 대한 평가절하와 함께 어머니에 대한 조숙한 환멸이나 탈이상화가 뒤따를 수 있다(p. 92).

"자기애적 성격의 임상적 측면들"이라는 논문에서, 티코(Gertrude Tocho, 1972)는 자신의 과대적인 자기-개념을 의식하지 못하면서 자신보다 뛰어난 전능하고 이상화된 대상을 필요로 하는 사람들을 포함해서, 이러한 성격의 몇몇 측면들을 서술했다 (A. Reich, 1953 참고). 이 논문에 대한 논의에서, 나는 자기와 대상의 분화는 다른 형태들보다 이런 형태의 개인들에게서 더 크게 나타나며, 이 경우, 자존감의 주된 장애는 오이디푸스기에 발생한다고 제안했다. 오이디푸스적 소망들이 부인되고 억압되면, 더 이른 시기로의 퇴행이 일어난다. 그 퇴행에서 대상과의 재융합은 방어일 뿐만 아니라 억압된 것(오이디푸스적 부모를 대체하려는 소망)의 회귀를 의미한다. 오이디푸스적 갈등은 양쪽 부모와의 융합을 통해서 점점 해소되지만, 거기에는 아직 구조가 없는 상태로 인한 위협이 있기 때문에 또 다른 방어들이 필요하다 (Moore, 1972).

자아 이상에 대한 샤스게-스머겔(1976)의 견해는 이러한 가정을 지지하고 확장하는데, 이는 나중에 제시될 사례보고에 특별한 타당성을 갖고 있다. 아동이 대상, 즉 그의 최초의 자아 이상에 대한 자기애적 전능성을 포기할 때, 샤스게-스머겔은 "그는 평생 메우고자 시도해야 할 어떤 간격을 자신 안에서 느끼게 된다… 그 간격은 일차적 대상과의 융합으로 돌아가지 않고서는 메워질 수 없다. 이렇게 희구된 융합은 성교를 통해서 어머니의 몸속으로 다시 들어가고자 하는 근친상간적 소망으로 변형될 수 있으며"(p. 348), 이것은 오이디푸스적 욕망과 성기기의 아버지를 이상화로 인도한다. 그러나 오이디푸스적 소망들을 충족시킬 수 없는 아동의 무능력은 근친상간에 대한 금기를 위한, 즉 아동의 자기애를 보호하기 위해 아버지에게로 투사된 금기를 위한 토대가 된다. 게다가 근친상간은 일차적인 융합으로 회귀하는 것이며, 따라서 자아와 자아 이상의 분화를 막는다. 융합은 정신 체계들의 분화와 자아의 다양한 기능들의 작용을 방해함으로써 발달의 가능성을 제거하고 자아에 해로운 영향을 미친다. 모든 발달 단계들이 부적절하게 성취될 경우, 자아와 자아 이상 사이에 긴장이 발생한다. 발달이 심각하게 왜곡될 경우, 성숙을 가져다주는 자아 이상의 기능은 작용할 수 없다. 자아와의 재결합을 위해 자아 이상은 퇴행이라는 지름길을 택하거나, 각 발달 단계의 통합으로 인도하는 건강한 발달적 통로를 택할 수 있다. 샤스게-스머겔은 자아 이상과 초자아의 근본적인 차이점을 강조한다: 즉, 자아 이상은 일차적 자기애의 계승자로서, 처음에는 상실한 전능성을 되찾고 환상을 복구하려는 시도인 반면, 초자아는 오이디푸스 콤플렉스의 계승자로서, 거세 콤플렉스에 그 기원을 두고 있으며 현실의 위치를 높여주는 역할을 한다. 초자아는 아이를 어머니로부터 떼어내는 반면, 자아 이상은 아이로 하여금 어머니와 융합하게 만든다(p. 359).

자기애의 임상적 표현들

자기애와 관련된 모든 임상적 표현들이 증상으로 분류될 수 있는 것은 아니다. 명백히 자아 동조적이고 반드시 병적인 것이라고 규정지을 수 없는 어떤 것들은 성격 특성으로 간주될 수도 있다. 하지만 이론의 차이들에도 불구하고, 병적 자기애의 특징들에 대해서는 놀라울 정도로 합의가 이루어져 있다: 대체로 자기와 대상의 분화가 불충분하게 이루어져 있고, 그로 인해 자기와 정체성과 자존감이 불안정하다. 또한 뚜렷하게 구별된 정신적 표상들에 대한 부적절한 리비도 투자로 인해 대상관계가 빈약하다. 그리고 기대가 실망으로 바뀐 과거의 경험으로 인해 대상의 관심에 대한 허기가 있다. 이 외에도 자기-충족상태(코헛과 컨버그가 말하는 "과대 자기")라는 보상적이고 방어적인 망상, 그리고 정동의 불안정성이 있다. 이들의 자아 기능들은 불균형하게 발달했고, 적절히 사용되지 못하고 있으며, 자아 이상과 초자아 형성을 위해 필요한 이상화된 인물을 합입하는 데 실패했다(Ticho, 1972).

병적인 자기애의 가장 놀라운 측면은 과대성과 자격감(entitlement)이다. 이것들은 모두 보상적인 것이다. 과대성은 열등감이나 부적절감(낮은 자존감)에 대한 보상적 태도인데, 이 열등감은 무의식적인 것일 수도 있고 과대성과 함께 의식되는 것일 수도 있지만, 과대성에 통합되지는 않는다. 자격감은 실제 또는 상상 속의 상처를 복원하고 싶은 소망을 뜻한다. 로스슈타인(1980a)의 자기애를 다루는 책에서, "언제 어디서나 자기애적 완전성의 환상에 이끌리고 그것에 중독되는 성향"을 이런 개인들의 특징으로 지적했다. 그는 또한 자격감을 갖는 자아의 태도(1977)와 거절과 함께 주된 자기애적 상처가 되는 치욕에 대한 공포(1984)에 대해서도 논의했다. 이런 환자들에게서 종종 비교적 사소한 신체적 결함들(Niederland, 1965)과 인지 장애들이 발견되는데, 이것들이 그들의 자기애적 성격구조의 정상적 발달을 방해한 요인일 수 있다. 이러한 구조들의 퇴행은 스트레스가 특히 심하고 불명예스러운 상황에서 발생할 수 있으며, 탈인격화 상황에서 명백하게 드러난다. 제이콥슨(1971)은 나찌 수용소에서 일어난 탈인격화 현상을 서술하면서, 그것이 불명예스런 대상 이미지를 수용한 부분과 그 이미지와의 동일시를 취소하려는 부분이 자아 안에서 갈등한 결과라고 보았다. 죄책감과 수치심은 특히 빈번하게 발생하는 정동들이며 우울증과 때로는 조적 부인이나 투사의 작용도 발견된다.

특히 경계선적 상황에서는 고통스러운 공허감이나 외로움 또는 고립감이 나타나는데, 그것은 동시에 친밀함이 두렵게 느껴지는 바람에 그러한 친밀함을 냉정함과 거리두기로 방어하는 것일 수도 있다. 자기애적 개인들은 흔히 상당한 재능과 매력을 가지고 있으며, 비교적 피상적 수준에서 관계를 맺는 사회적 및 사업적 환경에서는 매우 잘 기능한다. 하지만 이들의 내밀하고 사적인 인간관계들은 의존성이나 편집증적 사고로 인한 갈등 때문에 어려움을 겪는다. 자기애적 상처에 대한 민감성 또한 두드러진다. 건강염려증은 흔히 발견되는 증상이고, 경계선적 상황에서는 현실검증 능력이 상실되는 일이 발생하기도 한다.

번스타인(1957), 스톨로로우(1975a), 쿠퍼(1987)는 피학증이 거의 항상 자기애와 연결되어 있다는 것을 주목했다. 스톨로로우의 논문은 가피학증적 발달이 어떻게 만족스러운 자기 이미지를 유지하는 데 도움이 되는지를 보여준다. 한 예로, 어떤 경계선 환자는 자신이 하나의 거대한 상처 같다고 내게 말한 적이 있다. 하지만 그 상처들은 그가 존재하고 있다는 사실을 그에게 확인시켜주고 있었다. 쿠퍼는 고통이 분리에 필수적으로 수반되는 것이며, 그 고통은 어머니와 아이가 분리되는 동안 자기의 분화를 성취하는 데도 도움이 된다는 생각을 뒷받침하기 위해 허만(Hermann, 1976)을 인용한다. 고통의 숙달은 또한 만족스러운 성취이며, 고통스러운 경험을 포함하는 통과의례들은 개인적 및 문화적 정체성을 보증해주는 수단이다. 쿠퍼에 의하면, 아동은 고통을 자아 동조적인 것으로 만듦으로써 방어적으로 자존감을 회복하고 통제를 되찾는다. 초기에 극심한 자기애적 모멸감을 겪을 경우, 이러한 본질적으로 정상적인 기제들이 특이한 양태로 변형되고, 자기애적이고 피학적인 왜곡들이 성격을 지배하게 된다. 이럴 경우, 초자아의 지나친 가혹성에서 나오는 공격성이 임상적 특징이 된다. 이러한 성격의 자기애적이고 피학적인 측면들은 오이디푸스 이전 단계에 기원을 갖고 있고, 오이디푸스 단계에서는 그것을 공고화하는 경향이 있기 때문에 그것들의 성질은 크게 변화되지 않을 수 있다.

자기애적 격노는 특별히 중요한 현상이다. 왜냐하면 그것은 타인들에게 그리고 때로는 환자 자신에게 위험을 초래하기 때문이다. 이것에 대한 코헛(1972)의 서술은 비교할 수 없을 정도로 탁월하다. 그에 따르면, 이 격노는 형태와 정도는 다르지만, "[자기애적 상처에 대한] 보복과, 그릇된 것을 바로 잡으려는 요구를 나타내고, 어떤 식으로든 상처를 제거하고, 이러한 목표에 이르고자 하는 뿌리 깊은 충동을 나타낸다"(p. 380).

비록 합리적인 한계를 무시하는 비합리적인 요소들이 있음에도 불구하고, 이런 개인들의 이성적 사고능력은 대개 온전한 상태로 유지되고 있을 뿐만 아니라, 심지어 더 예리하고, 때로는 감정을 능가하는 데 사용되기도 한다. 그 외에도 나는, 자기애적 인간의 자존감은 방어적으로 유지되고 있고, 취약하며, 외부 세계와의 관계에서 느끼는 힘의 정도에 의존해 있다는 점을 지적하고 싶다. 거절이나 치욕으로 인해 상처를 받았을 때, 공격적인 행동은, 비록 초자아가 자아에게 징벌을 가하는 타협 형성에 의해서이기는 하지만, 부분적으로 전능감을 회복시킨다.

이러한 많은 현상들의 방어적 기능은 쉽게 드러나는 경향이 있다. 하지만, 자기애적 방어들에 대한 세밀한 논의를 위해 독자들은 핸리(Hanly, 1992)의 저서를 이용할 수 있을 것이다. 이것들은 물론 치료에 대한 저항으로도 나타난다. 치료에 대한 저항은 패널 토론(1969)의 주제였을 뿐만 아니라, 정신분석 주요개념 제1권 6장에서 다루어진 바 있다.

자기애적 장애들

자기애에 대한 대표적 이론가인 코헛과 컨버그의 저작들은 그들이 서술하는 특정한 형태들에서만 자기애가 나타나는 것 같은 인상을 준다. 하지만 이들이 서술하는 자기애의 형태들은 일반적인 피분석자들이라기보다는, 정상인들과 신경증과 정신증을 가진 사람들의 일부에게서 나타나는, 극단적 현상으로 보인다. 이것은 마치 "자기애"라는 용어가 어떤 하나의 실체이기라도 한 것처럼, 그 모든 현상들에 적용될 수 있는 것인가라는 질문을 제기한다. 우리가 "정상적" 또는 "건강한" 자기애라고 말할 때, 우리는 대개 안정된 정서를 가지고 있고, 훌륭한 인지와 자기비판 기능을 통해서 만족스런 대상관계를 즐기고, 자신의 성취들에 대해 자부심을 느끼고, 그 결과, 좋은 자존감을 소유한 사람을 생각한다. 이러한 상태는 정신 구조들의 조화로운 통합의 결과로서, 리비도와 공격성의 만족스런 표현을 전제로 한다(Marcovitz, 1972 참조).

그러나 "자기애"라는 용어는 또한 병적 특성들이나 전반적인 장애들에 대한 약식 표현이다. 프로이트는 파라프레니아(정신분열병) 환자들을 "자기애적 신경증"을 가진 환자들이라고 지칭했다. 그는 이런 환자들이 대상들에게서 리비도를 철수시켜 자기에게 집중시키기 때문에 전이를 형성할 수 없다고 보았다. 하지만 이러한 생각은 이제 더 이상 타당한 것으로 간주되지 않는다. 정신증 환자들에게 자기애적 증상들이 존재하는 것이 명백하지만, 자기애를 바탕으로 정신증적 장애들을 설명한 프로이트의 생각은 유전, 자아, 초자아 병리와 관련된 복잡한 병인론의 일부에 불과하다.

주된 자기애적 병리들(자기애적 인격장애, 경계선 장애, 분열성

장애, 정신증)에서 흔히 발견되는 병리적 특성들의 얼마는 히스테리, 강박충동 장애, 조울증, 주요 우울증 등에서도 관찰된다. 이러한 증상들이 신경증에서 나타날 경우, 그것들은 오이디푸스 갈등에 대한 방어인, 유사-자기애적 증상으로 간주되기도 했다. 프리먼(Freeman, 1964)은 신경증과 성적 일탈에서 보이는 병적인 자기애는 진보된 자아 및 본능의 발달수준에서 나오는 것인 반면, 정신증적 반응에서 보이는 자기애는 보다 원시적이고 미분화된 정신 기능의 모체로부터 유래한 것이라는 일반적인 견해를 제시했다. 강박 및 히스테리 환자와 자기애적 환자 사이에는 행동상의 유사성이 있지만, 전자의 경우에는 어린 시절에 심한 외상을 경험하지 않은 것으로 확인된다고 악타(Akhtar, 1989b)는 말한다. "자기애적 성격들과는 달리, 강박이나 히스테리 환자들은 분리-개별화의 과정이 성공적으로 이루어졌음을 명백히 보여주며, 갈등의 내재화와 초자아의 통합이 더 잘 되어 있고, 정체성이 견고하게 형성되어 있으며, 분열보다는 억압이 주된 방어기제로 사용되며, 깊은 대상관계 능력을 보여준다"(p. 521).

코헛, 컨버그, 쿠퍼 등은 자기애와 경계선 인격장애들에 관해 서술했다. 악타(1989b)는 자기애에 대한 문헌들을 종합적으로 검토하고 나서, 자기애적 장애들의 임상적 특징들을 유용하게 종합해주었다. 그는 정신사회적 기능의 여섯 가지 영역을, 이러한 성격들에서 핵심적으로 작용하는 분열 기제와 분단된 자기에 강조점을 두면서, 각 영역에서 나타나는 명시적 또는 암묵적인 현상들을 서술했는데, 여기에는 자기-개념, 대인관계, 사회적 적응, 윤리와 기준과 이상, 사랑과 성, 인지 유형 등이 포함되어 있다. 비록 "명시적"과 "암묵적"이라는 표현은 이러한 영역들에서 환자의 기능에서 나타나는 모순된 현상학적 측면들을 가리키는 것처럼 보이지만, 그렇다고 해서 그것이 꼭 그것들의 의식적 또는 무의식적 존재를 암시하는 것은 아니다. 모순은 개인의 자기-개념에 한정되는 것이 아니며, 다른 모든 영역들에도 스며든다. 따라서 "자기애적 인격장애를 가진 개인은 '명시적으로' 과대적이고 타인을 경멸하며 성공적인 사람으로 보이고, 이데올로기에 열광적이고, 유혹적이며, 종종 놀랄만큼 명료한 어조로 말한다. 하지만 그는 '암묵적으로' 의심에 사로잡혀 있고, 시기심이 많으며, 지루하고, 진정한 승화가 불가능하며, 사랑할 수 없고, 쉽게 타락하고, 잘 잊어버리며, 진정한 학습능력이 손상된 사람이다"(pp. 520-521). 이런 개인은 종종 오만하고, 자신의 허영심에 대한 모든 지적에 대해 차가운 경멸이나 유머 부족 또는 노골적인 공격으로 반응한다. 그는 또한 성적으로 문란하고, 가학적인 성도착, 성적 불능, 동성애, 중독, 초자아 결함 등의 경향을 보이기도 한다. 그는 부드러움이 없고, 성적 파트너를 배려하지 않은 채 자신의 성적 쾌락에만 집중하며, 빈번히 신의를 어긴다.

경계선, 분열, 편집, 조울, 반사회적, "마치 인양"(as if) 장애들은 자기애적 인격장애보다 인격 구조화의 수준이 더 낮다. 이러한 보다 심각한 상태들 사이에는 중요한 차이점들이 있으며, 그 차이점들에 대한 논의는 악타(1989b)에 의해 이루어졌지만, 여기서는 언급하지 않을 것이다. 그와는 달리, 나는 그것들 사이의 유사성에 초점을 맞출 것이다. 이 모든 것들은 다양한 정도의 정체성 혼돈을 갖고 있다. 주된 방어적 작용은 분열과, 서로 모순된 자기표상들과 대상 표상들을 적극적으로 떼어놓는 해리이다. 발달적으로 볼 때, 이러한 환자들은 보통 "전오이디푸스기에 외상을 입은 적이 있으며, 분리-개별화 과정에서 실패를 겪었고, 과도한 전성기적 공격성을 갖고 있으며, 왜곡되고 해소되지 않은 오이디푸스 콤플렉스를 갖고 있고, 기능이 불안정하고 결함이 있으며 빈약하게 내재화된 초자아를 소유하고 있다. 또한 최적의 잠재기 상태를 확립하는 데 실패했고, 보통 이상으로 문제가 많은 청소년기를 보냈던 것으로 확인된다"(Akhtar, 1989b, p. 522). 아동기 동안에 이혼, 유기나 부모의 사망, 가정폭력이나 가족의 알코올 중독과 같은 외상적 사건들을 겪었음에도 불구하고, 이들은 지적 탁월함이나 신체적 매력으로 인해 "특별한" 아이라는 취급을 받았던 것으로 드러나곤 한다. 이들의 자기는 빈약하게 통합되어 있고, 자기애적 인격장애에 비해 스트레스나 중독성 물질의 영향에 직면해서 정신증과 유사한 상태로 퇴행할 가능성이 더 크다. 자기애적 장애는 이런 장애들에 비해 외로움을 견디는 능력이 더 크고, 충동조절과 불안에 대한 내성도 더 강하다. 또한 자기애적 장애를 가진 사람들은 이런 장애들을 가진 사람보다 사회적 성취와 적응의 측면에서 더 유능하다.

자기애에 대한 견해들

자기애에 관한 프로이트의 마지막 진술에 이어 빌헬름 라이히(Wilhelm Reich, 1933)는, 나약하거나 부재한 아버지로 인해 남근적 어머니와 동일시했던 환자들에게서 발견되는 남근적-자기애적 성격구조에 대해 서술했다. 이런 개인이 보이는 어머니에 대한 보복은 좌절에 직면해서 계속해서 존재할 수 없었던, 어머니를 향한 깊이 억압된 사랑에 대한 성격 방어로 드러났다. 좌절로 인한 격노가 여성들에 대한 가학적 행동과 성적 비행들로 나타난다. 라이히는 오이디푸스 갈등의 맥락 안에 있는 퇴행의 측면에서 설명되는, 자기애적 성격 병리의 다양한 정도의 통합을 임상적으로 서술했다.

애니 라이히(Annie Reich, 1953)는 정상적인 여성들과 신경증적인 여성들에게서 자기애적 대상 선택이 상상속의 거세로 인한 자기애적 외상을 해제하는 데 사용되는 방식을 서술했다. 그녀는 위대하고 존경스럽게 여겨지는 남성에게 의존적으로 매달리는 여성들과, 단기간 동안만 대상에게 전적으로 의존하는 "마치 인양" 인격을 지닌 여성들의 사례들을 제시했다. 그들은 추종하는 남성의 성격을 전적으로 물려받았다가 잠시 후에 그를 버리고 다른 대상을 신격화한다. 이런 사례들은 외상에 이어 원시적이고 자기애적인 자아 이상들—부성적(때로는 모성적) 남근과 이어지는 자아 이상의 외재화 그리고 그것의 사랑 대상과의 융합을 특징적으로 나타내는—의 퇴행적 부활을 나타낸다. 또한 애니 라이히는 초자아 안의 원초적 요소들을 다룬 후속 논문(1954)에서, "나중에 초자아 구조 안에서 되살아나거나 잔존해 있는 초기 동일시들이 어떻게 최초에 그런 동일시가 일어났던 수준의 자아가 지닌 특성들(불안정한 자아 경계, 자아와 대상의 혼동, 소망과 현실의 혼동)로 성격을 물들게 하는지"를 보여주었다. "보다 심각한 퇴행 사례들에서, 가학적인 초자아 전조들과 잔인한 성적 이상들이 혼합됨으로써 상황은 더욱 복잡해진다. 그런 초자아들은 부적절하게 통합되어 있는 것으로 드러나는데, 이는 계속해서 동요하는 자존감으로 나타난다"(p. 237). 또 다른 논문에서, 그녀는 이러한 자기애적 개인들이 보이는, 자존감 조절의 여러 병리적 형태들을 서술했다(1960).

제이콥슨(1954, 1964)의 연구는 정신분석학의 초점이 프로이트의 욕동이론으로부터 욕동, 정동, 내적 대상들 그리고 그것들의 정신구조 기능 안으로의 통합을 포함하는, 포괄적인 이론으로 이동하고 있다는 것을 나타낸다. 그녀는 이처럼 자신의 뚜렷한 견해를 유지하면서도 자아심리학과 영국 대상관계 이론의 교량 역할을 수행했다.

알포드(Alford, 1988)는 클라인과 그녀의 동료들이 일차적 자기애가 본래의 대상 없는 상태를 반영한다는 명제를 거부했다고 말한다. "클라인은 자기애적 리비도와 대상 리비도라는 프로이트의 구분을 내적 대상관계와 외적 대상관계의 구분으로 대체했다"(p. 35). 리비도에 관한 문제들을 내적 대상들과 맺는 개인의 관계라는 측면에서 재구성함으로써, 클라인은 자기애와 페어베언과 건트립이 서술한 분열성 현상을 연결 짓는 데 도움을 주었다. 파편화, 모호함, 비현실, 공허 등의 감정들은 자기애와 분열성 상태의 증상 모두에서 흔히 나타나지만, 이것은 자아의 분열과, 외부 대상관계 세계로부터의 고립과 관련되어 있다고 볼 수 있다. 페어베언은 욕동, 특히 리비도는 쾌락보다 관계를 목적으로 대상을 추구한다는 점을 강조했다. 생후 첫 몇 개월 동안 유아는 자기에 리비도가 집중된 일차적 자기애 상태라기보다 어머니와 융합된 상태(즉, 대상과 동일시되어 있는)가 더 특징적이다. 생애 전체에 걸친 근본적인 관심은 욕동의 변천이 아니라, 독립 대 의존, 분리 대 융합에 있다. 자기애적 신경증을 가진 환자들이 전이 안에서 자기와 대상을 구별하는 데 어려움을 겪는다는 프란츠 콘(1940)의 관찰도 이 견해와 일맥상통한다. 스톤(1954)도 분석가가 환자의 자기와 혼동되거나, 또는 마치 서로가 교대로 상대방의 일부를 이루고 있기라도 하듯이, 모든 측면에서 환자 자신의 자기처럼 느껴지는 전이들에 대해 서술했다. 분석가와의 관계 안에서, 구강적 및 항문적 측면에서 이루어지는 이상화 경향성과 파괴적 경향 모두의 내사와 투사는, "자아의 파편화로 인해 자아의 부분들이 실제의 인간관계들을 포기하고 내적 대상들에게 헌신하기 때문에 발생하는 것이다"(Greenberg & Mitchell, 1983, p.

165). 로젠펠드(1964)는 일차적 자기애에 대한 프로이트의 서술과 유사한 임상적 상황들이 실제로는 전능성과 부분 대상인 젖가슴이 합입될 수 있고 유아의 소유물처럼 취급될 수 있는 원초적 대상관계라는 점을 인정한다면, 불필요한 혼란을 피할 수 있다고 본다. 대상과 분리되어 있음을 인정하지 않는 방어들은 의존의 느낌으로부터 그리고 시기심, 좌절, 공격성, 불안 등으로 이끌 수 있는, 대상이 지닌 가치에 대한 인식으로부터 개인을 보호해 준다. 대상이 자기로부터 분리되어 있다는 사실이 지각될 때, 자기에 대한 이상화는 좋은 대상들 및 그것들의 자질들과의 전능적인 내사적 동일시 및 투사적 동일시에 의해 유지되지만, 파괴적인 자기의 전능적 부분들 또한 마찬가지로 이상화되어 자기의 긍정적 리비도의 일부 또는 대상에게 의존하려는 욕망과 욕구를 파괴할 수 있다(Rosenfeld, 1971).

자기애와 자아 이상에 대한 벨라 그륀베르제와 자닌 샤스게-스머겔의 해박한 지식과 상상력이 넘치는 문학적인 글들은 상당한 수정에도 불구하고 고전적 프로이트 이론의 테두리 안에 머물러 있다. 그륀베르제(1971)는 자기애를 원본능, 자아, 초자아와 같은 행위자로 보고, 이것을 "르 수아"(le Soi)—영어의 Self에 해당하는 불어—라고 불렀다. 물론 그는 최근 영어권에서 "자기"(Self)라는 용어가 다른 방식으로 쓰이고 있고(아마도 코헛에 의해), 인격 전체를 의미한다는 점도 지적했다. 하지만 역설적으로 그는 자기애가 "본능처럼 구조화되어 있다"고 믿었다. 그것은 "자아가 나중에 획득되는 것인 반면 자기애는 태어날 때부터(심지어는 그 이전부터) 존재하는 것이기 때문이라는 것이다. 비록 자기애적 쾌락이 성숙과정을 거치기는 하지만, 자기애는 활짝 편 상태인 것처럼 보이고, 항상 어떤 취약성에 의해 특징지어지며, 쉽게 응집성과 통일성을 상실하지만, 하나의 본능으로서의 절대적이고 강력한 요구들을 가지고 있다"(p. 105). 그는 자기애를 리비도처럼 유사-생물학적인 힘으로 보았지만, 그것이 고양시키는 특질을 갖는다는 점에서 리비도와 구별된다고 보았다. 고양이란 "무엇보다 무한을 향해 확장되는 존재감으로부터 나오는 것으로 보이는, 말로 표현할 수 없는 행복감, 또는 특별히 만족스런 지고의 감정을 가리킨다"(p. 107). 이것은 갈등적인 본능적 리비도와 예리하게 대조된다. 따라서 그륀베르제는 자기애와 리비도가 유사하다고 간주하면서도, 자기애와 본능적 욕동은 오래도록 같은 "강바닥 위를 따로 흘러가면서 아주 느리게 하나로 합쳐지는 다른 물줄기들"(p. 173)로 본다. 아동은 전성기적 활동들에게 자기애적 리비도를 투자하려고 시도한다. 그러나 그의 자기애적 이상에 미치지 못하는 자신의 부적절함으로 인해 그 시도는 성공을 거두지 못하고, 그 결과 스스로를 무가치하게 느낀다. 아동은 자신의 전능함을 부모에게 투사하고 자아 이상 안에서 그들과 융합함으로써, 자기애적 온전성을 회복할 수 있다. 이후로 정신성적 발달단계가 진전되면서 자기애적 분투들과 본능적 분투들이 통합될 필요성이 발생하는데, 그러기 위해서는 먼저 자기애적 요소의 확인을 필요로 한다. 따라서 그륀베르제는 코헛처럼, 자기애가 대상 사랑을 위해 포기되는 것이 아니라 평생에 걸쳐 독립된 발달 노선을 갖고 있다고 보았고, 자기애의 통합이 성숙의 목표라고 보았다.

일차적 자기애 상태에 대한 샤스게-스머겔의 개념은 일차적 자기애를 자기와 대상이 융합되어 있는 이미지에 리비도가 집중되어 있는 상태로 정의한 말러(1979)의 개념과 비슷해 보인다. 그녀는 오이디푸스 갈등도 중요하지만, 전오이디푸스 요소들에 비해서는 부차적인 중요성을 갖는다고 보았다. 그녀는 오이디푸스적 소망들이 상실한 전능성의 추구에 의해 전달되기 때문에 아동의 성적 본능은 집중적으로 어머니를 향한다고 생각했다. 따라서 성욕은 개인을 온전하게 만들어줄 수 있는 것과 재융합하고자 하는, 자기애적 추구로서의 대상관계를 위한 매개체 또는 수단이다: "어머니에게 성적으로 삽입하고 싶은 소망은 또한 끝이 없고 절대적이며 완전한 자아를 재발견하고 싶은 소망을 포함하고 있다. 이것은 자기애가 찢겨질 때 발생한 자아의 상처가 마침내 치유되는 것을 의미한다"(1984, p. 184). 하지만 스프뤼엘(1975)이 주목하듯이, 초기 좌절이나 만족이 숙달되기 힘들 정도로 극단적일 경우, 성적 본능의 파생물들은 억압되거나, 자아 조직으로부터 분열될 것이며, 오이디푸스적 조직은 왜곡될 것이다.

이들 프랑스 분석가들은 코헛처럼 그들의 사고에 있어서 컨버그보다 덜 엄격하고 덜 체계적인 반면, 알포드(1988)는 그들의 공식들과 코헛의 공식들은 자기애의 문화적 표현을 설명하는 데 특별히 적합하다고 본다. 알포드에 따르면, 그륀베르제의 작업은 "자기애가 진보적일 수도 퇴행적일 수도 있고, 성숙한 것일 수도 미숙한 것일 수도 있으며, 인류 최상의 성취를 지원할 수도 가장 퇴행적인 어리석음을 부추길 수도 있다는 것, 그리고 자유와 의존처럼 서로 상반된 것들을 섞어놓는다"(p. 68)는 것을 보여준다.

코헛, 컨버그, 로스슈타인

코헛(1966, 1968, 1971, 1977, 1978, 1979)은 자기애적 환자들에 대한 자신의 연구에서 자기의 개념을 이끌어냈다. 처음에 그는 자신의 개념화를 고전적 욕동/충동 중심의 자아심리학의 틀에 맞추려고 시도했다. 하지만 「자기의 회복」(1977)이 출간될 즈음에 그는 자신의 이론이 이미 확립되어 있다는 것과 자신이 전통

이론과는 전혀 다른 길을 가고 있다는 것을 인정해야만 했다. 그는 본능 이론을 완전히 떠나기보다는 욕동들을 자기의 구성 요소로 간주했다. 따라서 그는 공격성을, 좌절로 인해 변질된 정상적인 자기주장성이라고 보았다. 그는 일차적 자기애를 에너지로 규정하지 않은 채, 일차적 대상으로부터 분화가 일어나기 전의 유아의 심리상태라고 보았다. 그리고 이런 최초 상태로부터의 직접적인 잔여물은 평생에 걸쳐 기본적인 자기애적 긴장으로 남아 있으면서 인격의 모든 측면들에 영향을 미치며, 궁극적으로는 "자기애적 자기"(나중에 "과대 자기"로 부른)와 "이상화된부모 원상"으로 분화된다고 보았다. 그의 관점에서, 이 구조들 속에 스며든 자기애적 리비도는 평생 동안 대상 리비도와는 다른 발달 노선을 갖고 있으며, 이상적일 경우, 개인에게 창조성, 공감, 유한성에 대한 성찰, 유머, 지혜와 같은 성숙의 속성들을 부여한다.

아기의 일차적 자기애가 방해 받게 되면서, 자기애적 리비도와 대상 리비도 모두가 투자되는 이상화된 부모 원상이 발달하게 된다. 자기애적으로 집중된 리비도는 이상화 리비도로 변형되는데, 이것은 자기애적 리비도를 대상 사랑의 발달과 구별하는, 성숙을 향한 고유한 발걸음이다. 본능적 만족이 박탈될 경우, 정신은 대상 원상을 내사물로 변화시키는데, 이것은 이전에 대상이 수행하던 기능을 떠맡는다. 그것이 투사된 외부 대상을 코헛은 "자기대상"이라고 부른다. 전오이디푸스 시기 동안에 상실에 해당하는 좌절이 발생할 경우, 이상화된 부모 원상이 차츰 포기되고, 그와 동시에 욕동을 조절하는 자아의 모체는 증가된다. 그리고 오이디푸스기에 일어난 대대적인 상실은 초자아의 형성에 기여한다. 자아 이상은 발달의 특정 단계에서 자아가 대상의 이상적인 자질들을 대대적으로 내사한 것에 상응하는 초자아의 측면을 말한다. 이 공식화는 자아 이상과 초자아의 발달과 관련해서 앞에서 서술한 단계들을 다시 언급하는 것처럼 보일 수도 있겠지만, 여기에는 중요한 차이점이 있다. 즉, 이 논문의 앞부분에서 이상화된 이미지의 형태를 지닌 자아 이상의 전조―진보할 수도 있고 상대적으로 변하지 않을 수도 있으며, 여하튼 변화무쌍하고 유동적인 속성을 지닌―로서 서술된 것은 모든 것을 포괄하는, 경직되고, 이상화된 부모 원상으로 명백히 구체화되었다.

과대 자기는 이상화로 귀결되는 대상 사랑으로 나아가지 않고, 지배적으로 드러나는 욕동 측면들인 자기애적 리비도 집중과 과시적 소망들을 보유한다. 이상화된 대상과 과대 자기는 단계-적절하고 적응적인 것으로 간주되며, 점차 성인의 인격으로 통합된다. 이것들이 너무 일찍 방해를 받으면, 후일 자기애적 취약성을 발생시킬 수 있다. 심각한 자기애적 외상은 과대적 환상이 적절한 자아의 내용으로 통합되는 과정을 방해함으로써 그것을 변형되지 않은 형태로 남게 할 수 있다. 마찬가지로, 존경하는 성인에 대한 외상적 실망도 이상화된 부모 원상으로 하여금 변화되지 않은 상태로 남게 할 뿐만 아니라, 긴장을 조절하는 정신구조로 변형되지 못하게 하는 역할을 한다. 이때 이상화된 부모 원상은 자기애적 평형상태를 유지하는 데 필요한 원초적인 중간 대상으로 남는다. 이 두 가지는 모두 억압되며, 수정하는 영향력이 접근할 수 없게 된다. 공감적이지 못한 부모의 돌봄은 아이의 자존감에 상처를 주어 과대적 환상들을 억압하게 하고, 자기에 대한 비합리적인 과대평가와 열등감과 수치심 사이를 오가게 만듦으로써 이런 방해의 원인이 된다. 대조적으로, 최적의 상황에서는 자기애적-과시주의적 리비도가 조금씩 자기애적 불균형을 나타내는 잠재적인 신호들로 변형되기, 자아가 고통스러운 수치심을 경험할 수 있는 잠재적인 가능성에 깨어있기, 그리고 자기애적인 구성물들이 보다 분화되고 적응적인 심리적 내용물들로 변형되기 등이 발생한다. 자기애적 장애의 치료에서, 분석가는 환자의 과대성과 치료자에 대한 이상화가 서서히 출현하도록 허용한다. 그 다음에 분석가는 환자와 자기 자신의 현실적 한계들과, 환자의 자존감에 손상을 입힌 어린 시절의 결정요인들을 공감적으로 지적한다. 이러한 치료 과정의 본질적인 부분은 가끔 분석가 쪽에서 불가피하게 보이는 공감의 실패이다. 이것은 좌절과 상실감으로 인도하지만, 그러한 좌절과 상실감이 너무 심각한 것이 아니라면, 그것은 자기대상인 분석가를 정신적으로 내재화하도록 촉진시킨다. 코헛이 "변형적 내재화"라고 부른 이것이 바로 치료적 변화를 가져오는 주된 수단이다. (자아의 형성에 대한 프로이트의 서술과 유사하다는 사실에 주목할 필요가 있다.) 전이 안에 있는 이 과정은 본질적으로 부모와 아이 사이의 상호작용과 동일한 것이다. 이상적인 상황 하에서 발생하는 이러한 상호작용은 "응집적인 자기"를 낳는다.

코헛의 작업은 대부분 자기애적 인격장애(이 용어는 그가 창안한 것임) 환자들과의 분석 상황 안에서 이루어졌다. 그는 경험적인 평가기준들을 대부분 무시한 채 자발적으로 발달하는 전이의 성질에 기초해서 진단을 내렸다. 이상화된 부모 원상은 "이상화 전이" 안에서 활성화되고 과대 자기는 "거울 전이" 안에서 활성화된다(Kohut, 1968, 1971 참조). 자기심리학을 다른 방식으로 구성한 짧은 논고는 「정신분석학 용어사전」(Moore and Fine, eds., 1990)을 보라.

많은 논문과 저서들을 통해 제시된, 컨버그의 자기애에 대한 이론은 고전적인 프로이트의 이론과, 클라인, 비온, 대상관계 이론을 통합하려는 시도였다. 그는 욕동, 정동, 자기와 대상 표상들을 연결하여 그것들을 구조 이론의 전통적 행위자들인 원본능, 자아, 자아 이상, 초자아의 기능적 단위 안에 포함시키고자 했다. 그는 정상적인 발달과 통합에서 자기애가 담당하는 역할을 인정하면서도, 그것의 병리적 증상들은 초기 아동기에 고착된 비정상적인 정신구조들의 결과로 간주한다. 그는 자기애적 장애를 발달 정지의 한 형태로 보기보다는 특수한 병리의 형태로 본다. 그는 "과대 자기"(다르게 공식화된 코헛의 용어인)가 실제 자기, 이상화된 자기, 그리고 이상화된 대상 표상이 융합되어 형성된 것이라고 제안한다. 그는 이러한 환자들이 그들의 부모에 의해 차갑고 정서적으로 차단되어 있으며 때로는 악의적인 그러나 "특별한" 방식으로 취급을 받았다는 점에 대해서는 코헛과 생각을 같이 하지만, 병리의 원인을 전적으로 비공감적인 취급이라는 외적인 사실에서만 찾지 않는다. 그는 오히려 그러한 취급에 의해 발생한 불신, 허기, 격노, 그리고 그 격노에 대한 죄책감(1975)에 원인이 있다고 보면서, 전성기적 공격성의 지배적인 영향 하에서 오이디푸스 갈등과 전오이디푸스 갈등들이 병리적으로 응축되는 것에 근본적인 원인이 있다고 강조한다(1967, 1975). "과대 자기"의 팽창은 단순히 반응적인 것만이 아니다. 컨버그는 이런 개인들이 보이는 타인들에 대한 경멸의 근저에는 만성적 시기심이 놓여 있으며, 폄하, 전능적 통제, 자기애적 철수 등은 이러한 시기심에 대한 방어라고 생각한다. 그는 자기애적 인격장애와 다양한 유형의 경계선 인격장애의 병리는 심각성의 차이가 있을 뿐 서로 비슷하다고 본다. 자기애적 인격장애는 비록 병리적인 과대 자기가 내면에 산만한 정체성과 목표 없음을 감추고 있음에도 불구하고 응집력 있는 자기를 갖고 있다. 그러나 그 장애는 경계선 장애와 마찬가지로 억압보다는 분열을 더 지배적인 자아의 방어 기제로 선택한다. 강박적인 인격들과 히스테리 인격들은 분열이 아닌 억압을 중심으로 구조화되어 있고, 더 잘 조직된 초자아를 갖고 있으며, 진정한 상호적 대상관계 능력도 더 크다.

로스슈타인의 책(1980), 「완벽함에 대한 자기애적 추구」는 이 주제에 대한 탁월한 개요를 제공한다. 그는 또한 컨버그와 코헛의 이론들이 지닌 결함들을 피하기 위해 자신의 고유한 정의들을 제공한다. 그는 자기애의 정의를, 의식적으로 지각되거나 정동적인 가치를 지닌 환상으로서 무의식적으로 활동하는 것일 수도 있는, 완벽함과 관련된 자질에 한정시켰다. 그는 자기애 개념이 "리비도 개념인 일차적 자기애, 대상 표상 개념인 자기-대상이라는 이중구조, 그리고 안드레아스-살로메(1921)가 말하는 '전체성과의 깊은 동일시'를 포함해야 한다"(p. 17)고 말한다. 완벽함에 대한 이러한 자기애적 추구는 편재하지만, 그것의 정교화와 자아에 의한 통합의 정도는 개인에 따라 다르다. 이것은 "자기의 일부처럼 느껴지는데, 그 자기는 자기애적으로 완벽하다고 지각된 대상의 속성을 자체 안에 포함하고 있는" 자기이다(p. 18). 이것은 신체 부분들이나 신체 활동들에도 투자될 수 있다. 그것의 인지적 요소는 전지나 전능적 사고에서 표현되며, 그것이 자기 표상의 일부로서 느껴질 때 주체의 긍정적 자존감은 행복감에서 고양된 느낌(정동적 요소)에 이르는 전체 범위 안에서 경험된다.

내가 보기에, 로스슈타인의 정의보다는 컨버그와 코헛의 견해에 대한 그의 비판들이 더 타당성이 있는 듯하다. 완벽함에 대한 추구는 자기애적 개인들에게서 흔히 발견되는 성격적 특징이며, 자아 이상의 전조인 동시에 자존감을 받쳐 주는 이상들에 고착되어 있거나 그것들로의 퇴행을 나타낸다는 점에서, 그것을 자기애를 정의하는 데 사용하는 것은 복잡한 정신병리를 그것의 방어적 표현들을 사용해서 설명하려는 시도이기 때문에 수용하기가 쉽지 않다. 그는 다른 논문들(1979a, 1979b, 1982)에서 진단적 용어인 "자기애적 인격장애"와 오이디푸스 갈등, 초기 정신병리, 그리고 그런 상태들의 분석가능성에 대해 논했다. 그는 자기애를 분리 불안에 대한 하나의 방어로 보았다. 자기-대상이 분화되는 시기에 아동이 분리에 대해 인식하게 되면서, 어머니의 신체 부분들, 사고 과정들, 행동 유형들, 자아의 다른 활동들에 대한 자기애적 투자가 이루어진다. 그리고 발달이 진행됨에 따라 동일시가 아동의 타고난 요소들과 상호 작용한다. 분리에 대한 특별한 방어로 작용하는 기능들과 활동들은 자기애적으로 투자되며, 그것들의 실행은 고양감 및 전능감과 연결된다. 왜냐하면 그것은 어머니와의 일차적 연합을 유지할 수 있다는 느낌을 상기시켜주기 때문이다.

아이스니쯔(Eisnitz, 1974)는 자기애적 갈등은 자기 표상의 안정성이 위협받을 때 언제라도 생길 수 있다고 본다. "자기 표상의 공고화는 오이디푸스적 동일시들에 달려있기 때문에, 분리-개별화 과정이 더 많이 방해 받을수록 그리고 자아 조직이 더 많이 미숙할수록, 자기 표상은 덜 안정적일 것이고 그 안에 불안정성이 자리 잡을 가능성은 더 커진다"(p. 282). "자기 표상의 특별한 측면이 금지된 무의식적 소망들과 연결되어 있다면, 초자아는 공격성을 활성화시켜 자기 표상의 이러한 측면을 공격하게 한다"(p. 281). 세틀리지(Settlage, 1977) 역시 분리-개별화 시기, 특히 재접근 단계에서 생긴 외상으로 인해 자기애의 병리가 발생다고 본다. 이러한 외상들은 예컨대 아동의 반항적이고 공격적인 행동에 대한 반응으로 아동을 자신의 강렬한 충동과 감정에 내맡긴 채 어머니가 아동에 대한 정서적 지원을 철수시키거나, 아동에게 지나치게 강하고 공포심을 주는 분노와 함께 아이의 행동을 과도하게 통제하는 것 등이다. 이런 경우, 심리내적인 상실의 위협은 심각한 재접근기 위기와 지속적인 분리불안을 발생시킨다.

프로이트 이후에 제기된 다양한 이론들은 각각 비평의 대상이 되었다. 나는 여기서 컨버그와 코헛의 작업과 관련해서 몇 가지 중요한 것들만을 언급하겠다. 하지만 그렇게 하기 전에, 나는 대부분의 이론들에 내재된 긍정적인 공헌들과 공통점들에 초점을 맞출 것이다. 나는 여기서 로스슈타인(1980), 알포드(1988), 악타(1989a) 등의 개요와 비평들을 자유롭게 사용할 것이다.

모든 저자들은 자기애가 중심적으로 자존감의 장애에서 그리고 자기와 대상들 사이의 관계의 장애에서 표현된다는 생각에 동의한다. 이 현상은 편재하며 다양한 정도의 정상성과 병리성을 지닌 채 평생 동안 유지된다. 그것은 융합과 분리에 대한 강렬한 필요를 내포하고 있으며 자율과 통제라는 가면을 통해서 의존성을 드러낸다. 저자들은 모두 좌절과 외상의 성질과 타이밍과 정도에 달려있는, 정상적인 자존감과 병리적인 자존감을 결정하는 데 어머니 대상이 중요한 역할을 한다고 강조한다. 전오이디푸스 기간은 자기애적 특성들이 생겨나는 데 가장 큰 중요성을 갖고 있는 것으로 판단되지만, 오이디푸스 콤플렉스 또한 여전히 중요한 것으로 간주된다. 로스슈타인(1980, p. 15)은 다른 저자들의 글들에 내포되어 있는, 자기애와 피학증이 모두 경험과 관련된 특질들을 가리킨다는 점을 강조한다. 컨버그를 제외한 모든 이론가들은 자기애를 정상과 비정상의 연속체로 간주하는데, 한 쪽 극단에서는 가장 숭고한 성취들에서 그리고 다른 쪽 극단에서는 인간 행동의 가장 가학적이고 파렴치한 측면들에서 특징적으로 나타난다. 낮은 자존감을 가진 환자는 대체로 자기애적이라고 간주되는 반면에 자기애적이라고 언급한 저자가 아무도 없다는 것은 이상하게 느껴진다. 대신에 자존감을 여실히 드러내는 방어적 특성들은 자기애적이라는 평가를 받는다. 이것은 마치 관찰자가, 환자가 그러하듯이, 그러한 방어적 특성들을 전통적으로 "자기애"라는 용어를 연상시키는 자기-사랑으로 오인하고 있는 것으로 보인다.

코헛은 이러한 장애들을 치료하는 데 보다 공감적인 태도를 권장한 공을 인정받을 만한 자격이 있다. 하지만 그는 다른 연구자들의 공헌이 자기심리학에 미친 영향을 인정하지 않았고, 자신의 발달 도식에 대한 유아 관찰연구의 공헌을 존중하지 않았다는 점에서 비판을 받아왔다. 그는 자기애적 장애를 인식하는 데 있어서 경험적 접근을 부정하고 발달하는 전이의 성질에 의존했다. 자기애적 전이들에 대한 그의 서술은 유용한 것이지만, 그런 전이들은 신경증 환자들에게서도 나타난다. 그는 전이에만 의존하여 진단을 내림으로써 분석이 가능하다고 간주되는 환자들에 대한 자신의 시야를 제한하였고, 또 그렇게 함으로써 자기애적 병리 전반에 대한 자신의 경험과 지식을 축소시킨 면이 있다. 발터와 스펜서(Balter and Spencer, 1991)에 따르면, 코헛의 관찰 방법론은 고전 정신분석의 그것과 크게 다르다. 그들이 보기에, 코헛은 내성적 성찰과 공감을 꾸준히 사용하였고, 자유연상이나 고요하게 떠있는 주의(evenly suspended attention)는 거의 사용하지 않았으며, 의식적이고 내성적으로 성찰이 가능한 환자의 정신적 삶의 경험을 강조하면서 환자의 견해를 공감적으로 이해하고 수용하고자 했다. 이 점은 비브링(1954)이 서술한 명료화 과정과도 일치한다. 하지만 코헛의 후기 저작에서 무의식적인 정신적 삶과 그것에 대한 해석은 거의 전적으로 간과된다.

교육을 위한 훈련과정이라는 측면을 제외한다면, 코헛이 가정한 자기애의 독립적인 발달적 노선이라는 개념은 유용한 것 같지 않으며 임상 자료들과 배치되는 것으로 보인다. 말년에 그가 전통적인 갈등 및 구조 이론을 버린 것은 그가 과대 자기와 이상화된 부모 원상을 자아 이상의 표상적 전조로 보지 못한 데서 이미 예견된 것이었다. 대신에, 그의 "비범한 자기"(supraordinate self)가 그 자리를 차지했는데, 그것은 구체화된 내적 대상으로서 좌절과 자기애적 외상에 직면하여 파편화를 겪는 것으로 간주되었다. 따라서 그의 생각은 자기애의 결함 이론으로 인도했다. 그럼에도 불구하고 그의 공헌은 매우 큰 것이었고, 그런 점에서 나는 그의 견해를 전통적인 정신분석 이론과 조화시키려고 한 바슈(Basch, 1981)와 왈러슈타인(Wallerstein, 1981)의 노력에 공감한다.

나를 포함한 다른 사람들의 견해로는, 근본적으로 서로 조화될 수 없다고 여겨지는 광범위한 정신분석 이론들을 통합하는 데 유용하다고 생각되는 다른 학자들의 공헌들도 인정했다는 점에서, 컨버그가 더 과학적으로 접근했던 것으로 보인다. 아마도 컨버그는 어느 누구보다도 아동기 초기에서 노년기에 이르는 삶 전체에 걸쳐서, 사랑과 증오뿐만 아니라 혼자 하는 활동과 집단 활동과 관련해서, 집중적으로 자기애를 탐구한 사람일 것이다. 그는 또한 병원이라는 환경에서 활동한 분석가로서, 가장 심각한 병리 현상들을 관찰하고 서술하고 다룰 수 있는 기회를 가졌다. 그의 이론에서 내가 반대하는 부분은 그가 코헛의 "과대 자기"에서 빌려온 부분이다. 나는 코헛과 컨버그가 이 과대 자기라는 개념에 너무 구체적인 구조의 속성을 부여했다고 생각한다. 컨버그가 "과대 자기"라고 일컫는 것이 현실적 자기, 이상화된 자기, 이상화된 대상 표상의 측면들을 가지고 있다는 데는 나 자신도 동의하지만, 이 개념은 임상적으로 애매하고 일관적이지 못하며, 관련된 정신 표상들에 금방 사라져버리는 속성을 부여한다는 점에서 만족스럽다고 할 수 없다.

다음의 사례는 소위 자기애적 현상을 드러내는 장애들이 지닌 복잡성을 보여줄 것이다. 이 사례는 성공적으로 종결된 사례로서 소개된 것이 아니라, 코헛의 결함 이론과 대조적으로, 자기애적 장애에서 갈등의 역할과 전통적인 전오이디푸스 자리와 오이디푸스 자리가 어떤 역할을 하는지를 보여주기 위한 것이다. 주 1

회 치료였다는 점에서 자료는 분석적 깊이가 부족한 것이기는 하지만, 자기애적 장애에 대한 발생학적이고 역동적인 토대를 보여주는 데는 충분하다고 본다.

사례 보고

37세의 내과의사인 R은 A라는 분석가와 치료를 시작했다. 그는 자신의 아내인 J에 대한 성적 및 공격적 충동에 강박적으로 몰두하는 문제와, 아내가 유혹하고 있다고 느껴지는 자신의 의붓아들에게 신체적인 학대를 가한 것에 대한 죄책감 때문에 치료를 시작했다. 둘째 아들이 태어난 뒤로, 아내는 철수하기 시작했다. 전에는 열정적이던 아내는 더 이상 성교에 관심이 없었고, 늘 두통에 시달리면서도 치료를 받으려고 하지 않았다. 그녀는 R에게 빈번히 마약을 요구했고 그의 동의를 얻어내기 위한 방편으로 성교에 응하곤 했다. R은 자신의 활동들 외에도 점점 아내의 책임들을 거의 모두 떠맡았다. 그는 일주일에 두 번씩 성교를 하고 매일 자위를 하면서도 늘 아내와 성교하는 환상에 몰두해 있었고, 아내에게 접근할 때는 종종 집요하고 강제적이었다. 그는 또한 화가 나서 누군가를 죽이는 생각들을 했고, 미친 사람처럼 차를 몰아대면서 다른 운전자들이 시비를 걸어오기를 기다리는 것으로 자신의 공격 충동의 일부를 행동화했다. 한번은 어떤 운전자가 "가운데 손가락"을 들어올렸는데, 그는 끝까지 추격해서 그 사람의 차를 박아버렸다. 특히 그는 자신보다 훨씬 낭비벽이 심한 아내를 위해 충동적으로 선물을 구매하곤 했다. 그 결과 그는 많은 빚을 지게 되었고 삼년간이나 소득세를 내지 못했다. 그는 자신의 지출을 감당할 수 있다고 믿었지만, 그것은 무의식적 과대환상에 지나지 않았다. 그가 운영하는 병원은 번창했지만, 그는 수입을 제대로 관리하지 못해 항상 돈에 쪼들렸다.

R은 어린 시절에 자신이 어머니의 관심을 충분히 받지 못했다고 믿고 있었다. 그가 태어났을 때, 어머니는 우울한 상태였고 이미 두 아이들에게 지쳐있었다. 그는 자신의 우울증이 5세 때 동생이 태어나면서 시작되었다고 생각했다. 그는 어머니를 기쁘게 해드리려고 노력했고, 결국 어머니의 대화 상대이자 위로자로서 아버지의 결점을 보완해주는 사람이 되었다. 그는 초등학교 시절에 과격한 성미로 유명했는데, 성질이 불같았던 어머니는 주기적으로 그를 가죽 허리띠로 때렸다. 그의 아버지와 형 또한 그를 학대했다. 그의 아버지는 불량 소년이었던 형에게 거의 모든 관심을 쏟고 있었기 때문에, R에게는 별 역할을 하지 못했고, 이런 모습은 R과 그의 어머니 모두에게 실망스러운 것이었다.

사춘기가 지나고 다른 학교에 가게 되면서, R은 자신의 성미를 더 잘 조절하게 되었고, 선생님들과 학생들 사이에서 인기를 끌게 되었다. 그가 열 네 살이었을 때 그의 어머니는 여동생을 낳았다. 어머니와 친밀한 사이였던 그는 사람들이 여동생을 자신의 아이라고 생각할까봐 두려워했고, 그로 인해 자신의 관심을 차례로 여러 명의 여자 친구들에게 돌렸다. 하지만 이런 여자 친구들과 성교할 가능성이 생길 때마다, 그는 결별했고, 다른 대상을 찾아 나서곤 했다. 그는 읽기에 어려움이 있었고 수학이나 추상 개념을 이해하지 못하는 문제를 갖고 있었기 때문에 주로 듣기를 통해 학습해야 했다. 그는 대학 시절에 의과대학 진학에 충분한 점수를 유지하기 위해 많은 시간을 공부에 할애해야 했다. 그는 대학에서 자신의 첫 번째 아내인 S를 만났고, 그녀가 자신에게 한 것보다 더 많이 그녀에게 헌신했다. 그러나 그는 거절당하는 느낌 때문에 결국 그녀와 이혼했는데, 그것은 자신에게 더 반응적으로 보인 J를 만나고 있는 동안에 일어난 행동화였다. 그것은 또한 그의 첫 번째 정신과 의사가 휴가를 간 사이에 일어났다. 이렇게 해서 J는 그의 두 번째 아내가 되었다.

R의 우울증, 수면장애, 강박적 사고는 파록세틴과 클로미프라민이라는 약물을 복용하면서 많이 완화되었다. 비록 심리검사는 집중력 장애일 수 있다는 의심과 일치했음에도 불구하고, 분석가는 메틸페니데이트을 처방했고 이는 R의 집중력 개선과 공격충동의 통제에 도움이 되었다. R의 문제들은 전혀 해결되지 않았지만, 그래도 약물처방으로 이전의 혼란 상태에서 벗어나 심리치료가 가능해졌으며, 그는 심리치료에 적합한 사람으로 확인되었다.

R이 호전되자, 그의 아내는 상태가 더 나빠졌다. 그녀는 점점 더 우울해졌고, 기능이 떨어졌으며, 2년에 걸쳐 열 번의 자살시도를 했다. 두 번 입원한 후로, 그녀는 잠깐 보는 것 외에는 정신과 의사를 만나거나 심지어 두통 문제로 신경과 의사를 만나는 것도 거부했다. 그녀는 어린아이의 상태로 퇴행했고, 때로 환각 상태가 되었으며, 다중 인격장애를 발달시켰다. 그녀의 최근의 자살시도는 그녀가 어느 정도 정상을 되찾았던 것으로 보이는 시기에 일어났는데, 그때 그는 집을 나가기로 결심한 상태였다. 왜냐하면, 그가 아내의 일들을 전적으로 떠맡는 바람에 그녀가 삶의 의욕을 잃은 것이라는 분석가의 지적이 있었기 때문이었다.

별거를 시작한 이후로, 아내의 정신 상태는 더 좋아졌다. 그녀는 집안일과 아이들 돌보는 일을 떠맡았고 더 이상 정신증적 증세를 보이지 않았다. 하지만 R은 혼자 있는 것이 힘들어 졌고 자신의 비서와 운동클럽에서 만나는 여인인 P에게 의존하게 되었다. 하지만 이 여성들과의 로맨스나 성적 관계는 없었다. 아이들의 공동양육 임무에 충실한 것이 그의 아내와의 접촉을 유지시켜주었다. 가끔은 그녀가 유혹적인 행동을 했고 결국은 성교를 하게 되었다. 하지만 다음 날이면 여지없이 그녀는 그가 자신에게 충실하지 않다면서 화를 내면서 언어적으로 공격하곤 했다. 때로 그녀의 유혹은 마약을 얻어내거나 자신이 받은 자기애적 상처를 되돌려주기 위한 것이었다. 한번은 그녀가 포르노 비디오를 함께 보자고 그를 초대했는데, 그때 그녀는 속옷만 입은 채 그를 맞이하고 나서는 바닥에 누웠다. 그러나 그가 성적 행위를 시작했을 때 그녀는 저항했다. 그는 떠났지만 곧 자동차 키를 가지러 돌아왔다. 그때 그녀는 자신이 빌린 그의 자동차 키를 갖고 있지 않다고 부인했다. 그녀가 그를 집안으로 들이길 거부하자, 그는 문을 부쉈고, 그녀가 그를 성추행으로 고발하는 바람에 경찰에 체포되었다.

유혹해놓고 쫓아버리는 이러한 패턴은 여러 번 반복되었고, 그에게 지적되었으며, R 역시 이것이 자신의 심각한 문제의 일부라는 것을 인식하고 있었지만, 매번 그녀를 여전히 사랑하고 있고 화해를 원하고 있는 것처럼 행동했다. 그들은 임시로 이혼 신청을 해놓았지만, 그는 자신이 이혼을 끝까지 실행할 것인지에 대해 전혀 확신이 없었다. 한번은 그녀가 섹스 중에, "그와 하나로 혼합되고" 싶다는 말을 말했는데, 그는 그 말이 몇 년 전 그의 첫 번째 아내에게서 느꼈던 자신의 소망을 나타낸다는 것을 알았다. 그것이 불가능하다는 것을 느꼈을 때, 그는 J를 만났고 그녀와 하나로 혼합되면서 첫 번째 아내와의 이혼 절차를 시작할 수 있었다.

그의 분석가는 이들 부부에게 공통점(예를 들어, 하나로 혼합되고 싶은 소망)이 있고, 이러한 소망은 아마도 둘 사이의 첫 이끌림(둘 다 자기애적 대상 선택이었던) 때문이거나 R이 여전히 아내를 사랑했고 다른 누구보다도 아내와의 섹스를 원했기 때문일 수 있다고 해석했다. 하지만 다음과 같은 가능성도 있었다. 그녀는 처음부터 그에게서 성적으로 철수해 있었고, 따라서 성교 후에는 그를 물리쳐야만 했는데, 그것은 그와 혼합됨으로써 그녀 자신(자아 경계들과 심리 구조)를 상실한다고 느꼈기 때문이다. 별거 후에, 그 두 사람은 서로에게 끌렸지만, 아내가 유혹해놓고 거절하는 것을 반복하는 바람에 그는 분노했고, 그로 인해 두 사람 모두가 피해를 입게 되었다.

아내가 또 한번의 자살시도에서 회복되고 난 후에, 그는 내키지 않는 이혼을 감행하기로 결심하고 아내에게 편지를 썼다. 그 날 밤 그는 자신이 근교에 있는 정신병원에 입원해 있는 꿈을 꾸었고, 그 꿈에 대해 아내와 이혼하겠다는 자신의 생각이 미친 것임을 말해주는 것 같다고 연상했다. 그의 편지를 받고, J는 그에게 전화를 걸었고, 그의 결정을 이해한다면서 화내지 않았고, 나아가 그를 성적으로 초대하기까지 했다. 그는 이 초대에 응했고 기꺼이 쾌락을 즐겼다. 후에 그는 또 하나의 "이상한" 꿈을 보고했다. 꿈에서 그는 친가에서 어린 시절의 남자 친구와 파티에 참여하고 있었는데, 그의 몸집이 너무나 커서 마치 그가 아버지처럼 느껴졌다. 그 친구는 목욕을 하고 있었고 R은 그의 벗은 몸을 보고 있었다. 그가 그 친구의 옷을 한쪽으로 밀쳐내자 그 옷 밑에 여인들의 옷이 숨겨져 있었다. 욕조에 담긴 물은 마치 수도 파이프가 낡고 더럽기 때문인 듯 검은 색깔이었다. 그러자 그의 아버지가 와서 더러운 것을 치우고 파이프를 수리했다. 그의 연상은 아버지가 항상 형의 문제에 몰두해 있었고 자신에게는 거의 아버지 역할을 하지 않았다는 것이었다. 그는 꿈에 나온 여성들의 옷들이 전날 아내와 가졌던 성교와 관련이 있다고 생각했다. 분석가는 꿈에 나온 남자 친구가 아내를 나타낼 수도 있고, 더러운 파이프를 고치는 아버지는 그들의 결혼생활에서 잘못된 것들을 고치는 것을 의미할 수도 있다고 말했다. R은 한 순간 침묵하더니, 이것이 자신이 동성애 성향을 가지고 있음을 뜻하는 것은 아닌지 궁금해 했다. 그는 아버지의 형이 동성애자였으며, 이러한 사실은 자신이 어렸을 때부터 공공연한 비밀이었다고 덧붙였다. 그의 형 또한 종종 그를 때리면서 어린 시절 내내 동성애자라고 놀렸다고 말했다. 그는 결국 자신이 여자애들에게 끌린다는 것을 알았으면서도, 항상 자신의 성적 지향에 대해 의심을 지울 수 없었다.

분석가는 R이 적절한 아버지 역할의 부재로 인해 자신의 남성성을 의심해왔고 더 크고 아버지 같은 친구들과 어울림으로써 자신의 남성됨을 확인하려 했다고 해석했다. 그들 모두가 페니스를 가지고 있는 것을 보면서 그가 위안을 얻었음이 분명하다는 것이다. 하지만 시간이 지나면서 그는 자신에 대한 의문들을 다른 방식으로 다루기 시작했다. 여성과의 섹스는 그의 남성성을 확인시켜주는 것이었지만, 여성들과 하나가 되고 싶은 그의 소망은 자신도 어머니처럼 아버지에게 사랑받을 수 있다는 무의식적인 환상을 나타내는 것이었다. 다시 말해서, 만약 아버지가 그를 이런 식으로 사랑해준다면, 그는 페니스를 받을 것이고 늘 아버지에게서 인정받고 싶었던 남성성을 확인할 수 있을 것이라는 환상이었다. R의 첫 번째 아내는 남성적인 외모를 갖고 있었는데, 그녀의 일뿐만 아니라 이러한 외모도 그녀와 하나가 되고 싶은 자신의 소망을 방해했다고 그는 연상했다. 하지만 그는 그녀에게 결코 공격적이지 않았다. 대조적으로, 그는 J의 여성성에 직면해서 저항할 수 없었다. 그는 또한 남성적인 외모를 가지고 있는 P와 좋은 친구는 될 수 있어도 성적으로 끌리지는 않는다는 것을 알았다.

J와 재결합하고 싶은 열망 때문에, R은 눈물을 머금고 자신의 비서를 해고했고, P와의 접촉을 모두 끊었다. 분석가는 이 여자들과의 관계를 끊는 일이 분명히 어려웠을 거라고 말해주었고, 전에 미쳐버리는 꿈에서 그랬던 것처럼 아내를 포기하는 것이 그에게는 통제를 상실하는 위험으로 다가오는 것이 아닌가 하고 궁금해했다. 하지만 R은 J가 섹스를 이용해서 자신을 통제하고, 그가 결코 하지 않을 일들을 하게 만든다고 말했다. 그리고는 자신에게 없어서는 안 될 치료자에 대해서 그리고 그 다음에는 어머니에 대해서 생각했다. 분석가는 그에게 어릴 적에 어머니가 그를 혁대로 채찍질하며 "너 또 엄마한테 거짓말할 거야?"하고 소리쳤던 일을 상기시켰다. 그러자 그는 자신이 의붓아들에게 "너는 마치 어머니 같아"라고 말하면서 학대 했던 것도 그가 거짓말을 했기 때문이었음을 생각해냈다.

얼마 후에, R은 자신의 동생이 "곧 아이를 가질 거라는 것"을 얼마 전에 알았노라고 말했다. 이 소식은 그를 행복하게 했고, 그는 J에게 전화해서 아이를 하나 더 갖자고 말했다. 분석가는 J가 난관수술을 했는데도 R이 그녀와 아이를 가질 생각을 했다니 이상하다고 하면서, 이는 R 자신이 스스로 아이를 갖고 싶은 것일 수 있다고 말했다. R은 그 말이 맞을지도 모른다고 생각했다. 첫 번째 아내와 살고 있을 때, 심한 복통을 겪은 적이 있었는데, 그 때 그는 자신이 곧 아이를 낳게 될 것 같다고 느꼈다. 분석가는 당시 그의 첫 번째 아내가 임신 중이었는지 물었는데, 그녀는 임신 중이 아니었다. 그들의 아들은 당시에 다섯 살이었다. 이것은 동생이 태어났을 때 R이 다섯 살이었던 것을 상기시켰다. 분석가는 그가 자신의 어머니뿐만 아니라 그녀가 낳을 아이와도 동일시했던 것 같다고 말했다. R은 자신이 모성적 감정을 많이 갖고 있다는 것을 인정했다. 그는 자신이 막내 동생을 돌보았고 두 번의 결혼생활에서 항상 아기들을 돌보았다. 그는 심지어 자신이 아기에게 수유하는 환상을 갖기도 했다. 그에게는 "아기를 가지면 아내가 나를 사랑할지도 모른다"는 생각이 떠올랐다. 분석가가 "어떤 아내를 말하는 건가요?"라고 물었을 때, R은 아버지가 그에게 거의 관심을 갖지 않았던 사실을 연상했다. 그가 아버지의 성기/아기/사랑/남성성을 받으려는 희망 안에서 어머니와 무의식적으로 동일시하고 있다는 것이 명백해 보였다.

한 회기에서 R은 자신이 아내와의 관계를 얼마나 지겨워하는지, 그리고 자신과 아내 사이에서 일어난 일들을 보고하는 데 전적으로 정직했는지에 대해 의문을 가졌다. 그는 J가 자신을 두려워했는데, 그것은 수년 동안의 치료에도 불구하고 그가 여전히 잠재적으로 폭력적이었기 때문이었다고 말했다. 돌이켜볼 때, 그는 자신의 첫 번째 치료자인 정신과 의사가 치료를 제대로 못했다고 느꼈고, 현 분석가와 비교하면서 그를 폄하했다. 이에 대해 분석가는 R이 분석가를 용인하고 있으며, 마치 어린 아이들이 부모대신 자신을 탓하듯이, 치료에 진전이 없는 이유가 자신의 정직성과 성실성의 문제 때문이라고 생각하고 있다고 지적했다. 그러자 R은 자신이 충분히 나아지지 않았기 때문에 분석가에게 조금 화가 나 있고, 이것 때문에 회기 수를 좀 더 늘려야 하지 않을까 하고 생각하고 있다고 말했다. 그는 전이의 결과로 치료가 일어난다고 들었지만, 자신이 분석가에게 그러한 느낌을 가졌었는지에 대해서는 인식하지 못했다. 분석가는 R이 어머니를 대하듯 분석가를 이상화하고 있으며, 자신이 원했던 것을 못 얻은 데 대한 분노의 감정을 인정하기 싫어서 본인 스스로를 탓하고 있다고 말했다.

그는 자신이 조금 나아졌다고는 느꼈지만, 자신의 공격적인 행동이 아직도 수용 범위를 넘어선다는 것을 인식하고 있었다. 분석가는 이것이 아마도 그가 많이 나아져서 아내와 결별할 수 있게 되면 치료가 종결될 것이고, 그렇게 되면 그가 다시 거절받는다는 느낌으로 인해 분석가에게 분노하게 될까봐 두려워하고 있기 때문일지도 모른다고 느꼈다. 환자는 치료자가 이사를 가거나 죽는다면 자신이 어떻게 할 것인가에 대해 생각했던 것들을 기억해냄으로써 이를 확인시켜주었다.

4년간의 치료에서 환자가 얻어낸 통찰은 놀라운 것이었다. 의심의 여지없이 그의 통찰은 대부분 지적인 것이었고, 이것은 저항에 사용되었다. 주로 이상화 전이가 뚜렷하게 드러났지만, 아내와 자신에게 해를 끼칠 수 있다는 것을 알면서도 그러한 행동을 완강하게 계속했다는 것은 전오이디푸스적 갈등을 그리고 때로는 긍정적이고 부정적인 오이디푸스 전이 반응 모두를 반영하는 것이었다. 그럼에도 불구하고, 구조적인 변화가 명백했고 앞으로 더욱 향상될 것이라는 희망을 보여주었다.

논의

R은 심각한 자기애적 인격장애를 가지고 있었고, 그의 아내인 J는 약간의 편집증과 정신증적 특징을 가진 명백한 경계선 환자였다. 이러한 경우, 본 장에서 보고 된 저자들의 이론에 따라 다음과 같은 결론을 내릴 수 있을 것이다. 병리적 전조들에 의해 영향을 받은, 손상되고 불충분하게 발달된 자아 이상이 자아와 자아 이상 사이에 긴장을 산출했고, 모성적 대상 표상(특히 타이콜츠와 샤스게-스머겔의 생각을 참조할 것)과 퇴행적으로 융합하는 경향성을 발생시켰다. 게다가 자아 기능들의 발달과 정신체계들의 분화 과정이 방해를 받게 됨으로써 정동의 조절과 충동의

통제에 문제가 발생했고, 그 결과 대상관계가 어려워졌다.

　R의 병리는 전오이디푸스기에 발생한 것이 분명해 보인다. 이 시기에 어머니의 관심에 대한 그의 갈망은 어머니의 탈진 상태와 우울로 인해 좌절되었다. 이 좌절로 인해 그의 정신적 표상들은 공격적인 리비도 투자로 채워졌고, 어머니와의 동일시는 그의 성정체성에 혼란을 주었을 뿐만 아니라, 자아 이상의 전조들을 가피학적 측면들로 채색했음이 분명하다. 정서적으로 멀리 있는 아버지가 만족스럽지 못한 어머니와의 융합에서 자신을 구해주기 바랐던 R의 소망들은 오이디푸스 충동의 부정적인 해소로 이끌었고, 동생이 태어났을 때 어머니와의 동일시를 더욱 공고하게 만드는 역할을 했다. 하지만 어머니와의 관계가 개선되면서, 오이디푸스 상황은 긍정적인 성격을 띠게 되었는데, 관계가 지나치게 좋아져서 여동생이 태어났을 즈음에는 오히려 이것이 의식적인 위험으로 다가왔다. 그리고 이 위험은 이차적 대상들에게로 전치되었다.

　그의 두 번의 결혼은 본질적으로 오이디푸스 충동을 상호적으로 해소하기 위한 노력을 반복하는 것이었다. 남성적인 외모를 가졌지만, 곁에 있을 때는 좋은 친구이자 동료였던 여자와의 첫 번째 결혼에서 그는 아내와의 연합과 부분적인 동일시를 통해서 자신의 남성적 감각을 강화시킬 수 있었으나 성적인 만족을 얻을 수는 없었다. 보다 여성적인 외모를 지닌 두 번째 아내와의 결혼에서, 그녀에 대한 강렬한 성욕은 그에게 기운을 북돋아주었음에도 불구하고, 그것은 정신적 융합을 가져왔고 그 융합으로 인해 그는 여성으로서 아내가 맡아야 할 책임들까지 모두 떠안고 살았다. 이것은 그녀를 구조 없는 껍데기로 만들어놓았다. 게다가 그녀에 대한 좌절의 경험들은 그가 아동기 초기에 어머니와의 관계에서 경험했던 공격적인 반응들을 다시 불러일으켰다.

이 결혼은 보다 긍정적인 오이디푸스 해소를 의미한 것이었음에도 불구하고, 보다 초기의 부정적인 해소(아버지의 남성성을 받아들이기 위한 어머니와의 연합)와 응축되고 말았다. 집중력 장애로 항상 열등감을 느꼈던 그는 자신이 동일시할 수 있을만한, 지적으로 우월한 여성들과 결혼했다. 두 번의 결혼 모두 대상 선택은 자기애적인 것이었고, 분리에 대한 요구와 융합에 대한 강한 욕구가 번갈아 일어나는 것이었다. 자기애적 사례들에서 발견되는 이러한 특징은 페어베언에 의해 강조된 바 있다. R은 자신의 행동이 바람직하지 않다는 것과 그 행동에 위험성이 내재되어 있다는 것을 인식할 수 있을 만큼 현실검증 능력을 갖고 있었고, 보다 성숙한 자아 이상에 맞추어 살지 못하는 데 대한 벌로 그에게 죄책감과 우울을 느끼게 하는 수준의 초자아를 갖고 있었다.

많은 자기애적 성격들이 그렇듯이, R도 어머니와 특별히 가깝고 각별한 관계를 유지하고 있었는데, 이것은 그가 다른 형제들보다 더 많은 성취를 이룰 수 있게 한 요소였다. 하지만 자기애적인 성격들이 흔히 그렇듯이, 그 또한 태생적인 인지적 결함을 갖고 있었다. R은 높은 지능과 우호적인 성격의 소유자였고, 자신의 직업에 헌신하는 유능한 직장인이었다. 이처럼 그는 동료들에게 존경을 받았지만, 내적으로는 항상 열등감과 고립감과 외로움을 느꼈다. 그는 거절에 대해 자기애적인 분노로 반응했고, 그럴 때마다 그는 성숙한 자아 이상에서 퇴행하여, 어린시절의 부모 이미지에서 파생되고 자신의 투사된 공격성에 의해 변형된, 원시적이고 가피학적인 동일시 상태로 돌아가곤 했다. 이는 또한 상실된 통제력과 힘—통제력과 힘은 그의 자아 이상의 초기 전조들임—을 다시 회복하려는 적극적 시도이기도 했다. 그의 자기애적 병리는 리비도가 긍정적으로 집중된 자기 안에 있는 것이 아니라, 자아(자기 표상과 체계의 기능들)와 성숙한 자아 이상 사이의 불일치로 인한 만성적 불만과 불행에 자리잡고 있었다.

요약 및 결론

프로이트는 새로운 내면 세계를 탐구할 수 있도록 개방한 정신 세계의 정복자로 스스로를 묘사함으로써 그의 자기애적 환상을 드러냈다. 그가 성취한 것은 자아 이상이 도달할 수 있는 위대함의 한 예이다. 하지만 그것은 병적 세력들의 완전한 정복에는 미치지 못하는 것이다. 비록 그의 성취는 전례가 없는 위대한 것이지만, 그것은 시대적 현실에 의해 제한을 받는 것이었고, 성숙한 초자아에게 수용될 수 있는 하나의 타협이었다. 여기에서 자기애에 대한 과학적 패러다임—쿤(1970)이 말하는 의미에서—이 나오게 되었다. 프로이트는 자신이 결코 완성할 수 없는 여정을 시작했지만, 그가 시작한 연구의 방향은 다른 정신분석가들이 더 많은 것들을 탐구하도록 이끌었다.

자기애에 대한 프로이트의 이론은 거의 전적으로 욕동 이론 안에 자리잡고 있다. 하지만 그의 자기애 이론 안에는 리비도 이론으로부터, 정신구조의 발달에서 대상관계가 차지하는 중요성을 포함하는 보다 복잡한 본능 개념으로 나아가고 있음을 보여주는 설명들이 많다. 예를 들자면, 그가 정신분열증을 대상 리비도가 자기에게로 철수하는 것으로, 전이 신경증을 환상 속에서 대상들에게 리비도를 부착하는 것으로, 그리고 우울증을 외부 대상의 상실에 따른 대상과의 동일시로 설명한 것 등이다. 하지만 그의 저술들에서 내적 대상들과 외적 대상들이 항상 구별되지 않는 것도 사실이다. 자신이 프로이트를 따르고 있다는 멜라니 클라인의 주장은 그녀가 본능적 욕동들에 의해 크게 영향을 받는 내적 대상들의 세계를 강조한다는 점에서 옳은 것으로 보인다. 페어베언과 건트립은 욕동을 거의 배제한 채 대상관계 개념을 설명했다. 하트만과 제이콥슨과 컨버그는 상당한 이론적 진보를 이루어 내면서도 프로이트의 구조 이론 안에 머물렀다. 코헛은 독립적인 노선을 걷기로 공언했지만 정신분석의 틀 안에 남았다.

원본능, 자아, 초자아의 특성 및 기능과 갈등에 대한 우리의 몰두는 그것들의 발달 단계들이 갖는 중요성을 놓치게 하는 경향이 있다. 자아 이상의 전조들은 이미 오래 전에 서술되었음에도 불구하고, 그것들에 대한 문헌은 거의 찾아보기 어렵다. 그것들은 원시적인 부분 대상 표상과 전체 대상 표상에 부착되어 있는 성적 욕동들과 중화되지 않은 공격성으로 채워져 있다. 이것들은 자아의 통합하는 기능에 의해 초자아 전조들 안으로 통합되고, 현실에 의해 수정된 열망과 통제된 충동들을 지닌 성숙한 자아 이상이 된다. 그러나 심각한 좌절과 외상 아래에서 이 통합은 손상될 수 있으며, 더 이른 시기에 고착을 일으키는 외상을 겪는 경우에는 더 초기의 전조들로 퇴행할 수 있다.

자기애는 욕동이나 대상의 관점에서만이 아니라 정신분석 이론 전체(그것의 일부는 아직도 발달하고 있는 중이지만)의 통합이라는 측면에서도 이해될 수 있다. 현 시점에서, 우리는 자기애를, 이미 언급된 요소들뿐만 아니라 그것들이 일정한 타고난 소인(정신 구조의 발달과 분화, 자기와 대상들 사이의 만족스럽거나 불만족스러운 관계들, 그리고 그 대상들에 대한 내적 표상들로 인도하는)을 가진 인간 존재에게 미치는 상호적 영향까지 포함하는 것으로서, 고려해볼 수 있다. "자기애적 장애"라는 용어

대신 흔히 "자기애"라는 말을 사용하는 일반적인 용법에는 모든 자기애가 병적이라는 암시가 들어있다. 그리고 코헛과 컨버그가 특별한 병리적 증상들의 문맥에서 자기애를 강조함으로써 그러한 경향성은 더욱 강화되었다. 이러한 언어 사용의 의도되지 않은 효과들에는 또한 자기애가 하나의 실체라는 사고가 들어 있다. 하지만 자기애는 자기애적 장애를 포함하고는 있지만, 자기애적 장애와 동일한 것은 아니다.

나는 자기애가 하나의 추상적 개념, 즉 자신의 자기에 불만족스러운 자아의 태도 또는 그런 느낌들에 대한 방어적인 과잉보상을 가리키는, 고도로 응축된 비유라고 생각한다. 이러한 느낌들은 잘못 정의되기 쉽고, 전적으로 또는 부분적으로 무의식적일 수 있다. 이러한 불만족은 대상 사랑과 이를 얻기 위한 행동 또는 자기 존중과, 그리고 개인의 질투, 시기, 초기의 동일시들과 관련해서 자기 존중을 성취하는 데 필수적인 요소들과 관련되어 있을 수 있다. 이 필수 요소들에는 권력, 과시주의, 성적 만족, 가피학적 행동, 그리고 심지어 이타적 소망들까지 포함되어 있다. 왜냐하면 이 모든 것들이 본능적 욕동들, 고유한 재능들, 일차적 대상들과의 동일시, 그리고 그 개인이 살고 있는 문화 등에 의해 영향을 받는 자아 이상을 형성하는 데 기여하기 때문이다.

자기에 리비도가 투자된 것으로서의 자기애 개념은 이미 확립되어 있는 것이지만, 이제 자신에 대한 불만족 상태와 그로 인한 낮은 자존감의 역동적 기초를 리비도의 변천에서만 찾을 수는 없다. 자기 사랑으로서의 자기애 개념은 이제 더 이상 타당성이 없는 과잉 사용된 은유이다. 인정되건 부정되건 간에, 낮은 자존감은 자아(자기 표상)와, 표준을 정하는 자아 이상 사이의 화해의 실패에 따른 결과이다. 유비들은 때로 지나친 의인화의 병폐를 가져오기도 하지만, 이것을 설명하는 데 유익한데, 우리는 초자아를 이러한 부조화에 대해, 자신에 대한 모호한 불만족, 고통스럽고 우울한 자기 비난, 또는 외부로부터의 상처 등의 형태로 적절히 처벌을 가하는 검사나 판사와 같다고 유비적으로 말할 수 있다.

자아와 자아 이상(자기와 체계) 사이의 불일치는 다양한 정도로 누구에게나 항상 존재한다. 나는 이것이 질적으로나 양적으로 정서적 안정과 현실검증 능력과 적응력, 그리고 특히 자기와 대상들 간의 관계를 심각하게 방해할 때에만 병리적인 것으로 간주되어야 한다고 생각한다. 만약 "자기애"를 병리를 암시하는 것으로 본다면, 자아와 자아 이상 사이의 최소한의 불일치들을 정상적인 또는 건강한 자기애로 보는 것은 혼동이 될 것이다.

나의 결론은, 소위 자기애적 장애들을 이해하는 데 있어서 새로운 이론이나 용어가 필요하지 않다는 것이다. 그것들은 기존의 구조적 및 발달적 개념들로도 적절하게 설명될 수 있다. "자기애"는 용어로서나 개념으로서 시대착오적이고 낡은 것임이 분명하지만, 그것은 잘 확립되어 있고, 다른 대체물이 아직 없으며, 마치 "자아"처럼, 복잡한 생각들을 문맥으로부터 구별될 수 있는 하나의 단어 안으로 응축하고 있기 때문에, 앞으로도 계속해서 존속될 것이다.

참고문헌

Akhtar, S. (1989a). Kohut and Kernberg. In Self Psychology, ed. D. W. Detrick & S.P. Detrick, pp. 329-362. Hillsdale, N.J.: Analytic Press.
_____ (1989b). Narcissistic personality disorder. Psychiat.

Clinics N. Amer., 12:505-529.

Alford, C. F. (1988). Narcissism: Socrates, the Frankfurt School, and Psychoanalytic Theory, New Haven: Yale Univ. Press.

Andreas-Salome, L. (1921). The dual orientation of narcissism. Trans. and rpt. in Psychoanal. Q., 31(1962):1-30.

Apfelbaum, B. (1965). Ego psychology, psychic energy, and the hazards of quantitative explanation in psycho-analytic theory. Int. J. Psychoanal., 46:168-182.

Balint, M. (1960). Primary narcissism and primary love. Psychoanal. Q., 29:6-43.

Balter, L., & Spencer, J. H. (1991). Observation and theory in psychoanalysis. Psychoanal. Q., 50: 361-395.

Basch, M. F. (1981). Selfobject disorders and psychoanalytic theory. J. Amer. Psychoanal. Assn., 29:337-353.

Bares, D., & Joseph, E. D. (1970). The concept of mental representation in psychoanalysis. Int. J. Psychoanal., 51:10 - 10

Bernstein I. (1957). The role of narcissism in moral masochism. Psychoanal. Q. 26:358-377.

Bibring, E. (1954). Psychoanalysis and the dynamic psychotherapies. J. Amer. Psychoanal. Assn,. 2:745-770

Bing, J. F. McLaughlin, F., & Marburg & R. (1959). The metapsychology narcissism. Psychoanal. Study Child, 14:9-26

Blos, P. (1974). The genealogy of the ego ideal. Psychoanal. Study Child 29:43-88.

Chasseguet-Smirgel, J. (1976). Some thoughts on the ego ideal. Psychoanal. Q., 45:345-373.

_____ (1984). The Ego Ideal. New York: Norton. Cohn. Franz.

(1940). Practical approach to the problem of narcissism neuroses. Psychoanal. Q,. 9:64-79

Cooper A. M. (1984). Narcissism in normal development. In Character Pathology, ed. Michael Zales, pp. 39-56. New York: Brunner/Mazel.

_____ (1986). Narcissism. In Essential Papers on Narcissism, ed. A. P. Morrison, pp. 112-143 New York: New York Univ Press.

_____ (1987). The narcissistic-masochistic character. In Masochism: Current Psychoanalytic Perspectives, ed. R. A. Glick & D Meyers, pp. 117-138. Hillsdale. N.J.: Analytic Press.

Dare. C., & Holder, A. (1981). Development aspects of the interaction between narcissism self-esteem and object relations. Int. J. Psychoanal., 62:323-337

Eisnitz, A. J. (1974). On the metapsychology of narcissistic pathology. J. Amer. Psychoanal. Assn, 22:279-291.

Elkisch, P. (1957). The Psychological significance of the mirror. J. Amer. Psychoanal Assn. 5:235-244.

Erikson, E. H. (1956). The problem of ego identity. J. Amer. Psychoanal. Assn, 4:56-121.

Etiemble, R. (1954). The new china and the Chinese language. Int. Rev. Psychoanal and Humanistic Studies, 8:93-110.

Freeman, T. (1964). Some aspects of pathological narcissism. J. Amer. Psychoanal. Assn, 12:540-561.

Freud, S. (1905). Three Essays on the Theory of Sexuality. SE, 7:130-243.

_____ (1910). The Psycho-analytic view of psychogenic disturbance of vision. SE. 11:211-218.

_____ (1911). Psycho-analytic notes on an autobiographical account of a case of paranoia (dementia paranoides). SE, 12:9-82.

_____ (1914). On narcissism. SE, 14:73-102.

_____ (1915). Instincts and their vicissitudes. SE, 14:117-140.

_____ (1916-17). Introductory Lectures on Psycho-Analysis. SE, 15 & 16.

_____ (1917). Mourning and melancholia. SE, 14:233-258.

_____ (1920). Beyond the Pleasure Principle. SE, 18:7-64.

_____ (1921). Group Psychology and the Analysis of the ego. SE, 18:69-143.

_____ (1923a). The Ego and the Id. SE, 19:3-66.

_____ (1923b). Two Encyclopedia articles. SE, 18:235-259.

_____ (1930). Civilization and Its Discontents. SE, 21:64-145.

_____ (1931). Libidinal types. SE, 21:217-220.

_____ (1933). New Introductory Lectures on Psycho-Analysis. SE, 22:5-182.

_____ (1940). On Outline of Psycho-Analysis. SE, 23:144-207.

Glover, E. (1943). The concept of dissociation Int. J. Psychoanal. 24:7-13.

Greenacre, P. (1945). The biologic economy of birth. Psychoanal. Study Child, 1:31-51.

_____ (1958). Early physical determinants in the development of the sense of identity. J. Amer. Psychoanal. Assn., 6:612-627.

Greenburg, J. R., & Mitchell, S. A. (1983). Object Relations in Psychoanalytic Theory. Cambridge Mass: Harvard Univ. Press.

Grunburger. B. (1971). Narcissism: Psychoanalytic Essays. New

York: Int. Univ. Press 1979.

Guntrip, H. (1961). Personality Structure and Human Interaction. New York: Int. Univ Press

_____ (1979). Psychoanalytic Theory, Therapy, and the Self. New York: Basic Books.

Hanley, Charles (1992). On narcissistic defenses. Psychoanal Study Child, 47:139-158.

Hartmann, H. (1939). Ego Psychology and the Problem of Adaptation. New York: Int. Univ. Press, 1958. 17:42-81.

_____ (1950) Comments on the psychoanalytic theory of the ego. Psychoanal. Study Child, 5:74-96.

Hartmann, H., Kris & Lowenstein, R. M. (1962). Notes on the superego. Psychoanal Study Child, 3/4:9-36.

Hendrick, I. (1964). Narcissism and the prepuberty ego ideal. J. Amer. Psychoanal. Assn., 12:522-528.

Hermann, I. (1976). Clinging: Going-in-search. Psychoanal. Q., 44:5-36.

Holt. R. R. (1966) On the insufficiency of drive as a motivational concept in the light of evidence from experimental psychology (abst). J. Amer. Psychoanal. Assn,, 16:627-632.

Horney, K. (1939). New ways in Psychoanalysis New York: Norton.

Jacobson, E. (1954). The self and the object world Psychoanal. Study Child, 9:75-127.

_____ (1964). The self and the object world. Psychoanal. Study Child, New York: Int. Univ. Press.

_____ (1971). Depression. New York: Int. Univ. Press.

Joffe, W.G., & Sandler, J. (1967). Some conceptual problem

involved in the consideration of disorders of narcissism. J. Child Psychother., 2:56:-66.

Kanzer, M. (1964). Freud's uses of the terms "autoerotism" and "narcissism" J. Amer. Psychoanal. Assn., 12:529-539.

Kardiner, A., Karush, A., & Oversey, L. (1959). A methodological study of Freudian theory. J. Nerv. Ment Dis., 129:133-143.

Kernberg, O. (1967). Borderline personality organization. J. Amer. Psychoanal. Assn., 15:641-685.

_____ (1974). Further contributions to the treatment of the narcissistic personality. Int. J. Psychoanal., 55:215-240.

_____ (1975). Borderline Conditions and Pathological Narcissism. New York: Aronson.

_____ (1978). The diagnosis of borderline conditions in adolescence. Psychiat., 16:298-319.

_____ (1980). Internal World and External Reality. New York: Aronson.

_____ (1984). Severe Personality Disorders. New Haven: Yale Univ. Press.

_____ (1991). A contemporary reading of "On narcissism." In Sandler et al., eds., pp.131-148.

Kohut, H (1966). Forms and transformation of narcissism. J. Amer. Psychoanal. Assn., 14:243-272.

_____ (1968). The Psychoanalytic treatment of narcissistic personality disorders. Psychoanal. Study Child, 23:86-113.

_____ (1971). The Analysis of the Self. New York: Int. Univ. Press.

_____ (1972). Thought on narcissism and narcissistic rage. Psychoanal. Study Child, 27:360-400.

_____ (1977). The Restoration of the Self. New York: Int. Univ. Press.

_____ (1978). The Search for the Self, ed. P. H. Ornstein. New York: Int. Univ. Press.

_____ (1979). The two analyses of Mr. Z. Int. J. Psychoanal., 60:3-27.

_____ (1984). How does Analysis cure? Edited by A. Goldberg with P. E. Stepansky. Chicago: Univ. Chicago Press.

Kohut, H., & Wolf, E. S. (1978). The disorders of the self and their treatment. Int. J. Psychoanal., 59:413-425.

Kuhn, R. S. (1970). The Structure of Scientific Revolutions. Chicago: Univ. Chicago Press.

Lasch, C. (1979). The Culture of Narcissism. New York: Warner Books.

Lichtenstein, H. (1964). The role of narcissism in the emergence and maintenance of a primary identity. Int. J. Psychoanal., 45:49-56.

Loewald, H. W. (1951). Ego and reality. Int. J. Psychoanal., 32:10-18.

Mahler, M. S. (1979). On human symbiosis and the vicissitudes of individuation. inSelected Papers, vol. 2, pp. 77-98. New York: Aronson.

Mahler, M. S., & McDevitt, J. B. (1968). Observations on adaptation and defense in statu nascendi. Psychoanal. Q., 37:1-21.

Marcovitz, E. (1972). Some aspects of aggression in the concept of narcissism. Bull. Philadelphia Assn. Psychoanal., 22:276-283.

Moore, B. E. (1972). Discussion of paper by G. R. Ticho on " Clinical Aspects of the Narcissistic Personality, " presented to the Western Regional Psychoanalytic Assn. in San Diego.

_____ (1975). Toward a clarification of me concept of narcissism. Psychoanal. Study Child, 30: 243-276.

Moore, B. E., & Fine, B. D., eds. (1968). A Glossary of Psychoanalytic Terms and Concepts. New York: American Psychoanalytic Assn.

_____ eds. (1990). Psychoanalytic Terms and Concepts. New Haven: Yale Univ. Press.

Morganthau, H., & Person, E. (1978). The roots of narcissism. Partisan Review, 3:338-347.

Murray, J. M. (1964). Narcissism and the ego ideal. J. Amer. Psychoanal. Assn., 12:477-511.

Niederland, W. G. (1965). Narcissistic ego impairment in patients with early physical malformations Psychoanal. Study Child, 20:518-534.

Nunberg, H. (1931). The synthetic function of the ego. Int. J. Psychoanal., 12:123-140.

Nunberg, H., & Federn, F., eds. (1962, 1967). Minutes of the Vienna Psychoanalytic Society, 1: 118 & 2:312. New York: Int. Univ. Press.

Panel (1958). Problems of identity (abst.). M. S. Mahler, reporter. J. Amer. Psychoanal. Assn., 6:136-138.

_____ (1961). Narcissism. J. F. Bing & R. 0. Marburg, reporters. J. Amer. Psychoanal. Assn., 10(1962):593-605.

_____ (1969). Narcissistic resistance. N. P. Segel, reporter. J. Amer. Psychoanal. Assn., 17:941-954.

Pulver, S. E. (1970). Narcissism. J. Amer. Psychoanal. Assn., 18:319-341.

Reich, A. (1953). Narcissistic object choice in women. J. Amer. Psychoanal. Assn., 1:22-44.

_____ (1954). Early identifications as archaic elements in the superego. J. Amer.Psychoanal. Assn., 2:218-238.

_____ (1960). Pathologic forms of self-esteem regulation. Psychoanal. Study Child, 15:215-231.

Reich, W. (1933). Character Analysis. New York: Orgone Institute Press.

Rosenfeld, H. (1964). On the psychopathology of narcissism. Int. J. Psychoanal.,45:332-337.

_____ (1971). A clinical approach to me psychoanalytic theory of the life and death instincts. Int. J. Psychoanal., 52:169-178.

Rothstein, A. (1977). The ego attitude of entitlement. Int. Rev. Psychoanal., 4:409-417.

_____ (1979a). The diagnostic term. J. Amer. Psychoanal. Assn., 27:893-912.

_____ (1979b). Oedipal conflicts in narcissistic personality disorders. Int. J. Psychoanal., 60:189-199.

_____ (1980a). The Narcissistic Pursuit of Perfection. New York: Int. Univ. Press.

_____ (1980b). Toward a critique of me psychology of the self. Psychoanal. Q., 49:423-455.

_____ (1982). The implications of early psychopathology for the analyzability of narcissistic disorders. Int. J. Psychoanal., 63:177-188.

_____ (1984). The fear of humiliation. J. Amer. Psychoanal. Assn., 32:99-116.

Sandler, J., Person, E. S., & Fonagy, P., eds. (1991). Freud's "On Narcissism: An Introduction". New Heaven: Yale Univ. Press.

Schur. M. (1966). The Id and the Regulatory Principles of Mental Functioning. New York: Int. Univ. Press.

Settlage, C. (1977). The psychoanalytic understanding of narcissistic and borderline personality disorders. J. Amer. Psychoanal. Assn., 25:805-834.

Spiegel, L. A. (1959) The self, the sense of self, and perception. Psychoanal. Study Child, 14:81-109.

Spitz, R. (1959). A Genetic Field Theory of Ego Formation New York: Int. Univ. Press.

Spruiell, V. (1974). Theories of the treatment of narcissistic personalities. J. Amer Pychoanal Assn., 44:577-595.

Storolow, R D. (1975a). The narcissistic function of masochism and sadism. Int. J. Psychoanal. Assn., 56:441-448.

_____ (1975b). Toward a functional definition of narcissism. Int. J. Psychoanal., 56:179-185.

Stone, Leo (1954). The widening scope of indications for psychoanalysis. J. Amer, Psychoanal Assn. 2:567-594.

Strachey. J. (1957). Editor's Introduction to The Ego and the Id. SE, 19:7-8.

Teicholz. J. G. (1978). A selective review of the psychoanalytic literature on theoretical conceptualizations of narcissism. J. Amer. Psychoanal. Assn., 26:831-861.

Ticho, G. (1972). Clinical aspects of the narcissistic personality.

Paper presented to the Western Regional Psychoanalytic Assn., in San Diego.

Tyson, P., & Tyson. R. L. (1984). Narcissism and superego development. J. Amer. Psychoanal Assn., 32:75-98.

Waelder, R. (1960). Basic Theory of Psychoanalysis. New York: Int. Univ. Press.

_____ (1961) Discussion, Section III, Conference, Institute for Advanced Psychoanalytic Studies, Princeton, N.J.

Wallerstein, R. S. (1981). The bipolar self. J. Amer. Psychoanal. Assn, 29:377-398.

Weiss. E. (1957). A comparative study of psychoanalytical ego concepts. Int. J. Psychoanal., 38:209-222.

제 11 장

가피학증

줄스 글렌 & 이시돌 번스타인
(Jules Glenn, M.D. & Isidor Bernstein, M.D.)

정의

"피학증"과 "가학증"이라는 용어는 원리 성적 도착을 지칭하는 것이었지만, 그것들의 의미는 특히 피학증이 갖는 의미는 시간이 지나면서 크게 확장되었다. 그것들은 지금 공격적 욕동과 리비도적 욕동이 혼합되는 다양한 심리 현상을 포함하는 용어가 되었다. 그것들은 인격 구조의 전체 범위를 포함할 뿐만 아니라, 욕동 만족과 초자아 요구 그리고 방어 기능들을 가리키는 데 사용된다. 가학증과 피학증이 일반적으로 함께 나타난다는 점에서 (프로이트, 1905; Blum, 1991) 가-피학증이라는 용어가 만들어졌다.
"피학증"이라는 용어는 잔인하게 취급받는 것에서 만족을 얻는 사람들을 서술한 소설가, 레오폴드 폰 자커 마조흐의 글에서 왔다. 크라프트-에빙(1908)은 피학증을 개인이 성적 감정과 사고에 있어서 반대 성을 가진 사람의 의지에 전적으로 그리고 무조건적으로 복종하고, 그 사람에 의해서 종처럼 취급되고 굴욕과 학대를 받는 생각에 의해 통제되는, 기이한 성적 왜곡이라고 정의했다. 이런 생각은 성적 감정에 의해 채색된다. 피학증 개인은 자신이 만들어낸 이런 종류의 환상 속에서 살아가며, 종종 그것들을 실현하려고 시도한다(p. 115). 그들 중 대부분은 오르가즘을 포함해서 성적 만족을 얻기 위해 매맞기, 굴욕, 또는 고문을 필요로 하는데, 임상적 경험이 밝힌 바에 의하면, 그러한 실제 또는 상상속의 파트너는 꼭 반대 성의 소유자일 필요가 없다. 또 성적 절정을 위해 실제 파트너를 꼭 필요로 하는 것도 아니다. 그 파트너는 환상 속에 존재할 수도 있고, 성적 행동은 자위에 의해 수행될 수도 있다.

마찬가지로 문학에서 파생된 것인, "가학증"이란 용어는 성적 만족을 위해 다른 사람들에게 잔인한 고통을 가했던 인물인 사데 후작(Donatien Alphonse Francois Sade)의 작품에서 왔다. 힌지와 캠벨(Hinsie and Campbell, 1970)은 그것을 다른 사람을 고문하거나 고통을 가하거나 학대하거나 욕되게 하는 것을 통해서만 오르가즘에 도달하는 성적 도착이라고 정의했다(p. 673). 피학증과 마찬가지로, 파트너는 동성이거나 이성일 수 있고, 실제 대상이거나 환상속의 대상일 수 있으며, 성적 행동은 자위에 의해 수행될 수 있다.

피학증과 가학증은 처음에는 회화체로 그리고 나중에는 과학적인 용어로 사용되었고, 위장되지 않은 도착들뿐만 아니라 성적 요소가 무의식에 머물러 있는 행동까지도 지칭하는 용어가 되었다. 따라서 어떤 사람의 행동에서 성적 요소가 드러나지 않는다고 해도 그가 야비하고 잔인성을 즐긴다면, 우리는 그를 "가학적"이라고 부를 수 있다. 마찬가지로, 어떤 사람이 습관적으로 징벌과, 심리적이거나 신체적인 고통을 또는 굴욕을 초대한다면, 그는 종종 "피학적"이라고 규정된다.

최근에, 피학증은 성적 흥분과 만족을 성취하기 위해 신체적이거나 정신적인 고통을 추구하는 경향성으로 정의되었다(무어 & 파인, 편집, 1990). 이 경향성은 의식적일 수도 있고, 무의식적일 수도 있다. 마찬가지로, 가학증은 의식적으로나 무의식적으로 만족과 즐거움—넓은 의미에서의 성적 흥분—을 얻기 위해 현실 또는 환상속에서 다른 사람에게 신체적이거나 정신적인 고통을 가하는 경향성으로 정의될 수 있다.

프로이트(1924)는 범주들이 서로 겹친다는 것을 인식한 상태에서 피학증을 성애적, 여성적, 또는 도덕적인 것으로 범주화했다. "성애적 피학증"은 피학증의 본능적 기초를 의미하고, "여성적 피학증"은 피학증 개인들이 남자이건 여자이건 상관없이 본성적으로 고통을 추구하는 여성들과 동일시할 수 있다는 사실을 가리키며, "도덕적 피학증"은 그 개인이 초자아의 영향력 하에 징벌을 추구한다는 점을 가리킨다. 그 외에도, 분석가들은 현재 피학적 기제들과 환상들에 의해 결정되는 행동을 보이는 개인들을 포함하기 위해 "피학적 성격"이라는 범주를 사용하고 있다.

프로이트는 또한 정상적인 아동 발달과 성인 발달에서 어느 정도의 가학증과 피학증이 발생한다는 것과 특정 요인들로 인해 그것이 병리적 수준에 도달한다는 것을 관찰했다. 게다가, 피학증은 억압과 다른 방어들에 의해 숨겨질 수 있으며, 신경증에서 위장된 형태로 재출현할 수 있다.

브렌너(1959)는 피학증이 원본능, 자아, 초자아가 참여하는 타협 형성의 결과로 발생하는 보편적인 현상임을 강조했다. 개인은 방어되어 있으면서도 위장된 방식으로 충족되는 오이디푸스 소망에 대해 자신을 징벌한다. 브렌너 자신의 부정에도 불구하고, 그의 임상적 서술 안에는 대상관계들과 현실 요인들이 피학증에 관련된 무의식적 갈등의 형태와 내용을 결정하는 데 중요한 역할을 한다.

블럼(1991)은 가학증과 피학증은 서로 밀접하게 관련되어 있고 보편적으로 함께 발견되기 때문에, 그 중에 하나만을 개념화하는 것은 거의 불가능하다(p. 432). 풀버가 진술하듯이(Panel, 1991), 어떤 사람들은 의식적이거나 무의식적인 성적 환상들의 존재가 피학증을 진단하는 데 본질적인 요소이다(Coen, 1988; Glenn, 1989). 다른 사람들은 도덕적 피학증에 초점을 맞춘 채, 성적 환상이 꼭 있어야 하는 것이 아니라고 주장한다. 그들의 견해에서, 피학증은 성적 토대와 상관없이 다양한 자기-파괴 행동을 포함한다(Maleson, 1984). 우리는 피학증이 성애화된 고통으로 구성될 수 있는 성적 요소를 포함한다고 본다.

가피학증에 대한 프로이트의 견해

프로이트(1905)는 초기부터 피학증과 가학증을 결정하는 요소로서, 욕동의 중요성을 강조했다. 그는 가피학증이 체질적 토대를 갖고 있다는 생각과 그것의 발달에 환경적 요인들이 영향을 미친다는 생각을 확립했다. 이것은 계속해서 정신분석학의 근본적인 입장으로 유지되고 있다. 프로이트는 피학증과 가학증이 그것들 서로에 대한 관계를 주목하지 않고는 이해할 수 없는 것이라고 관찰했다. 그것들은 일반적으로 공존한다(p. 159). 그는 그 둘

이 잔인성의 능동적인 형태와 수동적인 형태를 구성한다고 말했다(p. 166). 어떤 형태가 더 일차적인 것인지에 대해서는 분명하게 밝히지 않았다. 1905년에는 가학증을 일차적인 형태로 생각하는 것처럼 보이는 반면에, 나중에 1920년에는 피학증이 더 근본적인 최초의 형태라고 믿는 것처럼 보인다. 그보다 더 이른 시기에 쓴 논문에서조차 그는 그 문제에 대한 불확실성을 언급했다. 임상적으로, 우리는 그것들 각각이 서로에 대해 방어하고 있는 것일 수 있다고 본다.

1905년에 그는 피학증이 주체 자신의 자기에게로 향한, 그래서 성적 대상의 자리를 차지한 가학증으로 구성되어 있다고 말했다. 피학증의 본능적 기초를 강조하면서, 프로이트는 성감 발생의 효과가 심지어 심하게 고통스런 감정에조차 부착되며, 특히 그 고통이 완화되거나 어떤 수반되는 조건에 의해 거리를 유지하는 경우에 그러하다고 제안했다. 그리고 여기에 피학-가학적 본능의 주된 뿌리가 놓여있다고 생각했다(p. 204). 1924년 논문의 각주에서, 그는 이 기본적인 본능적 구성물을 지칭하기 위해 "성감 발생적 피학증"(erotogenic masochism)이라는 용어를 만들어냈다. 우리는 1905년 당시의 프로이트에게 있어서 가학증과 피학증은 함께 발생하는 것이었다고 결론지을 수 있을 것이다.

프로이트가 공식화한(1905) 가피학증의 욕동 구성물은 다음의 것들을 포함한다.

(1) 모든 고통스런 경험들은 자체 안에 쾌락적인 느낌의 가능성을 담고 있다는 일차적 사실.

(2) 사랑 대상의 저항을 극복하는 데 필수적인, 성적 본능의 공격적 구성요소. 이 점에서, 가학증은 독립적이 되게 하고, 과장하고, 그리고 전치에 의해 리드하는 위치를 차지하게 하는, 성적 본능의 요소와 상응한다.

(3) 보다 일반적인 가치뿐만 아니라 항문기적 측면을 갖고 있을 수 있는 숙달 본능.

(4) 항문기적 구성요소. 프로이트는 모든 아이들이 능동적 측면과 수동적 측면을 포함하는 항문기 가학적 단계를 통과한다고 말했다. "숙달 본능"은 근육 활동에서 표현되는 적극적 형태를 결정한다. 수동적인 성적 목표는 대체로 항문의 성감 발생적 점막에서 유래한다. "항문성"은 엉덩이 피부를 포함할 수 있다. 프로이트는 쟝자크 루쏘의 「고백록」을 인용하면서 교육자들이 엉덩이 피부에 가해지는 고통스런 자극이 잔인한 수동적 본능(피학증)의 성감 발생적 뿌리들 중의 하나임을 알고 있었다고 말했다(p. 193).

(5) 피부 일반의 성감 발생적 중요성과, 고통과 잔인성을 포함하는 성 본능의 구성요소들의 중요성(p. 169).

(6) 아동이 가학적인 것으로 오해하는, 원색 장면에의 노출이 미치는 영향.

프로이트가 가학증과 피학증의 신체적 지지물을 확립했을 때, 그는 리비도가 공격성을 포함하고 있다고 믿었다. 이후 1920년에, 그는 이중 본능 이론을 제안했고, 그에 따라 성적 욕동과 공격적 욕동이 융합할 수 있다고 생각하게 되었다. 다양한 강도의 리비도적 및 공격적 구성요소들이 심리적 합성물이라고 부를 수 있는 것 안에서 함께 출현하는 것으로 보인다. 프로이트의 죽음 본능 개념, 즉 자기에게로 향하는 일차적인 피학적 공격적 욕동은 지금 대다수의 분석가들에 의해 받아들여지지 않고 있다.

프로이트가 「세 개의 에세이」를 저술했을 때, 그는 아직 방어 개념을 충분히 확립하지 못한 상태였다. 당시 그는 능동적 목표와 수동적 목표에 대해 말하고 있었다. 다시 말해서, 자기를 향하거나(수동적) 대상을 향한(능동적) 욕동을 욕동의 특징으로 꼽았다. 그러나 그는 후기 분석가들이 했던 것만큼 능동적인 목표에서 수동적인 목표로, 또는 그 역으로 바뀌는 것이 지닌 방어적인 의미를 주의 깊게 서술하지 않았다. 또 그는 1905년 당시에 구조 이론과 초자아 개념을 형성하지 않은 상태였다. 그것은 1923년에 가서야 형성될 수 있었다. 따라서 당시에 그는 인격의 다양한 행위자들의 역할과 상호작용 또는 자기-징벌의 역할의 중요성에 대해서 충분히 인식하지 못했다.

1919년에 "매맞는 아이"라는 논문을 썼을 때, 프로이트는 발달적 및 방어적인 변동에 대해 보다 충분히 다룰 수 있었다. 하지만 심지어 그때에도 그는 오늘의 분석가들이 인식하고 있는 것만큼 상황의 미묘성을 충분히 인식하지 못하고 있었다. 다른 사람들 안에 있는 피학증이나 가학증은 다른 경험 유형들과 다른 수준의 방어들의 사용에 의해 강화될 수도 있다. 우리는 소녀들의 피학적이고 가학적인 환상들에 관한 그의 관찰들과 이론들에 대한 논평을 통해서 "매맞는 아이"에서 수행한 프로이트의 개척자적인 노력을 보여줄 것이다. 논의의 간결성을 위해 소년들에 대한 논의는 생략할 것이다.

프로이트는 소녀들이 갖는 "매맞는 아이"에 대한 의식적 또는 무의식적 환상이 세 단계를 거쳐 발달한다고 보고 그것들에 관해 서술한다. 최초의 형태에서, 소녀는 아버지가 아이를, 주로 그녀가 증오하는 남자 형제나 여자 형제를 때린다고 상상한다. 하나의 기억으로 나타날 수도 있는, 이 최초의 환상의 의미는 이것이다: 나를 사랑하는 아버지는 다른 아이는 사랑하지 않으며, 오직 나만 사랑한다. 그 소녀는 그렇게 해서 그녀의 자기애뿐만 아니라, 성애적인 지지물과 함께, 그녀의 질투심을 만족시킨다.

프로이트는 발달의 두 번째 시기 동안에 분석가가 재구성해야만 하는 환상이 고도로 쾌락적인 것으로 변형된다고 본다: "나는 나의 아버지에게 매를 맞는다." 아이는 이제 아버지의 사랑을 소망했다는 것에 대해, 근친상간적이 되고 자위를 한 것에 대해 죄책감을 느끼면서, 상황을 역전시키는 것에 의해 자신을 벌주고 있다. 최초의 때리는 환상에서 표현되었던 가학증이 피학증으로 전환된다. 동시에 금지된 리비도적 욕망이 위장된 형태로 아버지를 향한 성기적 감정에 대한 퇴행적 대체물로서 나타난다. 때리기는 이제 성적 활동이라는 의미를 갖는다.

그것은 최종 형태에서, 아버지가 아닌 선생님과 같은 한 남자가 여러 명의 아이들을, 흔히 소녀가 알지 못하는 소년들을 때리는 장면이 나타난다. 이러한 환상의 형태가 형성되는 것은 실로 복잡하기 그지없다. 선생님은 위장된 아버지를 나타내는 것이고, 매맞는 소년들은 환자 자신을 나타낸다. 피학적 만족의 두 번째 단계는 이런 식으로 유지된다. 동시에, 소녀는 그녀의 경쟁자에 대한 증오를 계속해서 표현하고, 처음으로 그녀가 시기심을 느끼는 남성성을 소유한 소년들에 대한 그녀의 증오를 분출시킨다.

비록 프로이트가 1919년에 "방어"라는 용어를 사용하지 않았고, 다양한 방어기제들을 체계적으로 범주화하지 않았지만, 우리는 그가 서술하는 환자가 억압, 퇴행, 전치, 동일시, 그리고 역전이라는 기제들을 사용하고 있었다는 것을 알 수 있다.

현상학과 진단

가피학증은 광범위한 종류의 현상들을 포함한다. 우리가 언급했듯이, 프로이트는 가피학증을 성감 발생적, 여성적, 도덕적이라는 세 종류로 분류했다. 증상학적으로, 가학증과 피학증은 자신의 몸을 긁거나 손톱을 깨무는 것 같은 경미한 형태로부터 머리카락을 뽑거나 동물을 학대하거나 자신의 신체를 손상시키는 것과 같은 심각한 형태에 이르기까지의 다양한 행동들에서 그 모습을 드러낸다. 성적 영역에서, 가학증과 피학증은 무의식적 자위 환상들이나 의식적 성적 환상들 또는 드러난 성 도착들로 나타날 수 있다. 그런 개인은 범죄를 저지르거나 공격을 자극하는 행동으로 사회적 영역 안에서 무의식적으로 자위 환상들을 실연할 수 있다(A. Freud, 1949). 또는 성적으로 억제되거나 발기불능이나 불감증을 발생시킬 수 있다.

어느 정도의 가피학증은 정상적이고, 보편적이며, 불가피한 것이다. 그것은 권투나 레슬링 같은 몸을 부딪치는 스포츠 활동에서처럼 최소 정도의 중립화 에너지에 의해, 또는 간호사, 외과의사, 그리고 다른 의학 전문가들의 경우에서처럼 많은 양의 중립화 에너지에 의해 승화된 형태로 나타날 수 있다. 때로, 내적 갈등들과 외적 상황들이 심리적 균형의 변화, 중립화 에너지의 감소, 그리고 보다 원초적인 형태의 가학증이나 피학증의 출현을 야기할 수 있다.

가피학증은 모든 진단적 범주 안에서 나타난다. 사실, 어떤 형태의 정신병리도 의식적이거나 무의식적인 가피학증을 포함할 수 있다. 그러한 장애들에는 성도착, 성격장애, 성적 및 다른 억제, 전환성 히스테리, 편집증적 상태 등이 포함된다. 무의식적 가학증은 강박-충동적 신경증에서 중요한 역할을 하는데, 그 신경증에서 반동형성과 같은 방어들은 극도의 친절함이나 부드러움 같은 반대되는 성향을 출현시킴으로써 환자의 공격성을 숨긴다. 편집증적 사고(Bak, 1946; Blum, 1980)는 편집증적 인격들과 경계선 및 자기애적 환자들에게서 나타난다. 그것은 또한 정신분열증과 다른 정신증들에서 노골적인 편집증적 망상으로 나타난다. 그 사고가 환자의 현실검증 능력을 심각하게 손상시킬 때, 그런 망상 안에는 다른 사람이 자신을 공격할 것이라는 환상이 자리잡게 된다. 컨버그(1988, 1991)는 피학증이 주된 특성으로 자리잡고 있는 사람들의 유형을 상세하게 분류했고, 그와 관련된 발달적 수준에 대해 설명했다. 그는 가학증과 피학증이 가장 원시적인 전오이디푸스적 조직으로부터 보다 진보된 조직에 이르는 모든 인격 구조 형태에서 나타날 수 있다는 사실을 관찰했다.

가피학증적 상태들은 많은 다양한 역동들을 포함한다. 단순한 구조를 가진 가피학증을 발견한다는 것은 설령 그것이 가능하다고 해도 매우 드문 일이다. 다중 기능과 과잉 결정의 원리가 이런 상태를 지배한다(Waelder, 1936). 우리는 곧 이어서 가피학증을 구성하는 기본 재료에 대해 서술할 것이고, 그 다음에는 사례 제시를 통해서 어떻게 무의식적 갈등들과, 타협형성을 통한 그것들의 해소 시도가 그 구성요소를 조직하는지를 보여줄 것이다 (Brenner, 1959).

피학증이 모든 형태의 고통을 포함하는 것은 아니다. 사람들은 이상, 만족, 또는 현실적인 목표를 성취하기 위한 필수 조건으로서의 고통을 기꺼이 견딜 것이다. 예컨대, 아이는 발에 박힌 가시를 제거하는 데 따른 아픔을 수용할 수 있고, 여성은 출산에 수반되는 엄청난 고통을 감내할 수 있다. 한 사람이 쾌락의 원천으로서 고통을 추구할 때에만 우리는 그것을 피학적이라고 간주할 수 있다.

욕동, 발달, 그리고 가피학증

처음부터 분석가들은 가피학증의 본능적 욕동의 측면들을 관찰해왔다. 우리는 최초에 프로이트가 가학증과 피학증으로 보이는 그리고 수많은 요인들에 의해 결정되는 것으로 보이는, 복잡한 "잔인성의 본능"이라는 것을 가정했음을 알고 있다. 임상적 경험은 가학증과 피학증이 고립된 욕동들이 아니라 발달 단계들—전오이디푸스와 오이디푸스 시기, 잠재기, 청소년기, 그리고 성인기—을 거치면서 다른 형태들로 나타난다는 사실을 보여준다(Panel, 1985). 공격적인 욕동과 리비도적인 욕동은 그것들의 형성 과정에서 융합된다. 구강기 단계 동안에, 엄마를 깨물고 공격적으로 합입하고자 하는 유아의 충동은 엄마를 사랑하고 싶은 소망들과 나란히 발생한다. 항문기 단계 동안에, 대변을 짜내고 항문의 자극을 산출하는 아이의 즐거움은 가피학증을 위한 또 하나의 기초를 형성한다. 자기의 일부, 아기, 또는 다른 사람을 나타낼 수 있는, 대변은 창자와 항문의 점막이 자극과 고통을 느끼는 동안 환상 속에서 손상을 입는다. 게다가, 배변훈련은 엄마와 아이 사이의 전쟁을 포함할 수 있다. 엄마는 그녀의 걸음마 아이가 소중히 여기고 있는 대변을 포기하기를 소망할 것이다. 아이는 자신이 선택하는 시간과 장소에서 대변과 소변을 볼 것을 고집하면서, 이에 저항할 수 있다. 부모와 아이는 서로에게 분노할 수 있는데, 이 분노는 그들의 사랑스런 관계에 의해 채색된 것이다.

예컨대, 세 살된 아기인 베티는 의식적으로 그리고 의도적으로 한 번에 며칠씩 대변을 참았다. 분석 면담에서 그녀는 환상 속에서 그녀 분석가에게 배변훈련을 시키는 게임을 즐겼다. 또 다른 게임에서 그녀는 분석가에게 변기에 대변을 보려고 시도했지만 실패한 것처럼 행동하라고 지시했다.

음낭과 고환이 중요해지는 시기에 소년은 그것들에 대한 자극을 피학적인 환상들과 결합시킬 수 있다(Glenn, 1969). 그것들이 항문 가까운 곳에 위치해 있다는 점이 항문 쾌락을 그와 관련된 환상들과 함께 고환 부위로 전치시키는 것을 촉진시킬 수 있다. 페니스는, 아이가 그것을 삽입하는 데 사용하겠다는 구체적인 충동 없이도, 보다 공격적인 감정들과 연결될 수 있는(Kestenberg, 1967-68) 반면에, 성기의 나머지 부분은 그것들의 비교적 느리고 빈약한 움직임으로 인해 상대적으로 비활동적이라는 의미에서 수동적 행동과 연결될 수 있다. 음낭과 고환은 또한 다른 사람들이 그 자신에게 어떤 것을 행한다는 의미에서 수동성의 자리가 될 수 있다. 적어도 사춘기 이후에는, 고환을 때리거나 잡는 것이 고통스럽다는 사실은 그것들과 연결된 피학증적 경험들을 촉진시킨다. 소년은 자위를 하는 동안에 고환에 압력을 가함으로써 스스로 고통을 발생시킬 수 있다.

페니스 또한 그와 같은 수동적 목표들의 원천일 수 있다(Lowenstein, 1935). 그것의 접촉이나 토닥거림은 쾌락적일 수 있다. 그러나 아동은 곧 자신의 페니스를 모호하고 신비스럽고 혼동스런 영역으로 들어가는 데 사용되는 삽입하는 기관으로 경험하게 된다. 남근적 및 오이디푸스적 단계에 있는 아이는 성교가 무엇인지를 충분히 이해하지 못하지만, 그의 신체적 느낌들은 그를 그런 행동에로 밀어붙인다. 오이디푸스 시기 동안에 공격성과 리비도의 연결은 가학적 소망들을 발생시킬 수 있고, 만약 공격성이 자신에게로 향할 경우에는, 피학적 소망들을 발생시킬 수 있다.

소녀들은 남근적 시기와 오이디푸스 시기 동안에 활동적인 단계를 거친다(Deutsch, 1944). 클리토리스에 리비도가 집중되는 동안, 소녀 또한 밀고 들어가는 충동을 경험할 수 있으며, 종종 사랑스럽게 그리고 공격적으로 들어오는 어머니의 환상을 경험할 수 있다. 그때, 아동의 성기적 감각이 변화함에 따라 수동적 목표들이 지배적이 될 수 있다. 그리고 소녀는 무엇인가가 자신의 내적인 신체 공간 안으로 들어오기를 바라는 막연한 소망을 가질 것이다(Erikson, 1951).

계속되는 발달에서 아이는 안도감과 쾌락을 수반하는 일련의 불쾌한 긴장상태들을 경험한다. 고통과 만족의 원천들은 먼저 다양한 성감대에 자리를 잡는다. 그런 신체 부위들(입-입술, 항문-직장, 성기)은 쾌락 또는 자기애적 만족의 원천으로 간주된다. 고통스런 감각들이나 경험들은 투사되거나 외재화되어 외부의 박해자로 지각될 수 있는데(Arlow, 1949), 이것은 이후의 가피학증적 성향, 그리고 보다 심각한 장애를 갖고 있는 개인들에게서 발견되는, 편집증적 성향의 원형이 된다.

부모들의 상호작용에 대한 아이의 관찰 또는 환상은 그의 마음 상태에 영향을 미친다. 오이디푸스 시기와 전 오이디푸스 시기 동안에, 아이는 부모가 성교하는 장면을 보거나 소리를 들을 수 있고, 또한 부모가 다투거나 신체적으로 싸우는 장면을 목격할 수 있다. 이러한 부모의 상호작용은 아이를 흥분시킬 수 있으며, 이때 아이는 종종 양쪽 부모 모두를 동일시한 채, 자신을 희생자인 동시에 공격자로 그리고 수동적인 동시에 능동적인 성적 파트너로 상상할 수 있다. 따라서 아이는 자신을 가학적이고 피학적인 위치 모두에 둘 수 있다. 이러한 원색장면 경험들이나 환상들은, 그것들이 오이디푸스 콤플렉스가 출현하기 전에 발생할 경우, 나중에 오이디푸스 단계와 통합될 수 있다. 원색장면이나 그것과 관련된 사건들을 보거나 듣거나 상상하는 아이는 한 쪽 부모가 다른 쪽 부모를 거세한다고 해석할 수 있는데, 다시금 이것은 그에게 가피학적 행위로 지각된다(프로이트, 1918).

우리가 프로이트의 논문 "매맞는 아이"에 대해 논의할 때 주목했듯이, 여아는 남성성에 대한 시기심 때문에, 즉 페니스를 갖고 있고 가족과 사회에서 특권적 위치를 갖고 있다는 생각(Horney, 1935, 1936) 때문에 남아에 대해 분노 감정을 가질 수 있다. 남성들에 대한 그녀의 분노(그렇게 만든 부모에 대한 분노와 함께)는 그녀의 가학증의 일부가 되고, 그 가학성이 자기에게로 향할 경우, 그녀의 피학증의 일부가 된다. 남아들 또한 냉대와 결핍에 대한 환상과 두려움을 맴돌 수 있으며, 그 결과 유사한 가학적이고 피학적인 결과를 가져올 수 있다. 스톨러(Stoller, 1975)는 모든 포르노그라피와 도착들에 존재하는 적대감의 중요성을 강조했다.

피학자는 가학자로 보이는 파트너에게 굴욕감을 주고 비유적으로 거세하고 패배시키고자 시도하거나 그에게서 죄책감을 유발하려고 시도하는 과정에서 자신의 가학적인 성향을 드러낼 수 있다. 이것은 파트너를 유혹하거나 자극하거나 통제를 잃어버리게 함으로써 시도될 수 있다(Lowenstein, 1957). 이것은 아동기에 겪었던 굴욕과 패배를 되돌려주는 가학적인 실연일 수 있다. 이러한 파생물들은 피학적인 환자가 분석가를 화나게 하고 전문적이지 않은 행동을 하게끔 자극할 때 특별히 명백하게 드러난다. 만약 환자가 그런 시도에 성공한다면, 치료자는 종종 정신적으로 자신을 질책하게 된다.

잠재기 동안, 가피학적 충동들은 일반적으로 위장되지 않은 성적 충동과 함께 가라앉는다. 그것들은 잠재기 동안 드문드문 겉으로 드러날 수 있으며 게임들과 다른 상호작용들에서 숨은 형태로 나타날 수 있다. 청소년기 직전과 청소년기 동안에 욕동들은 다시 분출하고, 가피학증은 다시 한 번 출현하는데, 이것은 때로는 이전 상태로의 퇴행 때문에 그리고 때로는 근친상간적 갈망에 대한 방어 때문에 발생한다. 흔히 청소년들은 부모들을 자극하고 싸우는 것을 통해서 그들을 사랑하는 감정들로부터 철수한다. 부모들은 방어적인 자세로 자녀들과의 관계에 참여함으로써 강렬하고 성가신 전쟁에 끼어들 수 있다.

오이디푸스 콤플렉스와 초자아

오이디푸스 콤플렉스는 자주 가피학증 배후에 있는 가장 중요한 추진 세력으로 간주되고 있다. 금지된 근친상간적이고 적대적인 소망들은 거세불안과 초자아에 의한 사랑과 찬성을 상실하는 것에 대한 불안을 일으킬 수 있으며, 이것은 다시금 자아로 하여금 방어들을 사용하여 가피학증을 강화시키도록 압력을 가할 수 있다. 여기에서 사용되는 방어들은 공격성을 자기에게로 돌리기; 항문-가학적, 구강적, 그리고/또는 자기애적 상태로 퇴행하기; 수동적 희생자가 되거나 공격자와의 동일시를 통해서 능동적인 공격자가 되기 등을 포함한다. 그때 가피학증은 오이디푸스 소망의 충족, 그것들에 대한 방어들, 전-오이디푸스적 쾌락, 공격적 표현으로 인한 갈등들, 그리고 환자의 초자아에 의한 처벌 등이 결합된 타협형성이 된다. 처벌의 원천은 자기 또는 개인이 자극하는 다른 사람들일 수 있고, 항상 그런 것은 아니지만, 종종 고통이 오이디푸스적 만족을 위한 전제 조건일 수 있다. 브렌너(Brenner, 1959)는 초자아 기능이 피학증을 포함하며, 따라서 그것은 자기에게로 향하는 공격성을 포함한다고 제안한다.

공격성을 자신에게로 돌리기는 자기-처벌만이 아니라 방어를 포함하는 것일 수 있다. 자신들이 사랑하고 증오하는 부모들을 상처 입히기를 원치 않는 아이들은 피학적 행동을 통해서 자신들을 공격한다. 또 다른 방어적 행동으로서 아이들은 오이디푸스적인 행동과는 다른 좀 더 경미한 범죄 행동을 하거나 그런 범죄에 대한 처벌을 수용할 수 있는데, 예를 들면, 배변훈련을 거부하는 것이 그것이다. 게다가, 사랑의 감정을 두려워하는 아이들은 다정한 친밀성을 회피하기 위해 사랑하는 사람과의 관계에서 피학적이거나 가학적이 될 수 있다. 남자들은 부드러움을 여성성과 동일시하는 것을 통해서 부드러움을 두려워할 수 있다. 여자들은 부드러움이 그들의 어머니와의 관계를 상기시키기 때문에 부드러움을 두려워할 수 있으며, 이것은 동성애에 대한 두려움을 발생시킬 수 있다.

초자아의 성질이 개인을 도덕적 피학증 쪽으로 밀어붙일 수 있다. 초자아가 더 원시적일수록 그리고 공격성이나 가학증에 의해 더 많이 채워져 있을수록, 그것의 징벌은 더 심할 것이고, 고통, 복종, 그리고 굴욕을 더 기꺼이 수용할 것이다. 비현실적으로 높은 행동이나 성취의 기준을 세우는 것은 자존감을 감소시키고 자기를 향한 초자아의 적대감을 강화할 것이다(Reich, 1954). 가혹한 취급을 받았거나 심하게 벌을 받았던 아이는 동일시를 통해서 처벌하는 가혹한 초자아를 확립할 수 있으며, 벌을 받거나 함부로 취급받아 마땅한 "나쁜" 자기 표상을 확립할 수 있다. 마찬가지로, 위협적인 본능적 충동을 통제하기 위한 수단으로 너무 높은 기준을 세운 아동은 경미한 위반조차도 용납하지 못할 것이다. 아이는 또한 환경이 지나치게 허용적이거나 유혹적일 때에도 엄격한 초자아를 형성할 수 있다.

피학증은 고통받는 것을 통해서 개인의 죄책감을 감소시키는 데 사용될 수 있다. 예컨대, 열 살 된 한 여아의 피학증적 고통은 어머니에 대한 그녀의 적개심과 남아에 대한 그녀의 성적 감정과 관련된 죄책감을 완화시키는 데 사용된 것으로 드러났다. 그녀는 자신의 어머니가 남동생을 편애했다고 주장했다. 유사하게 자신의 친구들이 한편이 되어 자신을 대적한다고 느꼈다. 그녀는 자신이 한 어떤 것에 대해서도 또는 자신을 위해 행해진 어떤 것에 대해서도 즐거워하지 않았다. 그녀는 심각한 강박적인 의심에 시달렸다. 자신이 학교에서 다른 학생의 시험지를 훔쳐본 것은 아닌지? 가게에서 어떤 물건을 훔친 것은 아닌지? 그녀는 이런 의심들로 자신과 그녀의 부모들을 괴롭혔다. 바라보는 것에 대한 그녀의 갈등은 보여주는 것과 관련해서도 존재했다. 그녀는 자신이 체조선수나 발레리나가 되어 자신의 재능을 자랑스럽게 보여주는 모습을 상상하곤 했다. 의식적인 수준에서, 그녀는 젖가슴이 부풀어 오르기 시작했을 때 당황했고, 그것을 감추려고 했다. 그럼에도 불구하고 그녀는 소년들이 자신의 젖가슴을 바라보는 환상을 가졌고 또 소년들이 그것을 만지는 죄책감을 자극하는 소망을 가졌다. 그 의심은 그녀의 엄마에 대한 양가적인 감정과, 그녀의 성적 소망에 대한 씨름과 관련된 것이었을 수 있다. 그녀의 엄마는 최근에 생명을 위협하는 질병으로부터 회복되었고, 그 병의 치료를 위해 몇 주 동안에 걸친 입원생활을 해야 했다. 이것에 대해 이야기하면서 소녀는 자신이 엄마가 살았으면 하고 소망했는지 확신할 수 없다고 선언했다. 그 죄책감은 다른 사람들이 그녀에게 비판적이라고 상상하거나 그렇게 하도록 자극하는 것에 의해서 경감될 수 있었다. 자신의 신체에 대한 그녀의 불만족과 성적 및 적대적 소망에 대한 그녀의 불만이 그녀가 하는 어떤 것에서도 그리고 그녀를 위해 행해진 어떤 것에서도 즐거움을 느낄 수 없게 만들었으며, 그녀 자신이 비판받고 사랑

받지 못한다고 느끼게 만들었다. 그녀는 그녀의 어머니가 가졌던 자기-요구적이고, 자기-비판적인 태도들을 동일시했다. 그녀는 계속해서 비판과 실패를 기대했는데, 이는 그녀 자신의 비판적이고, 자기-파괴적인 성향이 외재화된 결과였다.

고통이 죄책감을 경감시키거나 죄책감에 대한 처벌로 사용되는 경우, 고통은 성적 쾌락의 일부이기보다는 성적 쾌락의 전제 요건으로 간주된다(Brenner, 1959). 비록 오이디푸스 갈등이 가피학적 패턴을 형성하고 조직화하는 데 있어서 종종 주된 동인으로 작용하기는 하지만, 주된 갈등이 전-오이디푸스적인 경우들도 있다. 사실, 가피학증의 형성에서 전오이디푸스적 요인과 오이디푸스 요인 중에 어떤 것이 그리고 언제 주된 역할을 하는가에 대한 논쟁이 존재한다. 일부 이론가들은 가학적이고 피학적인 성 도착들이 오이디푸스적 욕동의 표현으로서 그리고 그 욕동에 대한 방어로서 발생한다고 주장한다(Fenichel, 1945; Gedo, 패널에서 1984). 우리를 포함한 다른 사람들은 노골적인 성 도착은 전오이디푸스적 갈등에 젖어있는 원시적 인격들에서 가장 빈번히 나타나며, 미미하게 그리고 잠정적으로만 오이디푸스 단계와 관련된다고 믿는다. 많은 도착자들의 오이디푸스 단계는 초기 욕동, 자아 형태, 그리고 가혹한 초자아 전조에 의해 지배되는 원시적 초자아의 영향으로 인해 왜곡된다. 성 도착을 갖고 있는 사람들에게 있어서, 현실 검증 능력의 어려움은 현실에 대한 적절한 평가를 방해하고, 성적 행위에서 극화되는 강렬한 환상으로부터 쾌락을 얻는 능력을 촉진시킨다. 자아의 분열이 발생할 수 있으며, 그 결과 개인은 한편으로 환상속의 생각을 믿는 동시에 다른 한편으로는 그것이 진실이 아니라는 것을 알 수 있다(Freud, 1940). 겉으로 드러난 성도착 사례들의 발생에 대한 설명과 관련된 논쟁들이 존재한다. 예컨대, 발달적 정지가 도착 행동을 발생시키는 것인지, 그것이 고착 지점으로의 퇴행에 따른 결과인지, 또는 그 것이 왜곡된 발달에서 온 것인지에 대한 논쟁들이 그것이다. 다른 형태의 가피학증에 대한 평가에서도 동일한 질문들이 제기될 수 있다. 피학증의 정상적 표현과 병리적 표현 사이에 연속성이 있다는 브렌너(Brenner, 1959)의 견해는 보다 원시적이고 본능적 성질을 지닌 병리적 피학증과 보다 중화되고 미묘한 형태로 다양하게 나타나는 피학증 사이의 질적인 차이를 모호하게 만드는 경향이 있다.

대상관계

프로이트는 대상관계와 욕동들 사이의 관계에 대해 정확하게 서술했다. 아이는 자신 주변에 있는 사람들을 통해서 자신의 욕구를 만족시킬 수 있다. 실제로, 부모의 반응의 질과 양은 아이가 다른 사람들과 맺는 관계의 성질과 강도를 결정할 수 있다. 아이는 부모의 내적 표상을 발달시킬 것이고 다른 사람들에게 마치 그들이 부모와 같은 사람들인 것처럼 반응할 것인데, 이것은 "전치"와 "전이"라고 불린다. 이처럼 대상관계는 실제 상호작용뿐만 아니라 사람들에 관한 환상들도 포함하는데, 때로는 후자가 더 지배적인 의미를 지닐 수 있다.

부모는 그들의 행동과 태도를 통해서 특정한 유형의 대상관계를 격려할 수 있지만, 그들이 그런 관계를 만들어낼 수 있는 정도에는 한계가 있다. 아이 자신의 타고난 특성들, 즉 욕동과 자아 구조를 위한 선천적 토대가 여기에서 중요한 역할을 한다. 사실,

아이는 부모가 자신이 필요로 하는 역할을 하도록 부모를 자극할 수 있다.

　아이의 초기 의존기 동안에 어머니는 모든 것을 할 수 있고 모든 것을 알고 있는 존재로 지각된다. 만족을 주고, 보호해주며, 양분을 주는 어머니의 측면들(그녀가 대표하는 세상)은 즐거운 것이고 사랑이 가득한 것으로 지각된다. 그것들은 "좋은" 엄마의 이상화된 이미지를 구성한다. 좌절스럽고, 실망스러우며, 고통스런 경험들은 증오하고 증오받는 "나쁜" 엄마의 이미지로 구체화된다. 이러한 분열된 어머니(그리고 세상)의 이미지는 아이가 두 이미지들 모두가 하나의 엄마와 관련되어 있다는 것을 지각할 수 있을 때까지 지속된다. 그러한 통합이 방해받는 경우(예컨대 어머니에게서 장기간의 분리를 겪게 됨으로써), 아이는 모든 "나쁨"을 자신의 자기 표상에게 전가한 채, 완벽하고 이상적인 엄마의 이미지를 보존하고 유지하려고 시도할 수 있다. 이런 아동은 사랑받을 수 있고, 자신의 주장을 내세울 수 있으며, 욕구를 만족시킬 수 있는 권리를 스스로 박탈하거나, 심지어 존재할 수 있는 특권마저도 박탈할 수 있다―이것은 피학적 복종으로 이끄는 강력한 힘으로 작용한다. 아이가 할 수 있는 또 하나의 대안적 전략은 부모와 자기 외의 사람들에게 모든 나쁜 속성들을 전가하는 것이다.

　가학적 욕구를 지닌 부모들은 자녀들에게 피학증을 갖도록 부추긴다는 사실이 관찰되어왔다(Berliner, 1947). 아이는 사랑을 받기 위해 가학적인 성인들에게 피학적으로 순응함으로써 그들의 비위를 맞추려고 시도할 것이다. 또는 피학적 부모는 자신들의 자녀가 가학적이 되도록 성공적으로 부추길 수 있을 것이다. 아이는 가학적 부모에게 순응으로 반응할 뿐만 아니라 그런 부모를 상징적으로 조종하고, 거세하거나 패배시키려고 시도할 것이다.

아이의 순응하는 피학적 행동은 오이디푸스 시기와 청소년기 동안에 특별한 중요성과 강도를 취할 수 있다. 많은 경우, 가피학적 상호작용은 더 이른 시기에 시작되며, 다음과 같은 전형적인 형태를 취한다(Bernstein, 1957): 자녀를 자신의 일부로 간주하는 자기애적인 어머니(Freud, 1914)는 분리-개별화 하위단계들을 완전히 거치지 않은 아이로 하여금(Mahler et al., 1975) 엄마와의 공생적 일치감을 유지하기 위해 엄마의 소망에 맞추도록 부추긴다. 이러한 상호작용은 성인기 동안에도 계속될 수 있다.

50세 된 A부인은 불행한 결혼생활 때문에 분석적 치료를 찾았다. 그녀는 특히 남편이 그들의 친구들 앞에서 자신을 비판하는 것을 견딜 수 없었다. 그는 그녀가 대화에 참여하려고 시도할 때 그것을 조롱하고 그녀를 바보나 무능한 사람으로 만들곤 했다. 그녀는 친구들이 떠날 때까지 말없는 수치심과 격노로 그 굴욕을 참았다가 히스테리적으로 흐느껴 우는 울음을 터뜨리곤 했다. 분석의 초반부에서 드러난 것은, 가학적이고 폭군적인 남편의 희생자인 그녀 자신에 대한 동정심을 유발하려고 그녀가 노력한다는 사실이었다. 이것은 아버지와 딸의 관계에 대해서 불평했던 그녀의 어머니와 가졌던 아동기 관계를 반복하는 것이었다.

A부인의 피학증의 원인은 부분적으로, 그녀가 엄마의 남근적 자기애적 욕구를 충족시키기 위한 부분 대상—그녀의 엄마의 자기 표상의 확장인—으로 사용된 데서 왔다. 그녀의 엄마는 자신이 젊었을 때 얼마나 아름다웠고, 인기가 많았으며 결혼하고 싶어하는 남자들이 많았는지에 대해 자신의 딸에게 반복해서 말하곤 했었다. 이것은 그녀가 자신의 현 남편과의 결혼에 동의하는 바람에 결혼이 불가능했던 멋진 남자에 대한 이야기에 의해 과장되었다. A부인의 엄마는 이브닝 파티를 위해 의상을 입을 때 어린 딸의 찬사를 이끌어내기 위해 장신구들과 보석들로 치장한

모습을 자랑스럽게 과시하곤 했다. A부인이 청소년기에 도달했을 때, 그녀의 엄마는 그녀가 매력적이지 않다고 비판하곤 했다 (예를 들면, 그녀의 입이 너무 크다고). 그녀의 엄마는 그래도 자신의 딸이 성격 하나는 좋아서 다행이라고 하면서 자신의 비판을 완화시키곤 했다. A부인은 자신에 대한 엄마의 견해를 수용했고, 사실상 엄마는 이상화하고 자신은 평가절하했다. 그녀의 엄마는 신체적 친밀성을 포함해서 그녀의 데이트의 세부사항들을 조언했다. 그녀가 자신의 딸의 매력에 이처럼 대리적으로 참여한 것은 자신이 소망하는 자기-이미지에 대한 자기애적 확장으로 이루어진 것이었다. 그것은 딸의 프라이버시와 독립성을 포기할 것을 요구하는 것이었다. 이러한 피학적 복종에, 엄마가 딸의 청혼자들을 조롱하고 희화화하며, 그것을 통해서 현실적으로 훌륭한 청혼자들을 끌어낸 딸의 신체적 및 지적 속성을 무가치한 것으로 취급할 때 경험한 굴욕감이 더해졌다. 결혼생활의 희생자라는 생각 또한 엄마와의 동일시에서 온 것이며, 이것 또한 환자 자신의 자기애적 욕구와 관련되어 있을 수 있다.

양쪽 부모들 중 누구라도 자신의 본능적 욕구 충족을 위해 아이를 자신의 확장으로 사용할 수 있다. 이 충족은 딸의 장염 증상에 여러 해 동안 관장을 실시했던 A부인의 어머니처럼, 신체적인 자극의 형태를 취할 수 있다. 청소년기 동안에 그녀의 아버지는 그녀를 자신의 데이트 상대로 취급해주고 사람들에게 그렇게 소개하면서 레스토랑이나 바에 데리고 가곤 했다. 이것은 그녀의 성적 환상을 자극하고 만족시켜주었지만, 동시에 그녀를 두렵게 했다. 그녀는 그녀의 아버지가 격려했던 공개적인 오이디푸스적 위치로부터 그녀가 목격한 부모의 반복되는 싸움을 모델로 한 가피학적인 관계 안으로 방어적으로 철수했다.

원시적인 자기애적 구성물의 출현은 퇴행의 결과일 수 있다.

금지된 오이디푸스 감정에 대한 강렬한 갈등과 관련해서, 환자는 초기 자기애적 단계를 재활성화하거나 강화하는 것으로 그 갈등을 해소하고자 시도할 수 있다. 아이는 자신의 어머니와 하나라고 느낄 수 있고, 그렇게 해서 강하고 안전하다고 느낄 수 있다. 그런 개인들에게는 전성기기적 관계가 성기기적 관계보다 더 안전하다고 느껴질 수 있다. 그러나 어머니 또는 대리 어머니에 대한 복종은 가피학적 관계로 인도할 수 있다.

부모는 고통과 연관될 수 있기 때문에, 아이는 고통스런 관계를 통해서 상상 속에서 보유할 수 있는 자신의 부모를 발견할 수 있다. 발렌스타인(Valenstein, 1973)은 자기 표상과 대상 표상이 뚜렷이 분리되기 전인 초기 전오이디푸스 시기 동안에 발생한 고통스런 자극의 효과에 대해 서술했다. 그는 이렇게 말한다: "만약 정동이, 특히 일차적이고 원시적인 정동이 초기의 자기 및 자기-대상 경험과 관련된다면, 그리고 뚜렷이 고통스런 방향을 취한다면, 거기에는 고통, 즉 최초의 자기-대상을, 그리고 나중에는 보다 간명하게 자기/그리고 또는 대상을 의미하는 고통스런 정동이 확립될 것이다"(p. 374). 수술, 질병(유양돌기염 등의), 변비, 설사, 관장, 또는 대상 상실로 인해 전오이디푸스 시기에 고통을 경험은 아이는 환각적으로 대상의 현존을 경험하거나 자신과 혼동되는 대상을 손상시키기 위해 고통을 추구할 것이다.

오이디푸스 시기와 나중 시기 동안에 고통을 겪은 아이들 또한 그들의 부모를 고통과 연관시킬 것이고 그 고통을 재창조하려고 시도할 것이다(Glenn, 1984a). 예컨대, 세 살짜리 앤디는 그의 부모가 그를 열흘 동안 떠나 있는 동안 엄청난 손상과 고통을 겪었는데, 그 후에 그는 고통스런 경험에 대한 피학적 욕구를 발달시켰다. 그는 여자 형제가 자신의 페니스를 잡아 비틀게 했고 그의 남자 형제와 부모가 자신을 때리고 꾸짖게 만들었다. 고통스런 자극에 대한 그러한 욕구는 다른 요인들도 포함했다. 앤디는 그가 정서적으로 멀리 있고 수동적인 남자인 아버지를 성가시게 하면, 그는 흥분하게 되고 마침내 아들을 때린다는 사실을 알게 되었다. 오래전부터 자신의 남자 형제와 상호적인 적대 관계를 유지해오던 그의 어머니는 앤디와의 싸움을 통해 대리적으로 공격성을 만족시키는 방법을 발견했다. 양쪽 부모 모두를 자극하는 것을 통해서 앤디는 왜곡된 형태의 사랑을 얻을 수 있었다.

고통을 대상과의 연결을 유지하는 데 사용하는 것 외에도, 분리-개별화에서 어려움을 갖는 사람들은 그들의 신체 이미지 경계를 공고화하기 위해 고통을 환기할 수 있다(Asch, 1971).

통제와 숙달을 위한 기제들

초기 고통이나 외상 또는, 그들이 수동적이거나 압도되는 상황에 처했던 아이들은 주변의 성인들과 내면의 충동들을 통제하기 위해 방어들을 발달시킨다. 이 기제들은 발달의 단계들에서 발생할 수 있는 자기애적 상처를 줄이기 위해 사용될 수 있다. 그러한 상처들은 전오이디푸스 시기의 전능 환상이나 융합 환상의 수축을 포함한다. 오이디푸스 시기나 나중 시기 동안의 굴욕감이나 실망감은 마찬가지로 그러한 보상적 방어들을 활성화시킬 수 있다. 비록 이것들이 항상 피학증으로 인도하는 것은 아니지만, 그럴 수도 있다(Bergler, 1949; Glenn, 1984b; Blos, 1991; Panel, 1956, 1981, 1984, 1985, 1990, 1991).

로웬스타인(Lowenstein, 1957)은 그가 "공격자의 유혹"이라고 부른 것을 서술했다. 그는 꾸중하는 성인에게 그 성인이 미소를 짓게 만드는 방식으로 반응하는 아이의 행동을 보고했다. 만약 성인과 아이가 그런 패턴이 반복되는 게임에 참여한다면, 방어들은 가피학적인 활동과 쾌락을 부추길 수 있다. 어떤 사회들에서는 놀려주는(teasing) 상호작용이 제도화되기도 한다. 발리 섬의 원주민 엄마들은 그들의 배고픈 아기들의 면전에서 다른 아기들에게 젖을 먹여주는 방식으로 아기들을 놀려준다고 한다 (Bateson & Mead, 1942). 그 놀려주는 나쁜 엄마는 나중에 발리 사람들의 신화와 춤에서 두드러진 인물인 마녀 랑다(Rangda)로 인격화된다.

피학자들은 종종 그들의 행동을 통해서 통제를 행사하고자 시도한다. 그들은 사람들이 자신들을 공격하도록 부추기는 법을 알고 있으며, 자극의 정도를 적정 배분함으로써 자신들에게 가해질 고통의 정도를 조절하는 법을 알고 있다. 이런 방식으로 그들은 그들이 아동기에 패턴을 형성한 자기애적 치욕의 정도를 통제한다(Eidelberg, ed., 1968).

어떤 사람들은 다른 사람들에게 고통스런 흥분을 자극하려고 가학적으로 시도하면서도 의식적으로는 그들에 의해 신체적으로 공격받는 것을 피하려고 한다. 열네 살된 빌리는 학급에서 여선생님의 얼굴이 흥분과 분노로 붉어질 때까지 못된 행동으로 선생님을 자극하곤 했다. 그는 보통 그녀의 분노가 절정에 이르러 그를 때리게 되기 직전에 자신을 억제하는 데 성공하곤 했다. 그는 그녀가 자신의 분노를 참느라고 고통스러워하는 모습을 바라보는 것을 즐겼다.

피학증은 한 사람이 아동기에 겪은 박탈, 압도하는 자극, 또는 고통스럽고 두려운 질병들로 인해 발생한 외상을 숙달하고자 시도할 때 나타날 수 있다. 그것은 실제로 그런 경험을 창조함으로써 무기력과 수동성의 상태를 역전시키는 데 사용될 수 있다. 그러한 노력들은 종종 실패와 재시도를 반복함으로써 일종의 반복 강박으로 인도한다. 피학자들이 그들 자신의 패배를 통해 승리— 라이크(Reik, 1941)가 피학증의 기본적 목표라고 간주한—를 쟁취할 때, 그들은 자기애적 및 공격적 소망도 마찬가지로 충족시킨다.

환자가 아동기 동안에 수술로 인해 심각한 외상을 입었을 경우, 통제하고자 하는 시도는 특별히 명백히 드러날 수 있다. 다섯 살의 나이에 무의식적인 상태에서 끔찍스런 '인두 뒤 공간' 종기 수술을 해야 했던 의사 P는 그 외상을 위장된 형태로 거듭해서 반복하곤 했다. 예컨대, 그는 그림속의 사람들의 머리를 칼로 찌르곤 했는데, 그것은 가학적인 절차였다. 또는 약간 덜 위장된 형태로, 그는 주변 사람들, 즉 그의 아내, 자기 상급자인 의사들, 그리고 그의 분석가를 잔인하게 공격하곤 했다. 그 공격은 종종 자극을 포함했다. 그는 사람들이 자기를 공격하게 하면서도, 마치 외과의사가 그렇게 하듯이, 그가 받는 손상의 정도를 통제하곤 했다. 그는 때로는 공격자와 동일시함으로써(A. Freud, 1936), 때로는 공격자를 유혹함으로써, 그리고 때로는 공격자의 행동들을 조절함으로써 통제를 실행하곤 했다. 자위 환상에서 그는 자신의 페니스를 날카로운 이빨을 가진 벌레의 입 안에 집어넣는 기이한 행동을 상상했다. 만약 그가 페니스를 다시 꺼내려고 시도한다면, 그 이빨은 그것을 자르고 말 것이다. 이 환상 안에서, 그의 삶의 다른 측면들에서 그렇듯이, 그는 그의 페니스/칼을 갖고 입을 찌르는 외과의사인 동시에 찔림을 당하지만 보복할 수 있는 희생자/벌레/환자가 됨으로써 통제를 유지했다. 또 다른 환상에서 그는 제우스에게서 불을 훔쳐낸 프로메테우스였고, 동시에 프로메

테우스를 공격하는 독수리—이제 강력한 환자를 나타내는—였다.

성애화에 관련된 성적 환상(Glenn, 1984b; Lagorgue, 1930; Fenichel, 1934; Coen, 1981, 1988)은 피학증과 가학증 모두에 기여하는 또 다른 방어이다. 손상받는 것을 두려워한 개인은 두렵고 외상적인 상황을 성화시키는 것을 통해서 위안을 얻을 수 있다. 종종 이 기제는 자위를 사용해서 공포의 감정을 완화시키는 것을 포함한다. 성애화는 그 자체로서 불안을 나타내거나 위험을 만들어내는 상황일 수 있다. 그와 같은 위험한 상황은 스트레스 외상, 긴장 외상, 또는 개인이 무기력하게 느끼기는 하지만 그래도 덜 심각한 외상이나 상황일 수 있다.

스톨러(Stoller, 1989; Panel, 1991)는 심각한 가피학적 성도착을 갖고 있는 일반인들을 인터뷰한 결과, 그들이 대부분 심각한 초기 쇼크 외상을 입은 내력을 갖고 있다는 사실을 발견했다. 헤르쪼그와 루텐버그(Herzog and Ruttenberg, 1985 패널)는 심각한 쇼크 외상을 경험한 아이들이 빈번히 피학자가 되었다고 보고했다. 아이가 학대를 받았을 경우, 그 학대가 노골적으로 성적인 것이든 아니면 단지 공격성과 관련된 것이든 관계없이, 빈번히 피학증이 발생하는 것으로 보고되었다(Levine, ed., 1990).

아이가 신체적 구속을 겪거나 무력한 상황에 처한 경우, 격노나 복종 또는 그 둘 모두가 발생할 수 있다. 성애화는, 특히 잔인한 성인이 사랑을 주지 않을 때, 이런 감정들을 가학증과 피학증으로 전환시킬 수 있다. 아이는 신체적 억제를 겪거나 침대에 누워 있어야 할 필요 때문에 근육골격계통의 왜곡이나 감염성 질병을 앓을 수 있다. 수술 절차는 환자의 신체를 붙들거나 묶어야 하기 때문에 심한 신체적 억제를 포함할 수 있다. 그가 힘든 감정을 완화시키지 못할 경우, 상황은 더 복잡해질 수 있다. 예컨대, 피학증이 된 환자는 어린 시절에 습진으로 고통을 받는 동안 부모가 긁는 것을 금했던 것으로 드러났다. 그 가려움이 견딜 수 없는 정도에 이르렀을 때, 그는 곧 자신의 고통스런 상태에서 쾌락을 발견하는 법을 배웠다.

억제는 자위, 엄지손가락 빨기, 다른 형태의 자체성애적 활동을 금지하기 위해서, 또는 부모의 엄격한 양육방식의 한 측면으로서 부과될 수 있다. 프로이트(1911)가 그의 자서전을 분석한 바 있는 판사 쉬레버의 아버지는 그의 아들의 자위를 금하고 자세를 개선하며 심지어 성격을 바꾸기 위해 다양한 억제 장치들을 사용했다(Niederland, 1974). 쉬레버의 편집증 상태는 많은 피학증적 특징들을 포함하고 있으며, 그 중 일부는 명백히 그의 아버지의 행동에서 유래한 것으로 보인다.

여성성과 피학증―남성성과 가학증

프로이트는 그의 초기 공식화에서 활동성을 남성성과 그리고 수동성을 여성성과 연결시켰지만, 나중에는 그 생각을 버렸다(1931). 그는 여성들이 성적 행동에서 남성에 의해 삽입되어지기를 소망한다는 점에서 수동적일 수 있지만, 그들은 또한 아이들을 수유하는 것을 포함해서 아이들을 돌보는 데 있어서 적극적이라는 사실을 관찰했다. 지금은 정치와 경제 영역에서 여성들이 적극적인 역할을 수행하는 것이 일반적인 현상이 되고 있다. 유사하게, 남성들은 더 이상 적극적이지 아니한 채, 누군가가 자신을 돌보아주고 자신이 필요한 것을 공급해주기를 소망할 수 있다. 그럼에도 불구하고, 여성들은 본질적으로 수동적이고(소극적이고 자신들에게 어떤 일이 일어나기를 소망한다는 점에서) 남성들은 본질적으로 적극적이라는 생각이 많은 개인들에게 여전히 남아 있고 사회적 태도들과 관습들 안에서 반영되고 있다. 그것은 여성들이 내재적으로 피학적이며(Blum, 1976), 대조적으로 남성들은 그렇지 않다는 잘못된 개념을 형성하는 데 중요한 역할을 한다. 사실 남성들과 여성들은 피학적인 행동이나 환상들에 참여할 때, 자신들이 그러한 취급을 받는 여성들이라고 상상하면서 그렇게 한다(프로이트가 말하는 여성적 가학증). 보통 그런 환상은 희화화된 여성의 모습을 포함한다. 그들에 대한 공격은 실제에 있어서, 공격자들이 상상하는 바, 여성이 가진 공허를 채워주고 메꾸어주는 것이라고 생각될 수 있다(Reich, 1940, 1953). 여기에 포함된 환상은 남성의 가학증이 여성을 채워주고 완성시켜주는 데 사용된다는 생각이다. 전성기적인 자기애적 색조를 지닌 유사한 환상에 출현할 수 있다(Kohut, 1977). 보통 자신이 연합할 수 있는 전오이디푸스기 엄마를 나타내는, 강력한 여성의 현존 없이는 불완전하다고 느끼는 개인은 공격이 자신을 완전하게 만드는 데 사용된다고 상상할 수 있다.

여성성은 피학증와 동등시하는 오류에도 불구하고, 우리는 특정한 사회적 요인들이 여성들에게서 피학증을 부추긴다는 사실을 인정할 필요가 있다(Horney, 1935, 1937; Bernstein, 1983). 부모들과 우리 사회의 중요한 권위자들은 일반적으로 여아들이 수동적이 되고 그들의 공격성을 억제할 것을 부추기는 경향이 있다. 그 결과, 그들은 내향적이 되는 경향이 있다. 남아들은 일반적으로 여아들보다 인정받거나 가치 있는 존재로 취급되기 때문에, 남성들은 여성들보다 더 쉽게 경제적 목표들을 성취할 수 있게 되는데, 이로써 여성들에게 남성들을 향한 분노와 가학증을 위한 토대를 제공하며, 이 분노와 가학증은 다시금 여성들의 자기에게로 향해질 수 있다는 것이다. 자신들의 어머니와 갖는 자기애적이고 성애적인 유대로부터 분리하는 것이 더 어려운 여아들은 남아들보다 더 쉽게 부모의 가학증에 굴복할 수 있으며, 피학적인 어머니들과 더 쉽게 동일시하는 경향이 있다. 피학증의 성질은 생물학적 및 사회적 이유로 인해 성별에 따라 다를 수 있다. 항문-직장과 질-음문 영역의 근접성이 감각의 위치를 각 방향으로 전이시키는 데 사용될 수 있다. 유사한 현상이 남성들에게서도 나타난다. 해부학적으로, 항문과 음낭과 고환은 매우 가까운 곳에 위치해 있다. 더욱이, 항문과 질의 가까움은, 감염의 위험에 대한 부모의 경고와 함께, 여성 성기에 대한 항문적 비하와 평가절하로 이끌 수 있다. 그것은 열등감, 더러움, 무가치함의 느낌을 부추길 수 있으며, 그 느낌은 다시 피학적 자기 표상 안으로 합입될 수 있다(Bernstein, 1983).

복합적인 결정 요인: 임상 사례

우리는 가피학증의 기능들과 구조를 결정함에 있어서 많은 결정 요인들이 포함되어 있다는 점을 강조해왔다. 우리는 이 장에서 무의식적인 심리적 갈등, 타협 형성, 다양한 발달단계에서의 아동기 경험 등을 논의해왔다. 우리는 이제 하나의 분석 사례를 요약하는 것을 통해서 이러한 요인들이 복잡하게 함께 짜인다는 사실을 보여줄 것이다. 가피학성의 복잡성을 보여주는 데는 다른 사례들도 사용될 수 있을 것이며, 그것들은 아마도 우리가 다른 형태로 서술한 동일한 요소들을 필수적으로 포함할 것이다.

V부인은 그녀가 열아홉 살 때 시작된 "공황 꿈들"로 인해 분석을 시작했다. 그녀는 수면제를 복용함으로써 이 꿈들을 피할 수 있었다. 그녀의 가피학증은 분석의 안과 밖에서 도발적 행동을 하는 것으로 나타났는데, 그것은 무의식적으로 다른 사람들에게 상처를 주고 그들이 자신에게 화를 내게 만들기 위한 의도를 갖고 있었다. 그것은 또한 자신이 강간을 당하는 반복되는 성적 환상에서 그 모습을 드러냈다. 그 환상 속에서 그녀는 공포에 질렸지만, 그럼에도 불구하고 "그런 생각에 끌렸다."

그녀의 공격하고 도발하는 행동은 분석에서 비교적 일찍 나타났다. 그녀는 분석비의 지불을 미루었고 분석가가 자신에게서 돈을 받아내려고 시도한다고 느꼈을 때 격노했다. 그녀는 또한 자신의 마음 속에 떠오르는 말과 생각을 말하는 것을 거부했는데, 이 또한 분석가가 자신에게 말하기를 강요한다는 환상 때문이었다. 이러한 패턴을 인식한 후에, 그녀와 분석가는 그것들이 그녀의 초기 배변훈련 경험과 연결되어 있다는 것을 알 수 있었다. 그녀는 세 살부터 여섯 살까지, 한 번에 사흘 씩 대변을 보지 않는, 심각한 변비로 고통을 받았다. 돈과 말을 주지 않고 보유하는 것은 그녀의 초기 아동기 행동을 반복하는 것이었다. 그녀는 환상 안에서 항문-가학적 단계와 이후의 오이디푸스 시기 동안에 그녀가 자신의 어머니와 가졌던 배변을 둘러싼 전투를 반복했다. 그녀가 세 살 때 유보하는 행동으로 인도했던 사건들에 대한 기억들이 분석에서 떠올랐다. 당시에 십대 소년이었던 베이비시터와 성적 놀이를 한지 얼마 되지 않아서 그녀는 편도선 절제수술을 받아야 했다. 그녀는 의사가 자신에게서 "일종의 남근"을 제거하는 것이 금지된 성적 소망과 행동에 대한 처벌이라고 상상했다. 그녀의 마음속에서 그 베이비시터는 그녀가 사랑했던 아버지의 대리물이었고, 그녀의 아버지는 나중에 분석에서 그녀와 즐겁게 논쟁하고 싸우곤 했던 사람으로 드러났다. 그 수술 후에 V부인은 대변을 유보하기 시작했다. 이것은 그녀가 더 이상 자신에게서 어떤 것을 제거하지 않을 것이고 다시는 거세를 당하지 않을 것임을 확인하는 데 사용되었다. 대변의 보유는 또한 성적 관심으로부터 항문적 관심으로의 방어적 퇴행을 포함하고 있었다. 게다가, 그것은 그녀가 마음속에서 자신이 상처를 받았던 엄마와의 싸움을 되살려내는 과정에서, 금지된 소망에 대한 처벌의 원천으로서 작용했다. 그녀는 그녀가 자신의 아버지와 동등시 했던 분석가가 자신을 항문을 통해서 공격하는 것을 소망하고 두려워했는데, 이는 그의 성기적 삽입을 바라는 그녀의 소망이 대체되고 전치된 것이었다.

    그녀의 공황 꿈은 그녀가 열아홉 살 때, 세 살 때 있었던 것과 비슷한 일련의 사건들을 겪은 후에 시작되었다. 그녀의 부모가 인정하지 않는 남자와 처음으로 성관계를 가진 지 얼마 되지 않아, 그녀는 맹장수술을 해야 했다. 다시금 그녀는 금지된 성적 소망과 행동 때문에 그런 수술—그녀가 거세와 처벌이라고 생각하는—을 받았다고 상상했다. 그녀의 공황 꿈에서, 그녀는 그녀가 수술받던 장면을 생각나게 하는 밝은 태양빛 아래, 자전거를 타고 거꾸로 언덕을 빠른 속도로 내려오고 있었다. 그녀는 밝은 빛을 수술실의 밝기와 연결시켰고, 병원의 침상을 언덕과 연결시켰다. 꿈에서 그녀는 수술을 성화시키고 공격받는 것을 즐기는 것을 통해서, 반복적으로 그리고 피학적으로 자신을 위험에 처하게 하고, 상처를 입히고, 수술을 받고 초자아에 의해 처벌했다.

    도발하고, 유보하며, 자신에 대한 상상속의 공격을 가하는 그녀의 행동을 통해 유사한 패턴과 소망이 분석에서 드러났다. 그녀는 분석가에게 관심을 기울이지 않거나 자유-연상을 하지 않을 때 자신이 분석가에게 상처를 주고 있다는 느낌을 즐겼다. 유사하게, 분석 상황 바깥에서 그녀는 자신이 가입하고 있는 단체에 회비를 내지 않는 것을 즐겼고, 자신의 아이들에게 배변훈련을 시키는 데 어려움을 겪었다. 그녀는 그들의 반항을 부추겼고 변기 위에서 서로를 놀리는 것에서 즐거움을 느끼곤 했다 (Brenman, 1952). 그녀의 가피학증을 결정함에 있어서 항문성에로의 퇴행이 다른 보완적인 요인으로 작용했다.

외상을 숙달하고자 하는 시도들 또한 임상적 그림의 일부를 구성했다. V부인은 수술들을 통제 기제를 통해서 숙달해야만 했던 외상들로 경험했다. 그녀는 자신의 행동을 통해서 그녀가 겪었던 수술을 생각나게 하는 반복되는 위협들을 유발했지만, 그것들을 통제할 수 있었다. 그녀는 위험을 야기하는 사람, 그리고 공격을 받는 희생자가 되기보다는 공격을 하는 가학자가 되었다. 그녀는 또한 위험한 상황을 성애화함으로써 그녀의 가피학증에 또 다른 차원을 더했다.

몇 해 간의 분석을 거친 후에, V부인이 피학증을 창조함으로써 원시적인 자기애적 상태로 퇴행하는 행동이 갖는 의미가 분명해졌다. 그녀의 어머니는 자신과 아이 사이에 마치 하나의 단위처럼 느껴지는 밀접한 관계를 조장하는 데 어느 정도 성공했었다. 그녀의 어머니는 V부인이 성인이 된 이후까지도 그들의 생각이 일치한다는 사실을 그녀에게 확인시키려고 시도했다. 예컨대, 그녀는 V부인이 자신처럼 회화를 좋아했다고 주장했지만, 사실 그녀 자신은 추상화를 더 좋아했다. V부인은 그녀의 어머니를 닮은 남자, 즉 대부분의 부부들이 원하는 정도보다 훨씬 더 심하게 부부가 하나가 되어야 한다고 믿는 남자와 결혼했다. 그는 바이올린을 잘 연주할 수 없는데도 숙련된 바이올린 연주가인 V부인에게 연주법을 말해주었고, 그들이 함께 한다면 훌륭한 연주를 할 수 있을 거라고 열렬하게 주장했다. V부인은 그에게

동의했고, 협력했지만, 그의 종이 된 것 같았다. 우리는 자신의 어머니와 그리고 남편과 연합하고 싶은 그녀의 소망이 금지된 오이디푸스 갈등으로부터 원시적인 자기애적 상태로—공생적 단계가 아니라 공생적 상태로—의 퇴행으로 인한 것임을 이해했고, 이것이 그녀의 가피학증의 형성에 기여했음을 관찰했다. 강력하게 지배하는 어머니 또는 어머니 대리자와 하나가 되고 그 영향하에 있는 동안 그녀는 자신이 마치 노예인 것처럼 느꼈다. 유사한 감정이 전이 안에서 분석가에게도 나타났다.

V부인의 가피학증은 서로 연결되어 있는 수많은 측면들을 갖고 있지만, 우리는 여기에서 그것의 전체 그림을 제시할 수는 없다. 예를 들자면, 우리는 그녀가 자신에게 돌린 격노를 성애화하는 문제를 여기에서 다루지 않았다. 그 격노는 그녀의 아버지와 그녀가 시기했던 그녀의 남자 형제에 대한 격노, 경쟁자이며 자신을 훈련시켰던 사람인 어머니에 대한 격노, 완전에 대한 불가능한 자기애적 소망을 성취하지 못한 데 대한 격노 등이었다. 그럼에도 불구하고, 우리는 독자들이 그녀의 가피학증이 복잡하고 다중적인 결정 요인들을 갖고 있으며, 타협 형성을 포함하고 있다는 사실을 이해할 수 있기를 희망한다.

가피학증에 관한 기법

강한 가피학적 성향을 지닌 환자들을 위한 정신분석적 기법은 다른 환자들을 위한 기법과 본질적으로 다르지 않다. 분석가는 점진적으로 환자의 자유연상과 온전히 표현되는 어려움에 토대한 해석들을 제공한다. 해석은 일반적으로, 초자아와 무의식적인 심리적 갈등에 적절한 주의를 기울이면서, 욕동 파생물에 대한 방어들을 해석하는 것으로부터 시작한다. 전이 신경증이 출현함에 따라, 환자의 아동기 갈등의 근원들이 관심의 초점이 된다. 승화의 출현 및 퇴행의 감소와 함께, 방어들의 위계가 바뀌고, 그 결과 보다 성숙하고, 더 갈등적이며, 보다 적응적인 만족이 가능해진다.

피학증의 임상적 형태가 지닌 광범위한 다양성은 단일한 기법적 적용의 가능성을 배제한다. 하지만 여기에는 반복해서 드러나는 특정 문제들이 있다. 전오이디푸스적 갈등의 분석, 특히 분리-개별화 시도 동안에 발생하는 초기 외상들을 다루는 문제는 종종 커다란 중요성을 갖는 것으로 드러난다. 오이디푸스 자료는 그 자체로서 뿐만 아니라 퇴행적으로 더 이른 시기의 가피학적 소망과 갈등을 활성화시키는 것으로서 분석되어야 한다. 지배적인 환상들은 탐색될 필요가 있고, 그것의 방어들과 파생물들—예를 들자면, 때리는 환상들, 매춘부 환상들, 그리고 신데렐라 환상들—은 분명히 제시될 필요가 있다.

일반적으로 여기에서는 여러 가지 어려움들이 발생한다. 전능성과 통제에 대한 피학자의 욕구는 그를 분석가와 그의 해석들과 싸우도록 밀어붙인다(Novick & Novick, 1991). 가피학적 환자들은 종종 부정적 치료반응을 발달시킨다(Asch, 1976). 부정적 치료반응이 발생할 때, 적절하고, 감수성 있으며, 알맞은 순간에 제공되는 정확한 해석들은 통찰과 증상의 완화로 인도하지 못하고 증상의 악화로 인도한다. 심지어 환자가 통찰에 도달할 때조차도, 즉각적으로는 아니더라도, 환자의 기능은 얼마 후에 잠시 퇴화한다. 문제의 원인에 대한 해석들에도 불구하고, 분석의 침체 상태가 발생할 수 있다.

가피학증과 연결된 여러 요인들이 부정적 치료반응을 발생시키는 원인일 수 있다. 환자의 가혹한 초자아는 편안한 마음을 갖는 것을 금지할 수 있다. 환자는 사랑하는 대상들과의 고통스런 관계를 포함해서 고통에 대한 강렬한 욕구를 가질 수 있고, 그 결과 정확한 해석들에도 불구하고 고통스런 증상을 계속 유지시킬 수 있다. 환자의 인격의 가학적 구성요소는, 심지어 그 패배가 환자 자신의 패배를 의미할 때조차도 분석가를 패배시키는 데서 만족을 발견할 수 있다. 이런 종류의 실패를 통한 공격은 분석가의 적대감을 휘저어 놓을 수 있을 만큼 도발적일 수 있는데, 이러한 분석가의 적대감은 피학자가 무의식적으로 반발하는 요소이기도 하다.

한 환자는 분석가가 한 말을 잊어버리고, 진실인 줄 알면서도 놀리듯이 부인하며, 그 말을 바꾸어 말하는 것으로 그를 바보처럼 보이게 만드는 것을 통해서 분석가를 패배시키려고 시도하는 동안 자신을 삼손이라고 상상했다. 들릴라에 의해 머리카락을 잘린 삼손처럼, 그녀는 자신을 복종적인 위치에 처하게 만든 분석가에 의해서 힘이 약화되었다고 느꼈다. 환자는 이제 머리카락이 다시 자라 그녀의 힘을 되찾게 되었으며, 삼손처럼 신전을 받치고 있는 기둥들을 뽑아버릴 수 있다고 느꼈으며, 그 결과 분석가와 그녀 자신을 모두 파괴할 수 있었다. 이와 관련된 또 한 가지 의미있는 사건은 환자의 어머니가 뇌종양 수술을 받던 중에 죽었는데, 그 수술을 받기 위해 머리를 삭발했던 일이었다. 환자는 자신의 환상속에서 신경외과의사에 의해서 약화되고 죽임을 당한 그녀의 어머니와 동일시하고 있었다.

이 환자는 다른 환자들과 마찬가지로 그녀의 가피학증을 통해서 분석가에게 매달렸다. 부정적 치료반응으로 인해 그녀는 회복과 치료의 종결이 어렵다는 것을 알았다. 전이에서의 가피학적인 상호작용은 그녀가 자신의 어머니, 양어머니, 그리고 아버지와 가졌던 관계를 반복하는 것이었다.

부정적 치료반응은 가피학자가 분석가를 자극할 수 있는 많은 방식들 중 하나일 뿐이다. 그런 피분석자들은 교활한 공격의 전문가들이다. 그들은 분석가의 약점을 발견하고 그 곳을 가격함으로써 분석가에게 상처를 준다. 동시에 환자의 피학적인 측면들은 분석가 편에서의 실제적이거나 환상 속에서의 보복을 통해 만족을 얻는다. 여기에는 분석가의 가학적 반응이 분석을 계속하는 것으로 보일 수 있는 위험이 있다. 따라서, 환자의 완강한 저항에 대해 분석가가 화를 낼 경우, 환자는 오이디푸스 자료를 산출하는 것으로 동조할 수 있는데, 그때 분석가는 그것을 고지식하게 해석하는 어리석음을 범할 수 있다. 이때 분석가에게 복종하는 데서 얻는 환자의 쾌감은 분석되지 않을 수 있다.

분석가가 환자에 대한 자신의 정서적 반응들을 관리하는 것은 가피학적 환자의 분석에서 핵심적인 요소이다(Bernstein &Glenn, 1979). 최적일 경우, 분석가는 환자의 공격이나 도발에 대한 분석가 자신의 최소의 신호 반응들을 관찰함으로써 환자의 행동과 그것의 배후에 있는 병리에 대해 깨어있을 것이다. 그때 분석가는 적절한 해석을 제공할 수 있을 것이다. 이것은 자기-관찰뿐만 아니라 자기-분석을 필요로 할 수 있다. 때로 분석가의 반응들은 강렬한 강도에 이르기도 하는데, 그때 분석가는 분석 과정에 부정적인 영향을 미치는 역습으로 환자에게 반응할 수 있다.

분석가가 화가 나서 환자를 공격하는 상황을 다루는 데 사용할 수 있는 하나의 방식은 환자에게 그가 하는 도발과 그것이 야기하는 반응이 어떤 것인지를 보여주기 위해 경험을 사용하는 것이다. 이것은 환자가 현재 일어나고 있는 일에 대한 인식을 갖지 못하는 경우에 특히 유용할 수 있다. 분석가는 그때 환자가 부인을 방어로 사용하고 있다고 지적할 수 있다. 분석가가 자신이 실제로 화가 났다고 인정하는 것은 분석가에 의해 실제적 반응과 분석가가 단순히 상상하고 있는 것 사이의 차이를 명료화할 수 있다. 이것은 분석 상황 밖에서의 환자의 반응들에도 마찬가지로 빛을 던져줄 수 있다.

 그러한 개입의 가능한 유용성에도 불구하고, 분석가는 그것을 실행함에 있어서 조심성을 가져야 한다. 분석가의 반응을 인식한 후에, 환자는 자신이 공격 받았다는 생각이 전보다 더 정당한 것이라고 느끼는 환자의 모습을 분석가는 발견할 수 있다. 만약 치료자가 개인적인 후회의 감정을 드러낸다면, 고백하는 치료자를 바라보는 환자는 분석가의 피학적인 요소를 확인할 것이다. 또는 환자는 분석가의 굽실거리는 행동에서 가학적인 쾌감을 느낄 수 있다. 분석가가 자신의 반응에 대해 말하는 것이 합리적인 치료적 목적에 도움이 될 것인지 또는 그렇게 함으로써 자신이 역전이나 전이를 실연하는 것인지를 결정하는 데 자기-분석이 도움이 될 수 있다.

 피학적인 행동이 종종 돌보는 사람 안에서 불안을 야기하듯이, 그것은 또한 분석가 안에서 불편한 느낌을 야기할 수 있다. 이 불안은 해석을 통해 환자를 돕고자 하는 욕망을 창조하는 데 적응적으로 사용될 수 있다.

참고문헌

Arlow, J. A. (1949). Anal sensations and feelings of persecution. Psychoanal. Q., 18:79-84.

Asch, S. S. (1971). Wrist scratching as a symptom of anhedonia. Psychoanal. Q., 40:603-617.

_____ (1976). Varieties of negative therapeutic reaction and problems of technique. J. Amer. Psychoanal. Assn., 24:383-408.

Bak, R. C. (1946). Masochism in paranoia. Psychoanal. Q., 15:285-301.

Bateson, G., & Mead, M. (1942). Balinese Character. New York Academy of Sciences.

Bergler, E. (1949). The Basic Neurosis. New York: Grune & Stratton.

Berliner, B. (1947). On some psychodynamics of masochism. Psychoanal. Q., 16:459-471.

Bernstein, I. (1957). The role of narcissism in moral masochism. Psychoanal. Q., 26:358-377.

_____ (1983). Masochistic pathology and feminine development. J. Amer. Psychoanal. Assn., 31:467-486.

Bernstein, I. & Glenn, J. (1978). The child analyst's emotional reactions to his patients. In Child Analysis and Therapy, ed, J. Glenn, pp. 375-392. New York: Aronson.

Blos, P., Jr. (1991). Sadomasochism and the defense against recall of painful affect. J. Amer. Psychoanal. Assn., 39:417-430.

Blum, H. P. (1976). Masochism, the ego ideal and the psychology of women. J. Amer. Psychoanal. Assn., 24(5):157-192.

_____ (1980). Paranoia and beating fantasy. J. Amer. Psychoanal. Assn., 28:331-362.

_____ (1991). Sadomasochism in the psychoanalytic process, within and beyond the pleasure principle. J. Amer. Psychoanal. Assn., 39:431-450.

Brenman, M. (1952). On teasing and being teased. Psychoanal. Study Child, 7:264-285.

Brenner, C. (1959). The masochistic character. J. Amer. Psychoanal. Assn., 7:197-226.

Coen, S. J. (1981). Sexualization as a predominant mode of defense.

_____ (1988). Sadomasochistic excitement. In Masochism, ed. R. A. Glick & D. I. Meyers, pp. 43-59. Hillsdale, N.J.: Analytic Press.

Deutsch, H. (1944). The Psychology of Women, vol. 1. New York: Grune & Stratton.

Eidelberg, L. (1954). An Outline of a Comparative Pathology of the Neuroses. New York: Int. Univ. Press.

Eidelberg, L., ed. (1968). Encyclopedia of Psychoanalysis. New York: Free Press.

Erikson, E. H. (1951). Sex differences in the play configurations of pre-adolescents. Amer. J. Orthopsychiat., 21:667-692.

Fenichel, O. (1934). Defense against anxiety, particularly by libidinization. Rpt. in The Collected Papers of Otto Fenichel, vol. 1, pp. 303-317. New York: Norton, 1953.

_____ (1945). The Psychoanalytic Theory of Neurosis. New York: Norton.

Freud, A. (1936). The Ego and the Mechanism of Defense. New York: Int. Univ. Press.

_____ (1949). Certain types and stages of social maladjustments. In Searchlights on Delinquency, ed. K. R. Eissler, pp. 193-204. New York: Int. Univ. Press.

Freud, S. (1905). Three Essays on the Theory of Sexuality. SE, 7:130-243.

_____ (1911). Psycho-analytic notes on an auto-biographical account of a case of paranoia (dementia paranoides). SE, 12:9-82.

_____ (1914). On narcissism. SE, 14:73-102.

_____ (1918). From the history of an infantile neurosis. SE, 17:7-123.

_____ (1919). "A child is being beaten." SE, 17:179-204.

_____ (1920). Beyond the Pleasure Principle. SE, 18:7-64.

_____ (1923). The Ego and the Id. SE, 19:12-66.

_____ (1924). The economic problem of masochism. SE, 19:159-170.

_____ (1931). Female sexuality. SE, 21:225-243.

_____ (1940). Splitting of the ego in the process of defence. SE, 23:275-278

Galenson, E. (1988). The precursors of masochism. In Masochism, ed. R. A. Glick & D. I. Meyer, pp. 189-204. Hillsdale, N.J.: Analytic Press.

Glenn, J. (1969). Testicular and scrotal masturbation. Int. J. Psychoanal., 50:353-362.

_____ (1984a) A note on loss, pain, and masochism in children. J. Amer. Psychoanal. Assn., 32:63-75.

_____ (1984b) Psychic trauma and masochism. J. Amer. Psychoanal. Assn., 32:357-386.

_____ (1989) From protomaschism to masochism. psychoanal. Study Child, 44:73-86.

Hartmann, H. (1964). Essays on Ego Psychology. New York: Int. Univ. Press.

Hinsie, L. E., & Campbell, R. J. (1970). Psychiatric Dictionary. 4th ed. New York: Oxford Univ. Press.

Horney, K. (1935) The problem of feminine masochism. Psychoanal. Rev., 22:241-257.

_____ (1937). The Neurotic Personality of Our Time. New York: Norton.

Kernberg, O. F. (1988). Clinical dimensions of masochism. In Masochism, ed. R. A. Glick & D. I. Meyers, pp. 61-79. Hillsdale, N. J.: Analytic Press.

_____ (1991). Sadomasochism, sexual excitement and perversion. J. Amer. Psychoanal. Assn., 39:333-362.

Kestenberg, J. s. (1967-68). Phases of adolescence with suggestions for a correlation of psychic and hormonal organization. J. Amer. Acad. Child Psychiat., 6:426-463, 577-614, 7:108-151.

Kohut, H. (1977). The Restoration of the Self. New York: Int. Univ. Press.

Krafft-Ebing, R. von (1908). Psychopathia Sexualis. New York: Login.

Laforgue, R. (1930). On the erotization of anxiety. Int. J. Psychoanal., 11:312-321.

Levine, B. B., ed. (1990). Adult Analysis and Childhood Sexual Abuse. Hillsdale, N. J.: Analytic Press.

Loewenstein. R. M. (1935). Phallic passivity in men. Int. J. Psychoanal., 16:334-340.

_____ (1957). A contribution to the psychoanalytic theory of masochism. J. Amer. Psychoanal. Assn., 5:197-234.

Mahler, M. S., Pine, F., & Bergman, A. (1975). The Psychological Birth of the Human Infant. New York: Basic Books.

Maleson, F. G. (1984). The multiple meanings of masochism in psychoanalytic discourse. J. Amer. Psychoanal. Assn., 32:325-356.

Moore, B. E., & Fine, B. D., eds. (1990). Psychoanalytic Terms and Concepts. New Haven: Amer. Psychoanal. Assn. and Yale Univ. Press.

Niederland, W. G. (1974). The Schreber Case. New York: Quadrangle/New York Times.

Novick, J., & Novick, K. K. (1991). Some comments on masochism and the delusion of omnipotence from a developmental perspective. J. Amer. Psychoanal. Assn., 39:307-332.

Panel (1956). The problem of masochism in the theory and technique of psychoanalysis. M. H. Stein, reporter. J. Amer. Psychoanal. Assn., 4:526-538.

_____ (1981). Masochism. N. Fischer, reporter. J. Amer. Psychoanal. Assn., 29:673-688.

_____ (1984). The relationship between masochism and depression. J. Caston, reporter. J. Amer. Psychoanal. Assn., 32:603-614.

_____ (1985). Sadomasochism in children. M. H. Etezady, reporter. Presented at the American Psychoanalytic Association Meetings.

_____ (1990). Sadism and masochism in neurosis and symptom formation. F. M. Levin, reporter. J. Amer. Psychoanal. Assn., 38:789-804.

_____ (1991). Sadomasochism In the perversions. S. Akhtar, reporter. J. Amer. Psychoanal. Assn., 39:739-755.

Reich, A. (1940). A contribution to the psychoanalysis of extreme submissiveness in women. Psychoanal. Q., 9:470-480.

_____ (1953). Narcissistic object choice in women. J. Amer. Psychoanal. Assn., 1:22-44.

_____ (1954). Early identifications as archaic elements in the superego. J. Amer. Psychoanal. Assn., 2:218-238.

Reik, T. (1941). Masochism in Modern Man. New York: Farrar & Rhinehart.

Stoller, R. J. (1975). Perversion. New York: Pantheon.

_____ (1989). Consensual sadomasochistic perversions. In The Psychoanalytic Core, ed. H. P. Blum, E. M. Weinshel, & F. R. Rodman, pp. 265-282. Madison, Conn.: Int. Univ. Press.

Valenstein, A. F. (1973). On attachment to painful feelings and the negative therapeutic reaction. Psychoanal. Study Child, 28:365-394.

Waelder, R. (1936). The principle of multiple functions. Psychoanal. Q., 5:45-62.

한국심리치료연구소 총서

한국심리치료연구소는 한국심리치료 분야의 질적 향상을 위해서 이 분야의 고전 및 최신 서적들을 우리말로 번역 출판하고 있다. 본 연구소는 순수 심리치료 분야와 기독교 신앙과 관련된 심리치료 분야의 책들을 출판하며, 순수 심리치료 분야의 책들은 대상관계이론과 자기심리학을 포함한 현대 정신분석이론들과 융 심리학에 관한 서적이다.

순수 심리치료 분야

놀이와 현실
Playing and Reality
by D. W. Winnicott / 이재훈

울타리와 공간
Boundary & Space
by D. Wallbridge
& M. Davis / 이재훈

유아의 심리적 탄생
Psychological Birth
of the Human Infant
by M. Mahler & F. Pine / 이재훈

꿈상징 사전
Dictionary of Dream Symbols
by Eric Ackroyd / 김병준

그림놀이를 통한 어린이 심리치료
Therapeutic Consultation
in Child Psychiatry
by D. W. Winnicott / 이재훈

자기의 분석
The Analysis of the Self
by Heinz Kohut / 이재훈

편집증과 심리치료
Psychotherapy
& the Paranoid Process
by W. W. Meissner / 이재훈

멜라니 클라인
Melanie Klein
by Hanna Segal / 이재훈

정신분석학적 대상관계이론
Object Relations
in Psychoanalytic Theories
by J. Greenberg & S. Mitchell / 이재훈

프로이트 이후
Freud & Beyond
by S. Mitchell & M. Black
/ 이재훈 · 이해리 공역

성숙과정과 촉진적 환경
Maturational Processes
& Facilitating Environment
by D. W. Winnicott / 이재훈

참자기
The Search for the Real Self
by J.F. Masterson / 임혜련

내면세계와 외부현실
Internal World & External Reality
by Otto Kernberg / 이재훈

자폐아동을 위한 심리치료
The Protective Shell in Children and
Adult by Frances Tustin / 이재훈 외

박탈과 비행
Deprivation & Delinquency
by D. W. Winnicott / 이재훈 외

교육, 허무주의, 생존
Education, Nihilism, Survival
by D. Holbrook / 이재훈 외

대상관계 개인치료 I · II
Object Relations Individual Therapy
by Jill Savege Scharff & David E.
Scharff / 이재훈 · 김석도 공역

정신분석 용어사전
Psychoanalytic Terms and Concepts
Ed. by Moore and Fine / 이재훈 외

하인즈 코헛과 자기심리학
H. Kohut and the Psychology of the
Self
by Allen M. Siegel / 권명수

성격에 관한 정신분석학적 연구
Psychoanalytic Studies of the
Personality by Roanld Fairbairn / 이재훈

대상관계 이론과 임상적 정신분석
Object Relations
& Clinical Psychoanalysis
by Otto Kernberg / 이재훈

순수 심리치료 분야

나의 이성, 나의 감성
My Head and My Heart by De Gregorio, Jorge /김미겸

환자에게서 배우기
Learning from the Patient by Patrick J. Casement/김석도

의례의 과정
The Ritual Process by Victor Turner/ 박근원

대상관계이론과 정신병리학
Object Relations Theories and Psychopathology by Frank Summers /이재훈

정신분석학 주요개념
Psychoanalysis : The Major Concepts, by Moore & Fine/이재훈

대상관계 단기치료
Object Relations Brief Therapy by Michael Stadter/이재훈 · 김도애

임상적 클라인
Clinical Klein by R. D. Hinshelwood/ 이재훈

살아있는 동반자
Live Company by Anne Alvalez /이재훈 · 박영란

대상관계 가족치료
Object Relations Family Therapy by Jill Savege Scharff & David E. Scharff/이재훈

대상관계 집단치료
Object Relations, the Self and the Group by Charles Ashbach & Victor L. Shermer/이재훈

스토리텔링을 통한 어린이 심리치료
Using storytelling as a therapeutic tool with children by Sunderland Margot/이재훈외

자폐아동과 정신분석
Autismes De L'enfance by Roger Perrson & Denys Ribas/권정아 · 안석

초보자를 위한 대상관계 심리치료
The Primer of Object Relations Therapy by Jill & David Scharff/오규훈 · 이재훈

인격장애와 성도착에서 의공격성
Aggression and Perversions in Personality Disorders/이재훈 · 박동원

대상관계 단기부부치료
Short Term Object Relations Couple Therapy by James Donovan /이재훈 · 임영철

왜 정신분석인가?
Une Psychanalyse Pourquoi? by Roger Perron/표원경

애도
Mourning, Spirituality and Psychic Change by Susan Kavaler-Adler/이재훈

독이 든 양분
Toxic Nourishment by Michael Eigen/이재훈

무의식으로부터의 불꽃
Flames From The Unknown by Michael Eigen/이준호

앞으로 출간될 책

소아정신의학에서 정신분석학으로
Through Paediatrics to Psychoanalysis by D. W. Winnicott

기독교 신앙과 관련된 심리치료 분야

종교와 무의식
Religion & Unconscious
by Ann & Barry Ulanov / 이재훈

희망의 목회상담
Hope in the Pastoral Care
& Counseling
by Andrew Lester / 신현복

살아있는 인간문서
The Living Human Document
by Charles Gerkin / 안석모

인간의 관계경험과 하나님경험
Human Relationship
& the Experience of God
by Michael St. Clair / 이재훈

신데렐라와 그 자매들
Cinderella and Her Sisters
by Ann & Barry Ulanov / 이재훈

현대정신분석학과 종교
Contemporary Psychoanalysis
& Religion
by James Jones / 유영권

살아있는 신의 탄생
The Birth of the Living God
by Ana-Maria Rizzuto / 이재훈

인간의 욕망과 기독교 복음
Les Evangiles au risque
de la Psychanalyse
by Françoise Dolto / 김성민

신학과 목회상담
Theology & Pastoral Counseling
by Debohra Hunsinger
/ 이재훈 · 신현복

성서와 정신
The Bible and the Psyche
by E. Edinger / 이재훈

목회와 성
Ministry and Sexuality
by G. L. Rediger / 유희동

상한 마음의 치유
Healing Wounded Emotions
by M. H. Padovani 외 / 김성민 외

예수님의 마음으로 생활하기
Living From the Heart Jesus Gave You
by James. G. Friesen 외 / 정동섭

신경증의 치료와 기독교 신앙
Ministry and Sexuality
by G.L.Rediger / 김성민

전환기의 종교와 심리학
Religion and Psychology in
Transition
by James Johns / 이재훈

영성과 심리치료
Spirituality and Psychotherapy
by Ann Belford Ulanov / 이재훈

치유의 상상력
The Healing Imagination
by Ann Belford Ulanov / 이재훈

외상, 심리치료 그리고 목회신학
/ 김정선

그리스도인의 원형
The Christian Archetype
by Edward F. Edinger / 이재훈